Carl-Auer

Roland Kachler

Hypnosystemische Trauerbegleitung

Ein Leitfaden für die Praxis

Zweite Auflage, 2012

Umschlaggestaltung: Uwe Göbel
Umschlagfoto: © Ottefoto – photocase
Satz u. Grafik: Drißner-Design u. DTP, Meßstetten
Printed in Germany
Druck und Bindung: Freiburger Graphische Betriebe, www.fgb.de

Zweite Auflage, 2012
ISBN 978-3-89670-742-0
© 2010, 2012 Carl-Auer-Systeme Verlag
und Verlagsbuchhandlung GmbH, Heidelberg
Alle Rechte vorbehalten

Bibliografische Information der Deutschen Nationalbibliothek:
Die Deutsche Nationalbibliothek verzeichnet diese Publikation
in der Deutschen Nationalbibliografie; detaillierte bibliografische
Daten sind im Internet über http://dnb.d-nb.de abrufbar.

Informationen zu unserem gesamten Programm, unseren Autoren
und zum Verlag finden Sie unter: www.carl-auer.de.

Wenn Sie Interesse an unseren monatlichen Nachrichten aus der Vangerowstraße haben,
können Sie unter http://www.carl-auer.de/newsletter den Newsletter abonnieren.

Carl-Auer Verlag GmbH
Vangerowstraße 14
69115 Heidelberg
Tel. 0 62 21-64 38 0
Fax 0 62 21-64 38 22
info@carl-auer.de

Inhalt

Vorwort von Gunther Schmidt

Aus dem Titel dieses Buches könnte man ableiten, dass es in ihm vor allem um Trauer und den Umgang mit dem Tod geht. Für mich stellt es dagegen vielmehr einen sehr bereichernden Schatz für erfüllende, liebevolle Beziehungsgestaltung und Halt gebende Sinnentwicklung dar, der zur Entfaltung großer, stimmiger Lebenskraft führt.

Ich bin sehr froh, dass dieses Buch endlich erscheint, es ist aus meiner Sicht längst überfällig und stellt einen echten Meilenstein dar – als Anregung und Hilfe für Therapeuten und andere Angehörige helfender Berufe, aber auch für jeden Menschen, ob gerade direkt betroffen oder noch nicht (denn irgendwann wird ja wohl jeder Mensch einmal oder mehrmals direkt von dieser Thematik betroffen sein).

Es freut mich natürlich auch sehr, dass Roland Kachler den hypnosystemischen Ansatz, den ich vor allem auf der Basis der wichtigen Lernerfahrungen bei meinen Lehrern Helm Stierlin und Milton Erickson entwickelt habe, als zentrale Basis seines Trauerbegleitungskonzepts gewählt hat. Und ich empfinde es als Ehre, dieses Vorwort dafür schreiben zu können.

Gleichzeitig erscheint es mir auch völlig natürlich und geradezu selbstverständlich, dass er diese Wahl so getroffen hat. Denn aus hypnosystemischer Sicht stellt es sich als Hauptaufgabe dar, unwillkürliche Erlebnisprozesse – bewusste und unbewusste – in optimaler Weise als Kraftquellen für hilfreiche Lebensentwicklungen zu nutzen (zu utilisieren) und sie in fruchtbare Synergie mit den bewusst-willentlichen Prozessen von Menschen zu bringen.

Wenn jemand Leid erfährt, lässt sich das jenseits aller inhaltlichen Aspekte bei der Organisationsdynamik des Erlebens immer so beschreiben, dass bewusst-willentliche Prozesse in eine bestimmte Erlebnisrichtung wollen, unwillkürliche Prozesse aber in andere, ungewünschte Richtungen wirken. Dabei verliert das verzweifelt um seine Richtung kämpfende bewusste »Ich« gegen diese unwillkürlichen Prozesse und erlebt sich als ohnmächtiges Opfer, was das leidvolle Erleben wiederum rückbezüglich verstärkt. Gerade Trauerprozesse sind völlig unwillkürlich gesteuert und unterliegen damit eben nicht unmittelbar der bewussten, willentlichen Steuerung.

Die Idee, das Verlorene endlich loszulassen, »abzuschließen« mit dem Trauern, und ähnliche Vorstellungen, wie sie die traditionelle »Trauerarbeit« dominieren, entspringt zwar sicher gut gemeinten Überlegungen. Sie sind abgeleitet aus der Ebene der Großhirnrindendynamik, sie sind »vernünftig«, aber unwillkürliche Prozesse werden maßgeblich aus älteren Teilen des Gehirns gesteuert, und die vollziehen sich nach anderen Prinzipien. Im Bereich der limbischen und anderen Stamm- und Mittelhirnprozesse, die dabei dominieren, gibt es keine Widersprüche, kein Entweder-oder, dort herrscht quasi Zeitlosigkeit bzw. immer Gegenwart, und insofern gibt es dort auch eigentlich keinen Tod, der feststeht. Deshalb liegt für diese Bereiche, die ja gerade für die Entstehung und Gestaltung von Emotionen zuständig sind, auch kein Sinn darin, endgültig mit etwas abzuschließen. In der Trauer zeigt sich vielmehr auch die enorm starke Sehnsucht, in Verbindung zu bleiben. Und diese Sehnsucht halte ich für ein ausgesprochen kluges und berechtigtes Bedürfnis. Wenn jemand solche Prozesse in sich erlebt und sich dann abverlangt, davon loszulassen und damit abzuschließen, wird nur das Gegenteil verstärkt.

Milton Erickson hat einmal zu mir gesagt: »Wenn du etwas Unwillkürliches verstärken willst, musst du es nur bekämpfen, das ist ein besonders wirksames Mittel dafür, es zu verstärken.« In unzähligen Fällen habe ich es schon erleben müssen, dass sich diese Hypothese Ericksons leider vollständig bestätigt. Fast alle Menschen, die z. B. unter massiven Ängsten, Zwängen, Depressionen, Schmerzproblemen, insbesondere aber unter Trauerprozessen leiden und damit zu uns kommen, haben verzweifelt versucht, gegen diese Phänomene eine hilfreiche Lösung zu erkämpfen, und sind daran gescheitert. Denn wenn man etwas Unwillkürliches bekämpfen oder gegen die Richtung, die es einschlagen möchte, vorgehen will, verstärkt sich vor allem die Fokussierung der Aufmerksamkeit auf allen Sinnesebenen genau auf diese Prozesse. Erlebnisprozesse werden aber erzeugt und aufrechterhalten gerade durch Fokussierung der Aufmerksamkeit (man bezeichnet das als Priming, d. h. als Bahnung von Assoziationsprozessen). Der Kampf dagegen führt ihnen umso mehr Energie zu – jeder kennt das von Phänomenen wie »Denk nicht an den blauen Elefanten!« –, und indem er das innere Hin-und-Her-gerissen-Sein intensiviert, verstärkt er das Leid.

Besonders tragisch wirken solche Lösungsversuche auch dadurch, dass die »Seite« in den betroffenen Menschen, die trauert, damit ja ausdrückt, dass sie sehr unter dem Verlust leidet, den sie hinnehmen muss. Sie ist also die Seite im System, die gerade am meisten Verzicht leisten und Schmerz aushalten muss. Wenn sie jetzt auch noch unter Druck gerät und aufhören soll, die Prozesse leben zu dürfen, die ihr für die Umstände am adäquatesten erscheinen, wird sie doppelt bestraft und gequält. Dazu kommt, dass sie vom bewussten Denken der betroffenen Person selbst wie auch von ihrem Umfeld meistens massiv abgewertet und oft auch noch pathologisiert wird. Sehr oft entwickeln Betroffene Schuldgefühle, weil sie nicht »loslassen« können.

Wird Trauer in erster Linie einseitig als Loslass- und Abschiedsemotion verstanden, wird sie schnell zu einer »Negativemotion«. Es wird dann nur noch schwer oder gar nicht sichtbar, dass sie – wie alle Gefühle – in vieler Hinsicht eine kreative Kraft besitzt.

Roland Kachler ist es mit diesem Buch hervorragend gelungen, die wertvollen Aspekte von Trauer nicht nur besser sichtbar, sondern vor allem auch sehr konstruktiv nutzbar werden zu lassen. Überzeugend kann er vermitteln, dass Trauer als Beziehungskompetenz zu würdigen ist.

In meiner Arbeit habe ich auch oft erlebt, dass Menschen erst Jahre nach einem Verlust zum ersten Mal bewusst Trauerreaktionen bei sich wahrnehmen und dies dann als fragwürdig oder gar pathologisch bewerten. Bei systematischer Betrachtung ihrer unwillkürlichen Prozesse lässt sich aber oft sehr schnell zeigen, dass dies eher als Ausdruck unbewusster, unwillkürlicher Kompetenz verstanden werden kann. Auf unwillkürlicher Ebene wird dabei offenbar eigenständig wirksam geregelt, dass Trauer erst wieder auftaucht, wenn jemand so weit ist, einen Verlust gut verarbeiten zu können. Offenbar haben Menschen eine intuitive kluge Wahrnehmungsfähigkeit für das richtige Timing, die natürlich dann besonders konstruktiv nutzbar ist, wenn sie entsprechend bewertet wird.

In unserer postmodernen Leistungsgesellschaft scheinen alle Phänomene vorrangig nach unmittelbarer Verwertbarkeit und schnell herstellbarer Funktionalität beurteilt zu werden. Dann erscheinen Prozesse wie Trauer oft eher als hinderlich, weil sie vermeintlich dem schnellen »Vorwärtskommen« (wohin eigentlich?) im Wege zu stehen scheinen. Die traditionellen psychologischen Trauertheorien begünstigen eine solche Sicht noch.

Im hypnosystemischen Ansatz ist es dagegen eine zentrale Grundidee (die durch viele Belege bestätigt wurde), dass die hilfreichen Kompetenzen im einzigartigen eigenen System der Beteiligten schon da sind und deshalb der ganze Therapieansatz dem Wiederfinden und Reaktivieren dieser Eigenkompetenz dienen soll. Klienten sollten gerade nicht das tun, was Therapeuten für gut und richtig halten, sondern sie sollten deren Angebote kritisch darauf prüfen, ob sie ihre eigenständigen Entwicklungsprozesse unterstützen. So sind und bleiben die Klienten die eigentlichen kompetenten Autoritäten in einem Therapieprozess.

Die Arbeit von Roland Kachler berücksichtig das konsequent und unterstützt Betroffene auf ermutigende, Erfüllung gebende und sehr achtungsvolle Weise darin, im Umgang mit der Trauer und mit allen Bedürfnissen, die sich in ihr melden, ihren einzigartigen eigenen Weg zu finden. Er zeigt überzeugend, dass eigentlich erst die Integration der Trauer in die angestrebte Lösung eine gesunde, Kraft gebende Lösung erbringen kann. Man kann sagen: Trauer – so gelebt, wie hier beschrieben – ist ein zentraler Teil einer Lösung. Die wunderschöne und so kreative Idee, Verstorbene z. B. in den inneren Prozess der im Leben Bleibenden als Trauerratgeber einzubeziehen, ist dann eigentlich schon fast wieder zwingend natürlich. Hier findet man nicht nur diese, sondern eine große Fülle weiterer Ideen, die den Utilisationsansatz von Milton Erickson konsequent und sehr hilfreich praktizieren.

Sehr stimmig finde ich auch, in welch eigenständiger Weise Roland Kachler das von mir vorgeschlagene Modell für den kompetenzstärkenden Umgang mit Restriktionen für den Bereich der Trauerarbeit umsetzt (und der Verlust eines Menschen ist eine solche, sehr schmerzliche Restriktion). Meisterhaft zeigt er auch, wie man den bereits angesprochen Umstand nutzen kann, dass es im Unbewussten keine logischen Widersprüche gibt wie in der kognitiven Logik. So kann es sich z. B. sehr konstruktiv auswirken, darauf zu fokussieren, dass ein Sowohl-als-auch gut möglich ist und dass die äußere Abwesenheit eines geliebten Menschen (z. B. durch seinen Tod) und seine kraftvolle innere Anwesenheit sehr gut miteinander vereinbar sind.

Trauer betrifft jeden, mal früher, mal später im Leben. Sie zum gewürdigten Teil des eigenen Lebens zu gestalten macht jemanden erst ganz menschlich. Und ich kenne keine Arbeit im gesamten Feld der Psychotherapie, die das so tiefgehend und kongruent ermöglicht wie die Konzepte von Roland Kachler. Sie erlauben es, Trauer als wertvollen Aspekt gelebter Liebe und Beziehungsfähigkeit zu würdigen und zu nutzen. Dann trägt sie zu tröstender Sinnstiftung, Erfüllung, ja auch zu intensiver Lebensenergie bei.

Roland Kachlers Arbeit ist selbst in sehr kongruenter Weise getragen von Liebe. Man merkt in fast jeder Zeile, dass sie nicht nur Theorie ist, sondern von ihm selbst überzeugend gelebtes (und oft genug sicher auch erlittenes) Leben widerspiegelt. Er weist damit auf etwas für diese Arbeit sehr Wichtiges hin, nämlich dass Therapeuten und Berater erst dann ganz stimmig mit Betroffenen arbeiten können, wenn sie sich selbst kongruent und in der hier beschriebenen Form mit eigenen Trauerprozessen auseinandergesetzt haben.

Die Auffassungen, die Roland Kachler hier aufgegriffen und so ausgezeichnet ausgearbeitet hat, vertrete ich in ihren Grundzügen seit vielen Jahren als Teil meiner hypnosystemischen Konzepte und praktiziere sie in meiner psychotherapeutischen Arbeit (übrigens auch in Coachings und Prozessen der Team- und Organisationsentwicklung, denn auch dort lassen sich nicht selten Trauerprozesse finden, wenn sie auch eher zunächst tabuisiert werden). Wie ich mit großer Freude und mit großem Respekt feststelle, hat Roland Kachler sie in bewundernswerter Weise eigenständig, sehr kreativ und in viel differenzierterer Form weiterentwickelt. Deshalb nutze ich seine Ideen seit Jahren nicht nur ambulant, sondern wir wenden sie bei Bedarf auch in der *SysTelios-Klinik für psychosomatische Gesundheitsentwicklung* in Siedelsbrunn systematisch immer wieder an. Und es ist oft sehr bewegend, wie bereichernd sich das für Klienten auswirkt und mit welcher Würde, Achtung und Erfülltheit sie diese Konzepte für sich kontinuierlich umsetzen. Wir erhalten dann oft sehr dankbare Rückmeldungen, die eigentlich Roland Kachler gebühren.

Vor einigen Monaten fand in Zürich zum ersten Mal ein internationaler Kongress statt, der speziell hypnosystemischen Konzepten gewidmet war. Es wurden dort sehr viele wichtige Themen berücksichtigt – das Thema »Trauer« allerdings war nicht dabei. Ich finde, dass es überfällig ist, sich mit diesem Thema zu befassen, und hoffe, dieses Buch wird dazu beitragen, dass der Aufgabe einer wirksamen und kompetenzfokussierenden Trauerbegleitung in Zukunft wesentlich mehr Raum und Beachtung geschenkt werden.

Heidelberg, im Juli 2010
Dr. Gunther Schmidt
Ärztlicher Direktor der SysTelios-Klinik für
psychosomatische Gesundheitsentwicklung, Siedelsbrunn
und Leiter des Milton-Erickson-Instituts, Heidelberg

Vorwort

Der Tod meines Sohnes Simon hat mich gezwungen, mich als Trauernder, als Psychologe und Psychotherapeut mit der Trauer ganz neu und intensiv auseinanderzusetzen. Ich habe sehr rasch gespürt, dass die gängige, psychoanalytisch geprägte Theorie der Trauer für mich wenig hilfreich war. Im Gegenteil: Das vielfach propagierte »Loslassen« löste in mir zuerst Widerstand, dann Wut und Ärger aus. Natürlich habe ich schmerzlich erfahren, dass ich meinen Sohn im Äußeren verabschieden musste. Natürlich habe ich begriffen, dass mein Sohn nicht mehr kommen wird. Und natürlich hat mich dies meine Trauer schmerzlich gelehrt. Doch ich habe auch erlebt, dass ich in der Trauer meinem Sohn sehr nahe war. Und ich habe im Trauerprozess nicht nur schmerzliche Gefühle, sondern überwältigende Gefühle der Nähe und Liebe zu meinem Sohn gespürt. Sie zeigten mir, dass ich ihn in meinem Inneren nicht verlieren oder vergessen will. Und so stellten sich bald ganz neue Fragen: Wie kann ich meine Liebe zu meinem Sohn weiterleben? Wie kann ich ihn in meinem Inneren als geliebtes Gegenüber bewahren? Wie kann ich eine – nun freilich andere – innere Beziehung zu ihm leben? Wie kann ich sie in ein Leben nach dem Verlust so integrieren, dass es wieder mein Leben wird – ein Leben, in dem es auch wieder Freude und Glück geben darf?

Ich fand in zahlreichen Trauerbüchern keine Antworten auf diese Fragen. Zudem musste ich beschämt feststellen, dass ich in vielen Trauerbegleitungen und psychotherapeutischen Prozessen meinen Klienten auch – oft gegen ihren Widerstand – zum Loslassen geraten und sie in ihrem Wunsch nach einer weiter gehenden inneren Beziehung nicht unterstützt habe. Erst durch meine eigene Erfahrung wurde mir klar, dass der »Widerstand« von Trauernden als Rückmeldung an einen – zumindest – einseitigen Traueransatz zu verstehen ist und er deshalb nicht nur zu revidieren, sondern an seiner Stelle ein neues Verständnis der Trauer und Trauerarbeit zu entwickeln ist.

Deshalb habe ich mich nicht nur auf meinen eigenen Weg der Trauer eingelassen, sondern als Psychologe und Psychotherapeut nach einem veränderten, auch theoretisch neu fundierten Verständnis der Trauer gesucht. Hier waren zuerst die systemischen, lösungsorientierten und hypnotherapeutischen Ansätze, dann ihre Integration im hypnosystemischen Ansatz von Gunther Schmidt hilfreich. Aber auch die Traumatherapie, die Ergebnisse der Hirnforschung und Neurobiologie, die Einsichten der Bindungstheorie und die aktuelle, empirisch fundierte Trauerforschung in den USA waren hier für mein neues Verständnis der Trauerprozesse weiterführend. Ich habe dann diesen Ansatz zunächst in Büchern für betroffene Trauernde und in einem Kinderbuch für trauernde Kinder dargestellt. Diese Bücher haben eine überwältigende Resonanz gefunden.

Das vorliegende Buch richtet sich nun an alle, die in der Trauerbegleitung mit meist schweren und schwersten Verlusterfahrungen von Angehörigen oder in der Psychotherapie mit – oft weit zurückliegenden – Verlusterlebnissen von Patienten arbeiten. In dem hier vorgestellten Traueransatz wird die Trauerarbeit hypnosystemisch als kreative Beziehungsarbeit verstanden. Trauernde werden eingeladen, die schmerzliche Abwesenheit des verstorbenen geliebten Menschen zu realisieren und eine innere weiter gehende Beziehung zu ihm zu finden und zu gestalten. Der Trauerprozess wird dabei als ein komplexer und dynamischer, aber auch prekärer Selbstorganisationsprozess gesehen, der angesichts einer unlösbaren Situation nach einer Lösung sucht. Hypnosystemische Trauerbegleitung unterstützt diesen – auch neurobiologisch angelegten – Lösungsprozess der Trauernden.

Dabei werden die Trauer, die Beziehungsgefühle zum Verstorbenen und der Ego-State des geliebten Menschen als Ressourcen zu hilfreichen Prozessbegleitern. Trauernde werden durch Imaginationen unterstützt, einen sicheren Ort für den Verstorbenen zu finden. Dorthin können sie den Verstorbenen freilassen, ohne ihn zu verlieren. So kann eine innere Beziehung zum geliebten Menschen weitergelebt und in das Leben nach dem Verlust auf gute Weise integriert werden.

In diesem Buch werden die systemischen, hypnotherapeutischen und hypnosystemischen Hintergründe des neuen Traueransatzes dargestellt und aktuelle Ergebnisse der empirischen Trauerforschung in den USA, der Hirnforschung und der Neurobiologie integriert. In den Kapiteln 1–3 werden die theoretischen Grundlagen des hypnosystemischen Ansatzes aufgezeigt. Die Kapitel 4–11 führen Trauerbegleiter und Trauerbegleiterinnen, Psychotherapeuten und Psychotherapeutinnen und andere, die mit Trauernden arbeiten, Schritt für Schritt durch den Trauerprozess als einen aktiven und kreativen Beziehungsprozess. Vielfältige Übungen, Rituale und Imaginationen können unmittelbar für die Arbeit in der Trauerbegleitung und Psychotherapie genutzt werden.

Am Entstehen dieses Buches waren verschiedene Menschen beteiligt. Zwei Kollegen bin ich dabei zu besonderen Dank verpflichtet, nicht nur, weil sie mich in meiner Arbeit, sondern weil sie mich indirekt, wohl ohne es zu wissen, in meiner Trauer begleitet haben.

Bernhard Trenkle hat mich in meiner ersten Trauerzeit nicht nur unterstützt, meinen »hypnotherapeutischen« Kriminalroman *Traummord* im Carl-Auer Verlag zu veröffentlichen, sondern immer wieder ermutigt, das nun hier vorliegende Buch zu verfassen. Gunther Schmidt hat mir mit seinem hypnosystemischen Ansatz geholfen, meine selbst erfahrenen Trauerprozesse besser zu verstehen und dann auch als hypnosystemischen Traueransatz zu formulieren. Er hat meinen neuen Traueransatz begeistert aufgegriffen und ihn unter Fachkollegen bekannt gemacht. Gunther Schmidt hat mir auch die Gelegenheit gegeben, diesen hypnosystemischen Traueransatz auf Kongressen und in Seminaren an seinem Institut in Heidelberg den Fachkollegen näher vorzustellen. Ich habe dabei durchweg Anerkennung, Ermutigung, Unterstützung und viele fachliche Anregungen erhalten, die in meinen Ansatz bereichernd eingeflossen sind.

Doch ohne meine Familie wäre ich gar nicht so weit gekommen, einen neuen Traueransatz zu entwickeln. Sie hat mir geholfen, mit meinem und unserem schweren Verlust zu leben. Meine Frau hat mir die Freiräume geschenkt, nicht nur meine Trauer als meine Trauer zu leben, sondern der intensiven Arbeit an dem neuen Traueransatz und an diesem Buch nachzugehen. Dafür bin ich zutiefst dankbar.

Ich hoffe, dass dieses Buch über die Arbeit von Trauerbegleitern und Psychotherapeuten vielen Trauernden helfen kann, nicht nur ihren Schmerz und ihre Trauer zu lösen, sondern eine sichere und freie, eine verbundene und leichte Beziehung zu ihrem verstorbenen geliebten Menschen zu leben und diese Beziehung in ein wieder gelingendes Leben zu integrieren. Auch wenn der Tod meines Sohnes für sich genommen für mich sinnlos bleibt, so könnte ein eigener Sinn doch darin liegen, dass andere Trauernde mit diesem Ansatz neue Perspektiven und offene Horizonte für das Leben nach dem Verlust erhalten.

Roland Kachler
Januar 2010

1. Schwere und schwerste Verlusterfahrungen – eine Herausforderung für die Trauerbegleitung und Psychotherapie

Fallvignette

Eine Mutter verliert ihren 22-jährigen Sohn bei dessen Studienaufenthalt in Afrika durch einen Autounfall. Unklare telefonische Nachrichten, ob ihr Sohn tatsächlich bei einem Unfall umgekommen ist, lassen sie fast zwei Tage in traumatischer Ungewissheit. Dann dauert es zwei Wochen, bis der Leichnam ihres Sohnes in Deutschland eintrifft. Der Verwesungsprozess ist so weit fortgeschritten, dass sie ihren Sohn nicht mehr sehen kann. Der Bestatter ermöglicht es ihr, gegen die Vorschriften, wenigstens die Hand ihres Sohnes zu sehen und zu berühren. Im ersten Gespräch acht Wochen nach der Beerdigung sagt sie, dass sie nicht mehr wisse, wie sie das alles überlebt habe. Sie wisse auch nicht, wie sie ohne ihren Sohn weiterleben solle. Für sie waren ihr Sohn und die Beziehung zu ihm sehr wichtig. Er glich ihr in vielem, und sie war stolz darauf, dass er – anders als sie – studierte. Immer wieder zweifelt sie in den Trauergesprächen, ob diese ihr helfen können. Erst als sie versteht, dass sie in unseren Gesprächen auch lernen kann, eine innere Beziehung zu ihrem Sohn zu finden, lässt sie sich auf den Prozess der Trauerbegleitung ein.

1.1 Schwere und schwerste Verluste – eine bisher ungelöste Herausforderung für die Psychotherapie

Der hypnosystemische Ansatz, wie er hier entwickelt und Ihnen als Leserin und Leser vorgestellt wird, beschreibt die psychischen Phänomene und Prozesse, die allgemein bei Verlusten zu beobachten sind. Seine besondere Wirksamkeit entfaltet dieser neue Ansatz bei schweren und schwersten Verlusterfahrungen, bei denen die Betroffenen zunehmend Begleitung und Hilfe aufsuchen.

1.1.1 Was sind schwere und schwerste Verluste?

Jeder Verlust und Todesfall eines geliebten Menschen wird subjektiv sehr unterschiedlich erlebt und individuell sehr unterschiedlich verarbeitet. Das hängt von vielen Faktoren ab, zum Beispiel von der Länge und Intensität der bisherigen Beziehung zum Verstorbenen, von der

Todesart, von der Persönlichkeit der Trauernden und ihren bisherigen Verlusterfahrungen.

Bei allen individuellen Unterschieden kann man davon ausgehen, dass folgende Verluste und Verlustsituationen in der Regel als sehr massiv und schwer erlebt werden:

- Unerwarteter Verlust zur Unzeit, wie zum Beispiel der plötzliche Herztod des 40-jährigen Partners.
- Traumatische Umstände beim Tode des geliebten Menschen, insbesondere entstellende Unfälle, Tod durch Gewalt u. a.
- Verlust eines Menschen bei sogenannten Großschadensereignissen.
- Das unmittelbare Miterleben des Todes eines nahen Menschen unter dramatischen Umständen.
- Traumatische Umstände bei der Überbringung der Todesnachricht, z. B. werden die Eltern von der Polizei, die mit Blaulicht vor dem Haus steht, aus dem Schlaf gerissen.
- Verlust durch einen Suizid.
- Mehrere schwere Verluste im Laufe einer Biografie, z. B. verliert eine junge Frau nach dem Tod ihres Bruders in der Kindheit nun als Erwachsene ihre Schwester und ein Jahr später ihren Partner.
- Uneindeutige Verluste, bei denen der Leichnam des Verstorbenen zerstört ist oder nicht gefunden werden kann.
- Verlust eines Menschen, für dessen Tod die Hinterbliebenen mitverantwortlich sind oder sich am Tod mitschuldig fühlen.
- Tabuisierte Verluste, zu denen sich Hinterbliebene nicht öffentlich bekennen können wie beim Tod einer Geliebten.

Des Weiteren werden in der Regel als sehr schwer erlebt:

- Der Verlust eines Menschen, mit dem die Trauernden in intensiver emotionaler Beziehung lebten; hier auch ambivalente, ausbeutende oder missbrauchende Beziehungen des Verstorbenen zum Hinterbliebenen.
- Der Verlust eines Kindes jedweden Alters.
- Der Verlust eines Geschwisters, besonders im Kindes- und Jugendlichenalter der zurückbleibenden Geschwister.

- Der Verlust eines Elternteils oder beider Eltern im Kindes- und Jugendlichenalter.

Für die Trauerbegleitung gilt die Grundregel, dass jeder Verlust für den jeweiligen Trauernden subjektiv als sehr schwer erlebt wird und deshalb seine Trauer dieser ganz individuellen Situation angemessen ist. Vergleiche mit anderen Verlusten – oft von Trauernden selbst angeboten – verbieten sich von selbst.

> *Beachte!*
> *Bei Verlusten, mit denen ein traumatisches Erleben verbunden ist, brauchen Betroffene in der Regel eine Psychotherapie, in der sowohl Trauerarbeit als auch Traumatherapie geleistet werden. Beides muss klar voneinander unterschieden, aber doch eng aufeinander bezogen werden.*

Exkurs

Der Trauerprozess als Ausdruck des Menschseins

Der Mensch ist das einzige Lebewesen, das seine Toten bestattet. Zwar erleben auch Säugetiere, insbesondere Primaten, Trauergefühle, aber die Bestattung und die Gestaltung von Erinnerungen an die Verstorbenen sind Ausdruck des Menschseins. Neben der Erfindung und Weiterentwicklung von Werkzeugen kennzeichnet die Bestattung den Beginn der Kultur. Trauerrituale, das Grab, die Grabpflege und Formen der Erinnerung sind eine kulturelle kreative Leistung sowohl der jeweiligen Gesellschaften als auch des Einzelnen in seinem Trauerprozess. Jeder einzelne Trauerprozess ist deshalb ein individueller Nachvollzug der Kulturwerdung des Menschen angesichts des Todes. Damit können wir jede Trauerbewältigung als eigene, besondere Kulturleistung des einzelnen Trauernden verstehen.

Die Grabbeigaben schon bei altsteinzeitlichen Bestattungen zeigen die Fürsorge der Hinterbliebenen für die Verstorbenen. Sehr wahrscheinlich entstand hier auch der Gedanke an ein Weiterexistieren der Toten in einer anderen Wirklichkeit. Dies wiederum ist vermutlich eine der wichtigsten Wurzeln der Idee der Transzendenz und der Religion.

1.1.2 Interventionen

Die ersten Interventionen, die ich Ihnen in diesem Buch vorschlage, beziehen sich auf die Trauerbegleiter selbst.

Wer in der Trauerarbeit tätig ist, sollte für sich klären:

- Will und kann ich schlimmste Verlusterfahrungen aushalten und sie zugleich bei den Trauernden als ihre Erfahrung lassen?
- Will und kann ich mich auf intensive und intensivste Gefühle einfühlsam einlassen und zugleich gut in meiner eigenen emotionalen Mitte bleiben und mich damit auf eine klare und doch wohlwollende Weise abgrenzen?
- Will und kann ich aushalten, dass ich angesichts des Todes zunächst nichts tun kann? Kann ich also mit den eigenen Gefühlen der Machtlosigkeit und Ohnmacht umgehen?

Des Weiteren sollte jeder, der häufiger mit Trauernden arbeitet, im Rahmen einer Eigentherapie oder Selbstreflexion:

- seine eigenen Verlusterfahrungen kennen und reflektiert haben
- seine eigenen Strategien im Umgang mit Sterben, Tod und Abschied kennen und sie als Ressource oder aber als Restriktion für die Trauerarbeit verstehen
- seine eigenen Positionen zu spirituellen und religiösen Fragen im Umkreis von Verlusterfahrungen klären, zum Beispiel die Frage, wie er oder sie zu der Idee eines Lebens nach dem Tod eingestellt ist.

1.2 Der Trauerprozess als komplexer individueller Verarbeitungsprozess

Die wissenschaftliche Beschäftigung mit der Trauer als Bewältigungsprozess wurde ganz wesentlich vom psychodynamischen und libidotheoretischen Verständnis Sigmund Freuds geprägt. Dies hat zu Phasenmodellen (Parkes 1972; Bowlby 1983; Kast 1977) geführt, die vor allen Dingen die Verläufe auf der emotionalen Ebene beschreiben und deren Ziel in einer Verabschiedung der Verstorbenen liegt.

Demgegenüber kann nicht genug betont werden, dass der Trauerprozess in seiner Intensität, in seinem Verlauf und in seinem Ergebnis:

- außerordentlich individuell und für jede Person einzigartig ist
- den Trauernden in seinem ganzen psychosomatischen Erleben erfasst
- in Extremen zwischen unterschiedlichsten emotionalen Polen wie zum Beispiel Schmerz und Wut verläuft
- komplex zusammengesetzt ist
- in selbstbezüglichen Rückkopplungsprozessen und Schleifen verläuft
- in sich immer wieder als widersprüchlich, irrational und unverstehbar von den Trauernden erlebt wird.

Exkurs

Der Trauerprozess als prekärer Selbstorganisationsprozess

Jeder lebende Organismus stellt sich über Selbstorganisationsprozesse der Erfahrung der Entropie, also seiner Sterblichkeit und Vergänglichkeit entgegen und ringt die eigene Struktur der entropischen Tendenz der physikalischen Realität ab (Maturana 1987; Simon 2006). Der Tod eines nahen Menschen ist nun eine der unmittelbarsten menschlichen Erfahrungen der Entropie in der eigenen psychischen Struktur. Diese Entropie-Erfahrung bedroht die Selbstorganisation des Hinterbliebenen massiv. Aus der biologisch angelegten Selbsterhaltungstendenz heraus reagiert der Organismus mit dem Versuch, zunächst die eigene Struktur zu erhalten und sie dann an die Bedingungen, die der Verlust hergestellt hat, anzupassen.

Die Trauerreaktion ist also der Versuch einer Selbstorganisation, die gefährdet und vom Ergebnis her offen, also prekär ist. Verschiedene Ergebnisse dieses Prozesses sind möglich: Reorganisiert sich der Trauernde auf einem niedrigeren Niveau als bisher, zum Beispiel auf dem Niveau einer depressiven Struktur, oder zerbricht die Selbstorganisation des Hinterbliebenen, indem er Suizid begeht? Oder stößt die Erfahrung der Entropie einen Selbstorganisationsprozess an, in dem der Trauernde sich und sein Leben nach dem Verlust, aber auch die Beziehung zum Verstorbenen neu konstituiert und strukturiert? Wie alle Selbstorganisationsprozesse komplexer und dynamischer Systeme ist auch der Trauerprozess ein chaotischer Prozess, dessen Verlauf und Ergebnis sprunghaft, selbstbezüglich und dynamisch, also nicht vorhersagbar ist.

1.2.1 Interventionen

Wer als TrauerbegleiterIn arbeitet, sollte sich auf diese sehr individuellen und emotional aufwendigen Selbstorganisationsprozesse einlassen und deshalb folgende Fragen für sich im Sinne einer Selbstreflexion klären:

- Will und kann ich mit komplexen Prozessen und dem Unvorhergesehenen umgehen und arbeiten?
- Will und kann ich mit »Verschlechterungen« und sich immer neu wiederholenden »Rückfällen« umgehen?
- Will und kann ich mit Unterbrechungen, vorzeitigen Beendigungen und Abbrüchen des beraterischen oder therapeutischen Prozesses umgehen?

1.3 Intensive Trauerreaktionen und komplizierte Trauerverläufe

Die oben beschriebenen schweren Verluste lösen in der Regel intensive und massive Trauerreaktionen aus. Sie sind angesichts der Größe und der Unerwartetheit eines Verlustes angemessen und für sich genommen noch kein Anzeichen für einen komplizierten Trauerverlauf.

Unsere auf Anpassung und Schnelligkeit angelegte Gesellschaft drängt Trauernde sehr rasch wieder in das alltägliche Funktionieren zurück. Trauerprozesse, die mehr als ein halbes Jahr andauern, gelten bei der Umwelt von Trauernden heute häufig schon als problematisch. Die Trauerbegleitung hat entgegen diesen gesellschaftlichen Tendenzen deshalb auch die Funktion, den Trauernden genügend Zeit für ihr Trauererleben und ihren Trauerprozess einzuräumen. Die Trauerbegleitung sollte auch einen – freilich zeitlich begrenzten – Schutzraum gegenüber den gesellschaftlichen Forderungen nach rascher Funktionsfähigkeit des Hinterbliebenen darstellen.

Die heftigen Trauerreaktionen rufen bei der Umwelt Unsicherheit und Abwehr hervor, was sehr oft auch zu einer schnellen – manchmal zu schnellen? – Verweisung in eine beraterische oder therapeutische Maßnahme führt. Das ist einer der Gründe, warum Trauernde zunehmend Trauerbegleitung in Anspruch nehmen.

1.3.1 Intensität und Dauer von Trauerverläufen bei schweren Verlusten

Gegenüber diesen Tendenzen zur raschen Wiederherstellung der Funktionsfähigkeit von Trauernden und dem Wunsch der Umwelt –

oft auch der Trauernden selbst –, die Trauergefühle rasch zu reduzieren und den Trauerprozess abzukürzen, muss für schwere Verluste Folgendes festgehalten werden:

- Die *Intensität der Trauerreaktion* nimmt nach der Zeit des Schocks und des Nicht-wahrhaben-Könnens meist erst an Heftigkeit und Intensität zu. Die Trauerreaktionen nehmen deshalb nicht kontinuierlich ab, sondern zeigen immer wieder neue Zuspitzungen in ihrer Intensität. Bei dem Verlust eines Kindes oder eines Geschwisters ist das erste Trauerjahr häufig vom Schock, der Betäubung und der Erstarrung dominiert. Den Trauernden wird oft erst nach dem ersten Todestag die ganze Realität des Verlustes bewusst. Deshalb erleben sie im zweiten Trauerjahr – entgegen den eigenen Erwartungen und denen der Umwelt – noch einmal eine Intensivierung ihrer Trauer.
- Deshalb überschreitet bei schweren Verlusten die *Dauer eines Trauerprozesses* in der Regel das früher als normal angesehene Trauerjahr. Bei schweren Verlusten erleben die meisten Hinterbliebenen erst im dritten Trauerjahr ein Zurücktreten und allmähliches Abnehmen der akuten Trauergefühle. Das Leben ohne den Verstorbenen wird erst dann zu einer eigenen Realität, mit der die Trauernden zu leben lernen. Erst dann ist auch wieder zunehmend eine Außen- und Neuorientierung möglich. Jeder zu frühe Versuch, Trauernde in äußere soziale Welten zu integrieren, scheitert in der Regel nicht nur, sondern hinterlässt bei den Trauernden Gefühle des Versagens und der Scham.
- Erst wenn die Trauernden eine stabile und zugleich freie innere Beziehung zum Verstorbenen aufgebaut haben, kommt ein *Ende des Trauerprozesses* in Sicht. Die akuten Trauergefühle treten zurück, und »trauerfreie« Phasen werden häufiger und länger. Allerdings gibt es bei schweren Verlusten in einer gewissen Weise *kein Ende des Trauerprozesses*, weil der Verstorbene für die Hinterbliebenen dauerhaft fehlt. Die Hinterbliebenen erleben dann auch nach langer Zeit immer wieder Gefühle des Missens und der Sehnsucht, an bestimmten Gedenktagen auch wieder Momente einer Trauer, die häufig als Wehmut beschrieben wird (Näheres in Kap. 10 und 11).
- Die *innere Repräsentation des Verstorbenen* und *die innere Beziehung zum Verstorbenen* als Teil des Trauerprozesses

bleiben über das Ende des Trauerprozesses im engeren Sinne bestehen (Näheres in Kap. 9 und 11).

1.3.2 Komplexe und komplizierte Trauerverläufe

Wie dargestellt, lösen nach meiner Erfahrung alle schweren und schwersten Verluste – und dafür ist der hier dargelegte hypnosystemische Traueransatz gedacht – mit großer Wahrscheinlichkeit komplexe Trauerverläufe aus.

In der aktuellen Trauerforschung in den USA (vgl. zusammenfassend den neuesten Stand der Forschung bei Stroebe et al. 2008) wird in der Regel nicht mehr von pathologischer Trauer oder pathologischen Trauerverläufen gesprochen. Stattdessen werden solche komplexen Trauerverläufe als komplizierte Trauer *(complicated grief)*, manchmal auch als chronische Trauer *(chronic grief)* bezeichnet. Dahinter steht auch das Bemühen, die komplizierte Trauer als eigenständige Diagnose in einem zukünftigen diagnostischen Manual DSM-V zu verankern (Neimeyer et al. 2008b; Prigerson et al. 2008). Aus meiner Sicht wäre es noch zutreffender, von einem komplizierten Trauer*verlauf* zu sprechen.

> *Beachte!*
>
> *Die Trauer als zunächst neurobiologisch angelegte Reaktion hat adaptive Funktionen und ist als solche nicht pathologisch. Kurz gesagt: Es gibt keine pathologische Trauer, und dieser – immer noch gebrauchte – Begriff sollte im wissenschaftlichen, aber auch therapeutischen Sprachgebrauch nicht mehr verwendet werden.*

Die Trauer als angemessene psychobiologische Reaktion trifft auf eine bestimmte Persönlichkeitsstruktur mit der ihr eigenen Vorgeschichte von Verlusten und frühen Bindungserfahrungen. Für die individuelle Trauerreaktion und den Trauerverlauf sind hier die Bindungsstile der Trauernden eine bedeutsame Einflussgröße (vgl. Kap. 7, Exkurs »Bindungsstil und Trauerarbeit«). Auch die bisherige Geschichte der Beziehung zwischen Trauernden und Hinterbliebenen, die Struktur der Beziehung und die aktuelle Beziehung zum Verstorbenen vor dem Verlust bestimmen stark, wie der Trauerverlauf aussieht. Weitere wichtige Faktoren für den Verlauf des Trauerprozesses sind die Todesart (z. B. Unfalltod, Tod durch Suizid u. a.), die Todesumstände beim

Verlust (z. B. massive Verstümmelung des Toten, Miterleben des Todes u. a.) und ein mehr oder weniger unterstützendes Umfeld für die Zeit nach dem Verlust. Aus diesen und anderen Faktoren entwickeln sich Trauerverläufe, die – zunächst von außen gesehen – schwierig und problematisch erscheinen.

Dabei lassen sich – bei allen Schwierigkeiten einer diagnostischen Abgrenzung – folgende Fälle unterscheiden:

- Eine destruktiv erscheinende Abwehr und Verleugnung der Trauerreaktion, bei der scheinbar nicht oder nur wenig sichtbar getrauert wird.
- Eine erstarrt erscheinende, häufig auch somatisierte Form der Trauerreaktion; diese Form der Trauerreaktion lässt sich dann als Anpassungsstörung nach ICD F43.2, insbesondere ICD F43.21, diagnostizieren
- Eine chronische, also zu lang erscheinende Form der Trauer-reaktion, die als längere depressive Reaktion im Rahmen einer Anpassungsstörung nach ICD F43.21 zu diagnostizieren ist. Als Zeitpunkte, ab denen eine chronische Trauer zu vermuten ist, werden in der Literatur sechs bis 18 Monate genannt. Das ist für schwerste Verluste in der Regel viel zu kurz gegriffen, als dass man von einer chronischen Trauer sprechen könnte. Mein Vorschlag ist folgender: Werden gegen Ende des zweiten bzw. zu Beginn des dritten Trauerjahres keine Milderung des Trauerschmerzes, der Trauer und der intensiven Sehnsucht beobachtet, kann man eine mögliche Chronifizierung des Trau-erverlaufes vermuten.
- Eine durch den Verlust angestoßene länger anhaltende, in ihrer Form schwerere depressive Entwicklung, die dann ent-sprechend ICD F32 als depressive Episode unterschiedlichen Grades zu diagnostizieren ist. Häufig hatten Hinterbliebene mit diesem Trauerverlauf schon vor dem Verlust depressive Episo-den durchlaufen oder hatten in ihrer Persönlichkeit verankerte depressive Tendenzen.

Meine vorsichtigen Formulierungen zeigen, dass wir mit einer dia-gnostischen Einordnung von Trauerreaktionen und Trauerverläufen außerordentlich zurückhaltend sein sollten. Es bleibt zum Beispiel immer die Frage, wie lange ein Trauerprozess dauern darf, ohne dass er als kompliziert bewertet werden müsste. Nicht selten ist auch die Entscheidung zum Beispiel hochbetagter Witwen oder Witwer, in und mit ihrer Trauer zu leben, als angemessen zu verstehen.

Freilich gibt es erschwerte und komplizierte Trauerverläufe, die – zunächst von außen gesehen – durchaus blockierende oder destruktive Konsequenzen für den Betroffenen oder seine Angehörigen nach sich ziehen. Dennoch ist auch hier von einer vorschnellen Pathologisierung abzusehen, vielmehr sollte immer zuerst nach der Bedeutung und den Hintergründen solcher Reaktionen gefragt werden

Ausschlaggebend für die Diagnose einer komplizierten Trauer bleibt immer die genaue Abklärung des subjektiven Leidens der Trauernden. Es muss genau verstanden werden, welcher biografische Hintergrund, welche Bedeutung und welche Funktion für den Trauernden und seine psychosoziale Umwelt hinter genau dieser Form des Trauerns stehen. In einem weiteren Schritt sollte der Trauernde einfühlsam und behutsam damit konfrontiert werden, dass seine Art des Trauerns einen bestimmten psychischen Preis und mögliche langfristige Folgen hat (näher dazu Schmidt 2005, S. 116 ff.). Die Trauernden sind dann immer noch in ihrer Entscheidung frei, ob sie damit bewusst leben möchten oder ihre Situation mit beraterischer oder psychotherapeutischer Unterstützung verändern wollen.

Schwieriger ist die Situation, wenn der komplizierte Trauerverlauf Angehörige im familiären Umfeld belastet. Dies geschieht nicht selten, wenn verwaiste Eltern ihre anderen Kinder emotional vernachlässigen, weil die Intensität der eigenen Trauer dies vorübergehend oder über längere Zeit fordert. Hier sollten die Eltern einfühlsam und in Rücksicht auf die Loyalität zu ihrer Trauer mit den Konsequenzen für die Geschwister des verstorbenen Kindes konfrontiert werden. Dann kann überlegt werden, wie die Trauer selbst und die Liebe zum verstorbenen Kind in einer besseren Balance mit der Liebe zu den anderen Kindern weitergelebt werden kann. Schließlich sollte in diesen Fällen natürlich immer überlegt werden, ob trauernde Geschwisterkinder nicht schon früh eine eigene Hilfe angeboten bekommen sollen.

1.3.3 Hinweise auf psychotherapeutisch zu behandelnde komplizierte Trauerverläufe

Schwere und schwerste Verluste sind für sich genommen nur *ein* Risikofaktor von vielen anderen für das Entstehen von komplizierten

Trauerverläufen. Gibt es weitere Belastungen wie eine psychische Instabilität, frühere schwere Verluste, psychische Erkrankungen oder das Alleinleben nach dem Tod eines Partners, sollten erste Anzeichen für den Beginn eines komplizierten Trauerverlaufes sehr ernst genommen werden sind.

Folgende Erlebensweisen können Hinweise auf psychotherapeutisch zu behandelnde komplizierte Trauerverläufe sein:

- *Suizidale Gedanken und Impulse,* die länger als ein halbes Jahr nach dem Verlust andauern und die nicht mehr als der – ganz normale – Wunsch, dem Verstorbenen nachzusterben, zu verstehen sind.
- *Massive und persistierende Schuldgefühle,* die selbstvorwürfig und zwanghaft als Ausdruck der – häufig alleinigen – Schuld am Tod des geliebten Menschen geäußert werden; problematisch sind hier insbesondere Schuldgefühle, die der Trauernde nicht von konkreter Mitverantwortung unterscheiden kann.
- *Extreme Gefühle der Hoffnungslosigkeit und Verzweiflung,* die dazu führen, dass die Betroffenen auch nach dem ersten Jahr keinen Sinn im Leben mehr sehen können.
- *Unkontrollierte Wut* und alles besetzende *Verbitterung,* die auch mit selbstdestruktivem Verhalten verbunden sein kann.
- *Psychosomatische Symptome,* häufig Brust- und Herzschmerzen, Globusgefühle, oft auch dauerhafte Gewichtsabnahme sowie Durchschlafstörungen.
- *Weitgehender und lang anhaltender Rückzug* aus den bisherigen psychosozialen Netzen, oft verbunden mit einer Vernachlässigung der eigenen Person, des Berufes und der Wohnung. Diese Symptomatik ist häufig beim Verlust eines langjährigen Lebens- und Ehepartners, besonders bei älteren Witwern und Witwen anzutreffen.
- *Substanz-, besonders Alkoholmissbrauch.*

Sind die suizidalen Tendenzen und ein weiteres Symptom oder zwei bis drei andere nichtsuizidale Symptome nach einem schweren Verlust vorhanden, ist dringend eine Psychotherapie anzustreben. Dann ist auch die Diagnose einer Belastungsreaktion nach ICD F43.2 oder eine depressive Episode nach ICD F32 erforderlich.

Beachte!

Von psychotherapeutischen oder psychosomatischen Kuren in den ersten Monaten des Trauerprozesses ist in der Regel abzuraten. Auch wenn zuhause die Trauergefühle sehr intensiv sind, ist der haltende Rahmen der gewohnten Umgebung sehr wichtig. Viele Trauernde erleben das Weggehen in eine Kur auch als illoyal gegenüber dem Verstorbenen. Viele Trauernde brauchen zunächst den Gang zum Grab oder die unmittelbar erlebte Nähe zum Verstorbenen in der bisherigen gemeinsamen Umgebung.

1.3.4 Der quantitative Anteil komplizierter Trauerverläufe

Die Abschätzung, wie hoch der Anteil komplizierter Trauerverläufe unter Hinterbliebenen ist, ist außerordentlich schwierig, da die diagnostischen Kategorien in den wenigen quantitativen Erhebungen sehr unterschiedlich sind.

In verschiedensten Studien wird immer wieder ein Anteil von etwa 15 % der Trauernden genannt, die als chronisch trauernd oder als nachfolgend depressiv eingeschätzt werden (Bonanno et al. 2008).

Dieser Anteil, der nur für einen Durchschnitt über verschiedenste Trauersituationen hinweg gilt, scheint realistisch zu sein. Allerdings dürfte der Anteil von komplizierten Trauerverläufen beim Verlust eines Kindes oder bei traumatischen Verlusten meiner Erfahrung nach deutlich höher liegen.

Aber auch ältere Menschen scheinen ein höheres Risikos für schwierige Trauerverläufe zu haben. Hierzu haben Bonanno et al. 2008 eine methodisch sehr gut fundierte, prospektive (!) Studie vorgelegt. Hier wurden Paare im Alter über 65 Jahren schon vor dem Tod eines Partners auf ihre psychische Situation hin untersucht. Nach dem Ableben eines Partners wurde der zurückbleibende Partner über 18 Monate hinweg in seiner Trauerreaktion beobachtet. 11 % erlebten eine adaptive Trauer, in der der Verlust konstruktiv verarbeitet wurde, 45 % hatten nur eine leichte Trauerreaktion ohne besondere Belastung, 8 % wurden als depressiv und 16 % wurden als chronisch trauernd eingeschätzt. Überraschend an dieser Studie ist der Anteil der 45 % mit einer resilienten Verarbeitung und der doch hohe Anteil von 24 % komplizierter Trauerverläufe. Allerdings ist aus meiner Erfahrung der Beobachtungszeitraum von 18 Monaten nach dem Verlust zu kurz gegriffen, weil viele Trauerprozesse länger als 18 Monate dauern. Auch nach dieser Zeit kommt es noch zu adaptiven Lösungen der Verlustsituation. Im Übrigen darf aus meiner Sicht eine leichte Trauer in Form von Wehmut und auch Sehnsucht nach dem Verstorbenen bleiben, ohne dass dies als nichtadaptiv gewertet werden müsste.

1.3.5 Interventionen

Bei schweren Verlusten sollten im Erstgespräch sowohl eine tragfähige Beziehung und ein emotionaler Halt als auch folgende vorläufigen diagnostischen Prozesse durchlaufen werden:

- Einschätzung der Schwere der aktuellen Verlusterfahrung bzw. der Schwere des aktuellen Erlebens des Verlustes; Maßstab hierfür ist immer das subjektive Erleben der Trauernden.
- Verlustanamnese: Gibt es frühere schwere Verlusterfahrungen, die ein Risiko, aber auch eine Ressource bezüglich Bewältigungserfahrungen darstellen können? Dabei muss bedacht werden, dass der aktuelle Verlust immer als ganz eigener, besonderer Verlust erlebt wird.
- Traumaanamnese: Gibt es beim aktuellen Verlust traumatische Erfahrungen, und gibt es andere frühere traumatische Erfahrungen, die nicht verarbeitet sind und deshalb destabilisierend wirken können? Dabei muss bedacht werden, dass für Trauernde natürlich der aktuelle Verlust im Vordergrund steht.
- Abklärung anderer Belastungsfaktoren, wie frühere oder aktuelle psychische Erkrankungen, insbesondere depressive Episoden.
- Vertragsangebot, bei dem nicht nur die Trauer und das Trauererleben im Vordergrund stehen, sondern immer auch die Arbeit an einer weiter gehenden inneren Beziehung zum Verstorbenen als Ziel angeboten wird (Näheres dazu in Kap. 4).

> *Beachte!*
>
> *Im Unterschied zu anderen beraterischen oder psychotherapeutischen Prozessen sollte im Erstgespräch nicht eine – sicherlich gut gemeinte – Zuversicht des Trauerbegleiters ausgesprochen werden. Dies wirkt für Trauernde angesichts eines schweren Verlustes unglaubwürdig. Stattdessen erzielt es auf der Beziehungsebene Hoffnung und Zuversicht, wenn der Trauerbegleiter die Untröstlichkeit,*

> den Schmerz und die Trauer im Sinne eines Containings einfühl-
> sam akzeptiert und aushält. Auch das Vertragsangebot, an der
> inneren weiter gehenden Beziehung zum Verstorbenen arbeiten
> zu können, wirkt in der Regel tröstlich und hoffnungsstiftend.

1.4 Trauerarbeit zwischen Trauerbegleitung und Trauerpsychotherapie

Insgesamt ist das Bewusstsein dafür gestiegen, dass Trauernde, insbesondere schwer Trauernde, einer Unterstützung und Begleitung
bedürfen. Deshalb haben sich unterschiedliche Formen der Trauerbegleitung in sehr unterschiedlichen Kontexten und institutionellen
Rahmenbedingungen entwickelt.

1.4.1 Trauerbegleitung

Trauerbegleitung im engeren Sinne ist das niederschwellige Angebot,
das präventiv allen Trauernden angeboten wird. Trauernde werden im
Sinne einer Erstversorgung in verschiedenen institutionellen Rahmen
begleitet. Es wächst die Einsicht, dass Trauerbegleitung schon hier
beginnt: bei der Notfall- und Krisenintervention, im Beerdigungs- und
Trauerinstitut, in der ärztlichen Praxis oder in der pastoralen und seelsorgerlichen Arbeit der Kirchengemeinden im Rahmen der Bestattung
und in den nachfolgenden seelsorgerlichen Besuchen.

Zunehmend findet in Selbsthilfegruppen wie dem *Bundesverband
Verwaiste Eltern e. V.*, in Trauercafés oder in angeleiteten Trauergruppen
wertvolle Arbeit mit Trauernden statt. Pastoren, Notfallseelsorger, in
Trauerbegleitung ausgebildete Laien und andere Professionen wie
Ärzte begleiten Trauernde phasenweise oder über weite Strecken des
Trauerprozesses.

1.4.2 Trauerberatung

Trauerberatung findet meist an verschiedenen Beratungsstellen mit
Psychologen oder Sozialpädagogen mit entsprechenden psychotherapeutischen Fort- oder Weiterbildungen statt. Eine Trauerberatung
ist in jedem Fall bei schweren Verlusten, zum Beispiel bei einem
Verlust durch Suizid, und einem der oben genannten Risiken für
einen komplizierten Trauerverlauf anzuraten; häufig dient sie auch
der Überbrückung einer Wartezeit oder der Vorbereitung auf eine
Psychotherapie.

1.4.3 Trauertherapie

Trauernde, die nach schwerem Verlust die oben unter 1.3.3 genannten Risikofaktoren aufweisen oder die eine depressive oder psychosomatische Symptomatik entwickelt haben, sollten psychotherapeutisch behandelt werden. Psychotherapie ist natürlich auch dann angezeigt, wenn der Verlust vorhandene latente oder frühere andere psychosomatische oder psychische Symptomatiken reaktualisiert.

Trauernde mit als traumatisch erlebten Verlusten brauchen eine psychotherapeutische Behandlung, die auch die Traumatisierung gezielt und spezifisch traumatherapeutisch bearbeitet.

Die *Trauerarbeit* ist zunächst die psychische Arbeit, die der Trauernde in der Verarbeitung zu leisten hat. Sie umfasst in meinem Ansatz weit mehr als die von Freud formulierte Traueraufgabe der Rücknahme der Libido. Es ist auch die kreative Arbeit an einer neuen, inneren Beziehung zum Verstorbenen unter der schmerzlichen Bedingung seiner dauerhaften Abwesenheit.

Da es in den drei beschriebenen Formen der Unterstützung um eine *begleitete Trauerarbeit* geht, wird hier der Begriff »Trauerbegleitung« *als Überbegriff* für alle Formen der Unterstützung von Trauernden gebraucht. Der hier beschriebene Ansatz ist grundlegend und hilfreich für alle Formen der Trauerbegleitung sowie für alle Formen des Trauerns, gerade auch für die komplizierten Trauerverläufe.

Wenn es um explizit therapeutische Arbeit geht, wird dies ausdrücklich benannt und als *Trauertherapie* bezeichnet. Freilich sind die Übergänge zwischen den verschiedenen Arten der Trauerbegleitung fließend. Längere Prozesse, die im Rahmen eines therapeutischen Settings geschehen, werden selbstverständlich als Trauertherapie definiert.

1.4.4 Nachholende Trauerarbeit

Immer wieder suchen Trauernde eine Trauerberatung oder Psychotherapie auf, um lange zurückliegende Verluste aufzuarbeiten. In vielen psychotherapeutischen Prozessen stoßen die Klienten meist unerwartet auf vergangene, vergessene oder oft auch auf vermeintlich schon bearbeitete Verluste.

Auch für diese nachholende Trauerarbeit ist der vorliegende Traueransatz außerordentlich gut geeignet. Meist müssen dann nicht nur die Trauergefühle erneut zugelassen und nun wohlwollend gewürdigt werden, sondern häufig muss auch die innere Beziehung zum Verstorbenen jetzt erst bewusst realisiert, bei konfliktträchtigen Beziehungen geklärt und schließlich in das Leben integriert werden.

1.4.5 Interventionen

Noch einmal beziehen sich die vorgeschlagenen Interventionen auf die Trauerbegleiter selbst. Wer lange und häufig in der Trauerarbeit tätig ist, sollte auf eine selbstverständliche und ausreichende Psychohygiene achten. Das kann hier nur kurz angedeutet werden.

Trauerbegleiter sollten für ihre eigene Psychohygiene:

- nicht nur mit Trauernden, sondern auch mit Klienten mit anderen Themen und Problemen arbeiten
- in regelmäßigen Fallbesprechungen, Intervisionen und Supervisionen für eine emotionale Entlastung und eine die Erfahrungen integrierende Reflexion sorgen
- eigene somatische und psychische Reaktionen wie zum Beispiel eine häufige Müdigkeit oder Aggression frühzeitig als Rückmeldung an sich wahrnehmen, dass die Arbeit mit Trauernden vielleicht zu einseitig oder zu massiv wird
- sich gegenüber den Verlust- und Todeserfahrungen der Betroffenen immer wieder gut abgrenzen bzw. die – was nicht ganz zu vermeiden ist – übernommenen Gefühle von den Trauernden immer wieder nach außen herausarbeiten und abgeben
- darauf achten, dass Tod und Verlust als Lebensthemen das eigene Lebensgefühl nicht unbemerkt dominieren und depressiv tönen
- sich deshalb ganz bewusst dem Leben lust- und liebevoll zuwenden. Die Arbeit mit Trauernden kann Trauerbegleiter auch immer wieder die Augen für die eigene Lebendigkeit, für die Tiefe, den Reichtum und den Wert des Lebens öffnen.

1.5 Hypnosystemische Trauerarbeit – Warum ein neuer Ansatz?

Den hier vorgestellten Traueransatz habe ich zunächst aus einer eigenen schweren Verlusterfahrung heraus entwickelt. Nach dem Tod meines 16-jährigen Sohnes erlebte ich, dass die gängigen Traueransätze für mich wenig hilfreich waren. So habe ich für meinen eigenen Trauerprozess aus meinem psychologischen und psychotherapeutischen Wissen heraus lernen müssen, ganz neu über meine Trauer und die Trauer als solche nachzudenken.

Aufgrund dieser Erfahrungen habe ich auch meine eigene Praxis der Trauerberatungen und -therapien überprüft und rückblickend Folgendes entdeckt:

- Meine – bewusste und unbewusste – Tendenz, ein »Loslassen« des Verstorbenen zu empfehlen, hatte immer wieder »Widerstände« bei den Trauernden zur Folge.
- Es gab eine relativ hohe Abbruchquote bei Trauerbegleitungen, die ich auch als Zeichen für eine nicht hinreichende theoretische Fundierung der bisherigen Trauerpsychologie deute.
- Häufig hatte ich ein subjektives Gefühl von Hilflosigkeit und Ohnmacht gegenüber dem als endgültig definierten Verlust, für den es keine Möglichkeiten zu geben schien, kreativ mit ihm umzugehen.

Schließlich habe ich mich an verschiedenen neueren Traueransätzen, die in der amerikanischen Trauerforschung entwickelt wurden, und an aktuellen psychotherapeutischen Ansätzen orientiert, um meine eigene und die Trauer anderer auch theoretisch neu und besser zu verstehen. Ich hatte an mir, dann auch an anderen Trauernden und schließlich in meiner Arbeit als Trauerbegleiter und -therapeut verstanden, dass die Trauertheorie zum Trauerprozess – und nicht umgekehrt – passen muss.

Der Trauerprozess hat sich mir erschlossen als:

- ein komplexer und dynamischer Selbstorganisationsprozess
- ein komplexer emotionaler, kognitiver und somatischer, aber auch spiritueller und religiöser Erfahrungsprozess
- ein komplexer internaler und imaginativer Verarbeitungsprozess
- ein komplexer systemischer und kreativer Beziehungsprozess
- ein selbstbezüglicher, widersprüchlicher Identitätsprozess
- ein komplexer und tiefgreifender Neukonstruktionsprozess.

Dieses komplexe Trauergeschehen lässt sich aus meiner Erfahrung und aus meinen theoretischen Überlegungen heraus am besten im

Rahmen eines hypnotherapeutischen und systemischen Ansatzes beschreiben und therapeutisch konstruktiv unterstützen. Schließlich wurde der hypnosystemische Ansatz von Gunther Schmidt (2004, 2005), bei dem beide genannten Ansätze auf eine gelungene Weise integriert sind, ein zentrales Fundament meines neuen Traueransatzes. Auch die konstruktivistische Epistemologie ist offen genug dafür, die Erfahrungen von Trauernden zu verstehen. Allerdings muss in jedem Fall die Wirklichkeitssicht der Trauernden als ihre eigene Wirklichkeit geachtet und gewürdigt werden.

Natürlich spielen auch andere psychotherapeutische und theoretische Ansätze wie die Transaktionsanalyse, die Ego-State-Therapie, die Tiefenpsychologie Carl Gustav Jungs, verschiedene traumatherapeutische Ansätze, aber auch religionssoziologische und religionspsychologische Erkenntnisse eine wichtige Rolle im Gesamtkonzept des hier vorgelegten Traueransatzes.

2. Neuere Ansätze in der Trauerpsychologie und die Grundlegung einer neuen hypnosystemischen Trauerpsychologie

Fallvignette

In einem Trauerinterview erzählt eine 85-jährige Frau, die ihren Mann im Zweiten Weltkrieg vor 60 Jahren verloren hat, dass sie an jedem Hochzeitstag die gerahmte Fotografie ihres Mannes von der Kommode auf den Tisch stelle. Auf meine Frage, was sie dann tue und dabei fühle, antwortet sie: »Ich schaue meinen Mann an diesem Tag immer wieder an und denke an ihn. Es kommen dann gute Erinnerungen – das ist schön und irgendwie auch ein wenig traurig.«

2.1 Das libidotheoretische Verständnis der Trauerpsychologie – Trauer als Loslass- und Abschiedsemotion im Prozess der »Trauerarbeit«

Sigmund Freud hat wie kein anderer das vorherrschende Verständnis der Trauer geprägt. Von seiner Trieb- und Libidotheorie her begründet, sollen in der Trauer die libidinösen Bindungen an das Beziehungsobjekt gelöst werden.

So schreibt Freud schon 1913 in *Totem und Tabu* (S. 82):

> »Die Trauer hat eine ganz bestimmte psychische Aufgabe zu erledigen, sie soll die Erinnerungen und Erwartungen der Überlebenden von den Toten ablösen.«

In dem berühmten Aufsatz *Trauer und Melancholie* schreibt Freud 1917 (S. 430):

> »Worin besteht nun die Arbeit, welche die Trauer leistet? [...] Die Realitätsprüfung hat gezeigt, dass das geliebte Objekt nicht mehr besteht, und erlässt nun die Aufforderung, alle Libido aus ihren Verknüpfungen mit diesem Objekt abzuziehen. [...] Tatsächlich wird aber das Ich nach Vollendung der Trauerarbeit wieder frei und ungehemmt.«

Hier wird zum ersten Mal die Trauer als psychische Arbeit verstanden, was später dann im bekannten Begriff »Trauerarbeit« gefasst wird.

Das Ablösen der Libido bedarf einer psychischen Anstrengung und Arbeit, die vom Trauernden mit dem Ziel einer emotionalen Freiheit gegenüber dem Verstorbenen zu leisten ist.

Das libidotheoretische Verständnis von Freud beinhaltet folgende impliziten Botschaften an die Trauernden:

- Ziehe deine Liebesenergie vom Verstorbenen ab.
- Löse die emotionale Bindung zum Verstorbenen (»Lass ihn los!«).
- Durchlebe die Trauer, um dann wieder frei zu sein.
- Schließe die Trauer und Trauerarbeit ab.
- Nutze die zurückgewonnene Libido für neue Beziehungen und Lebensaufgaben.

Aus meiner Erfahrung lösen diese Botschaften, die in vielen Trauerbegleitungen und Psychotherapien immer wieder offen, häufig auch implizit vermittelt werden, Widerstände bei Trauernden aus.

Bei schweren Verlusten bleibt die Liebe zum Verstorbenen ebenso erhalten wie ein Teil der Trauer, die sich an Gedenktagen oft als Wehmut zeigt. Das Beziehungsobjekt wird auch nicht »losgelassen«, sondern es bleibt zum Beispiel in Erinnerungen erhalten und aktualisierbar. Darauf hat schon Karl Abraham, ein Schüler Freuds, aufmerksam gemacht. Nach Abraham führt die Inkorporation des Verstorbenen im Trauerprozess zum Aufbau von inneren Repräsentanzen (vgl. Cremerius 1972). Auch Kast hat darauf in ihrem das wissenschaftliche Verständnis dominierenden Buch *Trauer* (1977, S. 72) aufmerksam gemacht, jedoch ohne dies weiter auszuführen.

Bowlby (1983) und Parkes (1972) haben dann die Bindungstheorie zum Verständnis der Trauerprozesse herangezogen und ein erstes Phasenmodell entwickelt. Es wurde dann von Kast (1977) weiter ausformuliert:

- Phase des Nicht-wahrhaben-Wollens
- Phase der aufbrechenden Emotionen
- Phase des Suchens und Sichtrennens
- Phase des neuen Selbst- und Weltbezugs.

Wie alle Phasenmodelle (vgl. auch Smeding u. Heitkönig-Wilp 2005) gibt auch dieses normativ einen bestimmen Ablauf vor, der gerade bei schwerer Trauer so nicht erlebt und durchlaufen wird. Bei schweren Verlusten wird der Trauerverlauf als ein komplexer, bisweilen chaotischer Prozess erlebt, der von Sprüngen, emotionalen Turbulenzen und Rückkopplungsschleifen gekennzeichnet ist.

Phasenmodelle verhelfen zwar zu einer Orientierung über die emotionalen Prozesse in der Trauer und haben von daher durchaus ein gewisses Recht. Doch die implizite Botschaft, dass mit dem Durchlaufen der Trauerphasen die Trauer gänzlich gelöst sei, entspricht nicht der Erfahrung vieler Trauernder. Auch werden hier die internalen und imaginativen Prozesse in der Beziehung zum Verstorbenen nicht berücksichtigt.

Zusammenfassend lässt sich sagen, dass in der Tradition der libido- und bindungstheoretischen Ansätze mit den daraus folgenden Phasenmodellen die Trauer einseitig als Loslass- und Abschiedsemotion verstanden wird. So wird die Trauer zu einer »Negativemotion«. Es wird nicht gesehen, dass die Trauer – wie alle Gefühle – in vieler Hinsicht eine kreative Kraft besitzt. Darüber hinaus hat sie einen Beziehungsaspekt, der sich nicht im Loslassen und Abschiednehmen erschöpft. In der Trauer geschieht immer auch Kommunikation und Beziehung mit (!) dem Verstorbenen – und das genau ist der Ansatzpunkt eines systemischen Verständnisses der Trauer.

Historisch gesehen, ist es für das theoretische Verständnis der Trauer geradezu tragisch zu nennen, dass Sigmund Freud seine eigenen Verlusterfahrungen bei der Entwicklung seines psychodynamischen Trauerverständnisses nicht berücksichtigt hat. Er hat seine eigene Trauer entgegen seinem theoretischen Verständnis genau in ihren systemischen Aspekten erfahren.

2.1.1 Die Fortsetzung der Liebe über den Tod hinaus – Freuds eigene Trauer um seine Tochter Sophie

Im Jahre 1920, während einer großen Grippepandemie (der sogenannten spanischen Grippe), stirbt Freuds Tochter Sophie, die in Hamburg mit Max Halberstadt verheiratet ist, im Alter von 27 Jahren an einer Lungenentzündung. Für Freud ist das ein ungeheuer schmerzlicher Verlust seiner – so beschreibt er damals seine Tochter – »teuren, blühenden Sophie« (Gay 1995, S. 441).

Freud zeigt sich in der Folgezeit trotz seines Schmerzes und der von ihm so empfundenen narzisstischen Kränkung stark und versucht, den Verlust zu bewältigen, indem er sehr viel arbeitet. Er schreibt über die Zeit nach dem Tod von Sophie in einem Brief an Oskar Pfister: »Ich arbeite, so viel ich kann, und ich bin dankbar für die Ablenkung« (ebd., S. 442).

An Ernest Jones schreibt Freud: »Es ist ein Verlust, den man nicht vergessen kann. Aber wir wollen ihn für den Augenblick beiseiteschieben, das Leben und die Arbeit müssen weitergehen« (ebd.). Freud beruhigt seinen Kollegen Ferenczi in einem Brief: »Machen Sie sich um mich keine Sorge. Ich bin bis auf etwas Müdigkeit derselbe« (ebd.).

Sigmund Freud bewältigt also, äußerlich gesehen, den Tod seiner Tochter durch intensive Arbeit. Er scheint seine Trauer in eine große schöpferische Produktivität zu verwandeln. Der weitere Verlauf seines Trauerprozesses zeigt aber, dass sich die Liebe zu seiner Tochter nicht kompensieren lässt. Freud gelingt es nicht, seine libidinösen – um seine eigene Theoriesprache zu gebrauchen – Bindungen von seiner Tochter abzulösen.

Freud schreibt am 12.4.1929 in einem Brief an Ludwig Binswanger, der ebenfalls den Tod eines Kindes erlebt hatte, Folgendes:

> »Gerade heute wäre meine verstorbene Tochter 36 Jahre alt geworden ... Man weiß, dass die akute Trauer nach einem solchen Verlust ablaufen wird, aber man wird ungetröstet bleiben, nie einen Ersatz finden. Alles, was an die Stelle rückt, und wenn es sie auch ganz ausfüllen sollte, bleibt doch etwas anderes. Und eigentlich ist es recht so. Es ist die einzige Art, die Liebe fortzusetzen, die man ja nicht aufgeben will« (Fichtner 1992, S. 222 f.).

Neun Jahre nach dem Tod von Sophie ist der Geburtstag Sophies für Freud Anlass, sich seiner Tochter und seiner Liebesgefühle für sie zu erinnern. Die Trauererfahrung Freuds auch lange Zeit nach dem Tod seiner Tochter lässt sich so zusammenfassen:

- Die akuten Trauergefühle ebben ab und verändern sich in der Weise, wie das von den oben genannten Phasenmodellen der Trauer durchaus richtig beschrieben wird.
- Ein gewisser Schmerz und ein Gefühl der Untröstlichkeit werden bleiben. Diese Gefühle können nicht kompensiert werden und haben ihr bleibendes Recht.

- Die Liebe und eine innere Beziehung zum Verstorbenen bleiben erhalten.

Freud lebt die Erinnerung an Sophie und damit die innere Beziehung zu ihr weiter. Das zeigt auch ein Ereignis von 1933, also 13 Jahre nach dem Tod von Sophie. In einer Psychoanalysestunde erwähnt eine Analysandin die Grippeepidemie von 1920. Freud antwortet der Patientin, dass er Grund habe, sich an die Grippeepidemie zu erinnern, da er durch sie seine liebste Tochter verloren habe. Dann sagt Freud zu der Analysandin: »Sie ist hier«, und zeigt ihr ein kleines Medaillon, das an seiner Uhrkette befestigt ist (Gay 1995, S. 441).

Sophie ist also bei Freud symbolisch in Form dieses Medaillons und damit auch internal präsent. Es genügt der Erinnerungsstimulus »spanische Grippe«, um die Beziehung zu seiner Tochter zu aktualisieren.

Damit sind wir bei neueren Traueransätzen, die ich dann als hypnosystemischen Traueransatz in diesem Buch weiterführen werde.

2.2 Neuere beziehungsorientierte Ansätze in der Trauerpsychologie

2.2.1 *Continuing Bonds* – Ein neues Trauerverständnis bei Dennis Klass und seiner Arbeitsgruppe

Die Grundgedanken des neuen beziehungsorientierten Traueransatzes von Klass

Schon Bowlby wies ausdrücklich darauf hin, dass die Verbindung zum Verstorbenen weiterbestehen kann und dass dies ein integraler Bestandteil gesunder Trauer ist (Bowlby 1983, S. 183). Dies wurde in der Trauerforschung und insbesondere in der deutschen Trauerliteratur nicht rezipiert und weiterverfolgt.

Zu Beginn der 90er-Jahre werden dieser Ansatz und die entsprechenden empirischen Beobachtungen vereinzelt wieder aufgegriffen. Demnach löschen die Hinterbliebenen den Verstorbenen nicht aus ihren Erinnerungen und ihrem Gedenken aus, vielmehr bleibt eine innere Beziehung, die durchaus emotional getönt und für die Identität des Hinterbliebenen wesentlich ist.

So schreibt Volkan (1985, p. 326; Übers.: R. K.):

»Ein Trauernder vergisst nie den Verstorbenen, der wichtig war in seinem Leben, und er zieht die emotionale Besetzung von dessen Repräsentanz nie gänzlich zurück. Wir können die, die uns nahe waren, nie aus unserer Lebensgeschichte ausschließen. Dies würde unserer eigenen Identität schaden.«

Diese empirischen Befunde und Deutungen wurden allerdings von der gängigen Trauerpsychologie ignoriert (vgl. dazu auch Worden 2009, pp. 50 ff.). Erst die bahnbrechende Arbeit mit dem programmatischen Titel *Continuing Bonds* von der Arbeitsgruppe um Dennis Klass (1996) brachte einen Durchbruch und veränderte das Verständnis des Trauerprozesses gänzlich. Leider wurde die Arbeit hier in Deutschland bisher kaum rezipiert.

Klass beschreibt die wesentlichen Ergebnisse dieses neuen Verständnisses der Trauer folgendermaßen (ebd., p. 349; Übers.: R. K.):

»Das zentrale Thema dieses Buches ist es, dass die Hinterbliebenen den Verstorbenen in liebendem Gedächtnis für lange Zeit, oft für immer bewahren. Das Aufrechterhalten der inneren Repräsentationen des Verstorbenen ist ganz normal. [...] Die Beziehungen zwischen Hinterbliebenen und dem Verstorbenen können als interaktiv beschrieben werden, obwohl die andere Person physisch abwesend ist.«

Die Grundgedanken und empirischen Befunde von Klass und seiner Arbeitsgruppe lassen sich so zusammenfassen (ebd., pp. 3 ff.):

- Trauernde realisieren einerseits den Tod des geliebten Menschen, andererseits bewahren sie ihre Liebe für den Verstorbenen.
- Trauernde konstruieren aktiv eine innere Repräsentation des Verstorbenen.
- Trauernde bewahren ein Gefühl von Nähe, Präsenz und eine innere Verbindung zum Verstorbenen.
- Die weiter gehende Bindung ist auf einer bewussten und unbewussten Ebene angesiedelt.
- Die weiter gehende Bindung kann auch belastend sein, wenn sie »eingefroren« (»frozen«) ist oder zu rigide gelebt wird.
- Die weiter gehende Bindung ist in der Regel eine konstruktive Ressource für das Weiterleben der Hinterbliebenen.
- Die innere Repräsentation des Verstorbenen verändert und entwickelt sich mit der Zeit.

Weiter gehende Beziehung am Beispiel von trauernden Kindern
Im genannten Sammelband von Klass und Kollegen werden verschiedene Populationen von Trauernden auf ihre weiter gehenden Beziehungen hin empirisch untersucht. Interessant ist hier beispielsweise, wie Kinder den Tod eines Elternteils verarbeiten. Kinder realisieren auf der einen Seite sehr wohl die Endgültigkeit und die Irreversibilität des Todes eines Elternteiles. Auf der anderen Seite bleibt der verstorbene Elternteil als inneres Gegenüber erhalten. Mit ihm leben die Kinder eine weiter gehende Beziehung (Klass et al. 1996, p. 85; Übers.: R. K.):

»Die innere Repräsentation oder Konstruktion [des Elternteils] verhilft dem Kind, in einer Beziehung zum Verstorbenen zu bleiben, und die Beziehung verändert sich mit der Reifung des Kindes und mit der Abnahme der Trauerintensität.«

Zusammenfassend wird für hinterbliebene Kinder festgehalten (ebd., p. 110; Übers.: R. K.):

»Trauernde Kinder lassen ihre Verbindungen zu ihren verstorbenen Eltern nicht einfach los, vielmehr kreieren sie neue Bindungen. [...] Diese weiter bestehenden Verbindungen sind keine Verleugnung, sondern scheinen ein Teil einer funktionalen Anpassung an das Leben ohne Vater und Mutter zu sein. Dies bewirkt im Folgenden eine Veränderung des [akuten] Verlustschmerzes, während die Trauer [grief] nicht endet. Die Eltern werden dabei unsterblich im Herzen und im Bewusstsein der trauernden Kinder, und zwar nicht nur als Erinnerungen, sondern als Zeugen und Anleiter [guides] für das Leben.«

Weiter gehende Beziehungen bei anderen Trauernden
Auch in den anderen untersuchten Gruppen von Trauernden, insbesondere bei verwaisten Eltern, zeigt sich, wie stark die inneren Repräsentationen der Verstorbenen und wie wichtig die weiter gehenden Beziehungen zu ihnen sind:

»Das Ende der [akuten] Trauer unterbricht nicht die Bindung zum verstorbenen Kind, vielmehr wird das Kind in das Leben der Eltern integriert, freilich auf eine andere Weise als zu Lebzeiten des Kindes. Es zeigt sich, dass sich die Interaktionen mit dem verstorbenen Kind verändern von einer geheimnisvollen Erfahrung hin zu einem alltäglichen Teil des Lebens« (Klass et al. 1996, p. 214; Übers.: R. K.).

Witwen oder Witwer behalten die Erinnerungen und die innere Bindung zu ihrem verstorbenen Partner mehr oder weniger stark bei, auch wenn sie erneut heiraten. Es entsteht dann ein triadisches System, in dem der Verstorbene weiterhin eine wichtige Position innehat (ebd., p. 163 ff.).

Aktuelle Diskussionen zum Ansatz der *Continuing Bonds*

Auch nach der wegweisenden Arbeit von Klass et al. gab und gibt es weitere Untersuchungen zum Thema der Continuing Bonds. Beispielhaft sei hier auf die Untersuchung von Datson und Marwit (1997) verwiesen. Nach dieser empirischen Studie berichten 60 % der Trauernden von Erlebnissen der Präsenz des Verstorbenen; 85 % erleben dies als tröstlich, nur 6 % erleben es als störend.

Ausgehend von der Beobachtung, dass nicht jede Art der inneren Bindung hilfreich ist und eine innere Bindung auch nicht für alle Trauernden produktiv ist, wird in der amerikanischen Trauerforschung derzeit die Frage diskutiert, welche Continuing Bonds für den Trauerprozess förderlich und welche eher destruktiv sind. (Dazu mehr in Kap. 9 und 11.)

Von diesen empirischen Befunden und der theoretischen Einordnung der Continuing Bonds in die Trauerpsychologie gehe ich aus und zeige, wie in der Trauerbegleitung die Continuing Bonds mit dem hier entwickelten hypnosystemischen Ansatz so gefördert und gestärkt werden, dass sie den Hinterbliebenen zu einem für sie stimmigen und angemessenen Gelingen des Trauerprozesses verhelfen.

2.2.2 Internale Kommunikation mit dem Verstorbenen – EMDR und Trauerarbeit

Alan Botkin (2005; den Hinweis auf Botkin verdanke ich Gunther Schmidt) hat einen neuen, beziehungsorientierten Trauerverarbeitungsansatz vorgelegt und greift dabei auch auf das Trauerverständnis von Dennis Klass zurück. Botkin nutzt in seinem praktischen therapeutischen Vorgehen das EMDR (Eye Movement Desensitization and Reprocessing). Er verändert dabei das zunächst zur Traumatherapie entstandene (Shapiro 1999) EMDR auf folgende Weise:

- Der Ausgangspunkt des EMDR-Prozesses ist das zentrale Trauergefühl der Trauernden (»core sadnes«», Botkin 2005, p. 8; Botkin nennt sein EMDR deshalb auch »core-focused EMDR«).

- Zwischen den Sets der Augenbewegungen soll der Trauernde die Augen schließen.

Bei diesem Vorgehen mit dem veränderten Protokoll zeigen sich nach Botkin folgende Resultate:

- Die intensive Trauer kann sich lösen und wird nachhaltig reduziert.
- Andere im Trauerprozess vorkommende Gefühle wie Ärger oder Schuld lösen sich ebenfalls, ohne dass sie eigens bearbeitet werden.
- Beim Schließen der Augen erlebt der Trauernde eine Begegnung und innere Wiederverbindung mit dem Verstorbenen.
- Die Begegnung mit dem Verstorbenen wird als heilsam erlebt.
- Diese Erfahrung konstituiert eine weiter gehende gute Beziehung zum Verstorbenen und ermöglicht eine nachhaltige Lösung der Trauergefühle.

Botkin nennt die inneren Begegnungserfahrungen IADC (Induced After-Death Communication). Leider verlässt er den wissenschaftlichen Boden, wenn er – wie im Nachwort beschrieben – die IADC als reale spirituelle Erfahrungen versteht, aufgrund deren er auch an ein Leben nach dem Tod glaubt (ebd., p. 173). Ich halte dies für problematisch, nicht zuletzt auch den Trauernden gegenüber, die von Trauerbegleitern eine offene und empathische Neutralität erwarten dürfen.

Aus meinen – freilich sehr begrenzten – Erfahrungen mit dem Vorgehen Botkins kann ich für einzelne Trauernde die oben beschriebenen Resultate bestätigen. Die Erfahrungen der Klienten bedürfen allerdings einer weiteren therapeutischen Bearbeitung und einer Einordnung in einen größeren theoretischen und psychotherapeutischen Rahmen, den ich hier vorlege.

2.3 Neuere systemisch-konstruktivistische Ansätze in der Trauerpsychologie

2.3.1 Dem Verstorbenen einen Platz im Leben geben
Wordens Arbeit, insbesondere sein Buch *Beratung und Therapie in Trauerfällen* (1987), ist die für die Trauerbegleitung wohl einflussreichste Trauerliteratur, insbesondere in den USA, aber auch hier in Deutschland.

Zwar versteht Worden seinen Ansatz nicht ausdrücklich als systemisch-konstruktivistisch, doch hat sein Konzept der Traueraufgaben, die den Trauernden durch den Verlust gestellt sind, durchaus konstruktivistische Aspekte. Trauernde müssen – so die dritte Traueraufgabe – eine Adaptation an das Leben ohne den geliebten Menschen im Sinne einer Neukonstruktion bewerkstelligen.

In der ersten amerikanischen Auflage von 1982 (erste deutsche Auflage 1987) ist Worden noch stark vom libidotheoretischen Ansatz Sigmund Freuds geprägt. So lautete die vierte Aufgabe: »Emotionale Energie [vom Verstorbenen] abziehen und in eine andere Beziehung investieren« (1. dt. Aufl., S. 24). Die Aufgabe wird nach Worden dann nicht gelöst, wenn die Hinterbliebenen an der früheren Bindung festhalten, statt vorwärtszuschreiten und neue Bindungen einzugehen.

Nach vielen Rückmeldungen von trauernden Angehörigen verändert Worden in der zweiten Ausgabe seines Buches (1991) die vierte Traueraufgabe. Sie lautete dort: dem Verstorbenen einen neuen, emotional veränderten Platz zuweisen und sich wieder dem Leben zuwenden.

Die Aufgabe, für den Verstorbenen einen guten Platz zu finden, ist bei Worden nicht näher ausgeführt. Ich habe dies mit dem Konzept des sicheren Ortes für den Verstorbenen detailliert beschrieben (vgl. Kachler 2009b; und hier, Kap. 8).

In der aktuellen, vierten Auflage seines Trauerbuches (2009) bezieht sich Worden ausdrücklich auf die Forschung zu den Continuing Bonds von Klass und formuliert die vierte Traueraufgabe noch einmal neu.

Die vier Traueraufgaben lauten jetzt:

- Die Realität des Verlustes akzeptieren.
- Den Trauerschmerz erfahren.
- Sich an eine Welt ohne den Verstorbenen anpassen.
- Eine dauerhafte Verbindung (»enduring connection«) zum Verstorbenen zu finden, während man sich zugleich auf ein neues Leben einlässt (Worden 2009, p. XIV).

Auch die Aufgabe, eine dauerhafte Verbindung zu finden, ist bei Worden nicht weiter ausgeführt. Diese Aufgabe habe ich differenziert in meinem Buch *Damit aus meiner Trauer Liebe wird* (2007a) beschrieben. Sie findet sich in meinem hypnosystemischen Ansatz in dem Grundgedanken, dass Trauerarbeit kreative Beziehungsarbeit ist und damit systemische und konstruktivistische Aspekte hat (vgl. Kap. 7).

2.3.2 Der Verstorbene als bleibender bedeutsamer Anderer

Für ihre sozialwissenschaftlichen Studie *Den Tod überleben. Deuten und Handeln im Hinblick auf das Sterben eines Anderen* (2003) hat Anja Bednarz Trauernde danach befragt, wie sie einen Verlust verarbeiten. Dabei zeigte sich – unabhängig von den Forschungen von Klass –, dass die Verstorbenen ein internaler Teil in der Person der Hinterbliebenen bleiben. Für die Trauerarbeit finden sich bei Bednarz folgende wichtige Ergebnisse (ebd., S. 191 ff.):

- Trauernde gebrauchen verschiedenste Mittel (z. B. das Grab und die Grabpflege, Erinnerungsfotos u. a.), die der Vergegenwärtigung und der sozialen Integration der Toten dienen.
- Die Verstorbenen werden als bedeutsame Andere bewahrt.
- Die Verstorbenen bleiben imaginativ im Erleben und Handeln der Überlebenden präsent.
- Verstorbene haben eine bedeutsame Funktion im Leben der Hinterbliebenen.
- Die Existenz der Toten liegt in der Beziehung der Überlebenden zu ihnen.

Bednarz fasst ihre aus den Interviews gewonnenen Erkenntnisse in einem Artikel in der Zeitschrift *Familiendynamik* mit dem programmatischen Titel *Mit den Toten leben* so zusammen (2005, S. 20):

> »Verschiedenartige Vergegenwärtigungen der Toten dienen dazu, die Toten als bedeutsame Andere zu bewahren. Damit ist die große Bedeutung dieser Prozesse für die Wahrung der Stabilität der eigenen Identität angesprochen: Die Beziehung zu den Toten ist integraler Bestandteil der Identität der Nachbleibenden.«

Die Arbeit von Bednarz ist auch deshalb so wichtig, weil sie meines Wissens die einzige empirische Studie im deutschsprachigen Raum zu der Frage ist, ob es eine innere Beziehung zum Verstorbenen gibt und wie diese dann aussieht.

In meinen eigenen Gesprächen mit Hinterbliebenen (vgl. auch die Fallvignette am Beginn dieses Kapitels), die vor langer Zeit (vor 20 bis 40 Jahren) einen nahen Menschen verloren haben, zeigen sich ähnliche Reaktionen wie in der Untersuchung von Bednarz. In diesen Gesprächen wurde ebenfalls deutlich, dass die Verstorbenen als bedeutsame Andere bewahrt werden und dass eine innere Beziehung weitergeführt wird. Meine Gesprächspartner hatten äußerlich die Verluste bewältigt und das weiter gehende Leben – soweit einschätzbar – gut gemeistert. Wenn ich die Betroffenen einfühlsam, aber direkt auf den lange zurückliegenden Verlust ansprach, zeigte sich Folgendes:

- Rasche und spontane Präsenz von Gefühlen der Betroffenheit, der Rührung und einer milden Trauer, oft als Wehmut und Sehnsucht beschrieben.
- Rasche und spontane Präsenz von Erinnerungen an den Verstorbenen.
- Emotionale Präsenz des Verstorbenen in den Narrationen der Hinterbliebenen.
- Präsenz von kleinen Erinnerungs- und Beziehungsritualen, z. B. wird am Geburtstag eine Blume an das Foto vom Verstorbenen gestellt.
- Erleben von Dankbarkeit, die mit dem Denken an den Verstorbenen verbunden ist.

Diese Gespräche zeigen, dass der Trauerprozess als intensives Erleben des Verlustschmerzes beendet wurde, dass aber bei nahen und wichtigen Verstorbenen ein innerer Beziehungsprozess weitergeht.

2.3.3 Die Rekonstruktion eines Lebens nach dem Verlust

Robert A. Neimeyer (2006, 2008a) und seine Arbeitsgruppe haben einen weiteren zurzeit einflussreichen Traueransatz hervorgebracht, der nicht nur in den USA, sondern weltweit Beachtung findet. Neimeyer bezeichnet seinen Ansatz explizit als kognitiv-konstruktivistischen Ansatz.

Ausgehend von kognitiv-konstruktivistischem Denken, sieht Neimeyer zwei menschliche Grundbedürfnisse:

- das Bedürfnis nach Kontinuität der biografischen Selbsterzählung
- das Bedürfnis nach Bedeutung und Sinn der biografischen Erfahrungen.

Aus diesen Bedürfnissen heraus konstituiert jeder sein subjektives Welt- und Selbstbild, zu dem auch seine Beziehungen gehören. Ein Verlust unterbricht und zerstört das vor dem Verlust gültig gewesene Welt- und Selbstbild. Die Erzählung und Konstruktion der eigenen Lebensgeschichte und ihre durchgängige Kontinuität und Kohärenz zerbrechen ebenfalls ganz oder teilweise.

Im Trauerprozess versuchen die Trauernden aus den beiden genannten Grundbedürfnissen heraus, eine Neukonstruktion ihres Welt- und Selbstbildes zu finden. Trauerbegleitung unterstützt Trauernde bei dieser Konstruktion einer durch den Verlust veränderten Identität, bei der Neu(er)findung des Lebens nach dem Verlust und bei der Neukonstruktion einer stimmigen Gesamterzählung, in der der Verlust und der Verstorbene integriert sind. Hier bezieht sich Neimeyer ebenfalls auf die Forschungen von Klass. Komplizierte Trauer entsteht dann, wenn Trauernde ihren Verlust nicht in eine kohärente, in sich stimmige Erzählung ihrer Lebensgeschichte integrieren können.

In empirischen Studien zeigt Neimeyer, dass eine hohe Fähigkeit zur Bedeutungs- und Sinnfindung bei den Trauernden zu einer gelingenden, emotional weniger belastenden Trauerverarbeitung führt (Neimeyer et al. 2006, p. 732).

Auf der praktischen Ebene der Trauerbegleitung und -therapie versteht Neimeyer seinen Ansatz als einen narrativen Ansatz. Trauernde werden zum Erzählen ihrer Erfahrung angeleitet (vgl. dazu mit praktischen Anleitungen Neimeyer 2006). Einige der Methoden finden sich in meinem Ansatz besonders in Kapitel 7 in den Abschnitten zur Erinnerungsarbeit. Über das Erzählen entsteht nicht nur ein Verstehen des erlebten Verlustes, sondern die Integration dieses Verlustes in die Lebensgeschichte, die als Konstrukt im Sinne einer Selbsterzählung zu verstehen ist.

Trauernde werden bei Neimeyer in der Trauerbegleitung angeleitet:

- Erinnerungen aus der gemeinsamen Zeit vor dem Verlust zu erzählen

- die Geschichte des Verlustes zu erzählen und emotional zu durchleben
- in das imaginierte Gespräch mit dem Verstorbenen zu gehen und eine gute Beziehung zu ihm zu finden, sodass der Verstorbene in die weiterführende Lebensgeschichte integriert werden kann
- eine neue Lebensgeschichte für die Zeit nach dem Verlust zu (er)finden und zu gestalten.

Aus dem Erzählen der Verlusterfahrungen im Rahmen einer biografischen Gesamterzählung erwachsen auch die Bedeutung und der Sinn des Verlustes auf einer praktischen, persönlichen, existenziellen und häufig auch spirituellen Ebene. Dies ermöglicht Trauernden das Weiterleben und eine neue persönliche Entwicklung nach dem Verlust.

Eine Qutcome-Studie (Neimeyer et al. 2008b) hat gezeigt, dass eine Therapie, die auf den Prinzipien eines kognitiv-konstruktivistischen Ansatzes beruht, einer interpersonalen Psychotherapie überlegen ist. Die Teilnehmer, die eine komplizierte und verlängerte Trauerreaktion aufwiesen, verbesserten sich deutlicher als die Teilnehmer der anderen Therapiegruppe in ihrer emotionalen Befindlichkeit, in ihrer gesundheitlichen Situation (wie Reduktion der Schlafstörungen) und in ihrer sozialen Anpassung und Leistungsfähigkeit bei der Arbeit.

Dieser konstruktivistisch-narrative Ansatz von Neimeyer findet in meinem hypnosystemischen Ansatz Eingang insbesondere in der Rekonstruktion der Erinnerungen (Kap. 7) und in der Frage, wie Hinterbliebene ihr verändertes Leben nach dem Verlust gestalten und leben können (Kap. 11).

2.4 Ein neuer, hypnosystemischer Ansatz in der Trauerarbeit

2.4.1 Ein neues systemisches Verständnis der Trauerarbeit

Die hier beschriebenen neueren Ansätze zeigen, dass der Verstorbene und die Beziehung zu ihm eine wesentliche Rolle im Trauerprozess spielen. Der Verstorbene kann gerade nicht aus der Trauerarbeit und der Trauerbegleitung ausgeschlossen werden. Im Gegenteil: Er bleibt (!) Teil des Systems, in dem der Trauernde sich und seine Trauer erfährt. Die Beziehung zum Verstorbenen und zur Trauer als Reaktion auf die äußere Wirklichkeit konstituiert das zentrale System in der Trauerarbeit.

Die bisherigen systemischen Ansätze in der Trauerpsychologie (so z. B. Goldbrunner 1996, aber auch teilweise noch Rechenberg-Winter u. Fischinger 2008) beziehen sich vorwiegend auf die sozialen Systeme wie die veränderte Familie, in denen der Trauernde ohne den Verstorbenen zurückbleibt. Sie greifen deshalb sowohl in ihrem theoretischen Verständnis der Trauer als auch in ihrem praktischen Vorgehen viel zu kurz. Die Trauernden beziehen sich in ihrem Erleben zunächst gerade nicht auf ihre verbleibenden psychosozialen Systeme, sondern auf das innere System, das sich mit dem abwesenden geliebten Menschen in der Verlust- und Trauersituation konstelliert. Die Trauernden können sich und ihre Trauer nur im Gegenüber mit dem Verstorbenen erleben, verstehen und allmählich neu gestalten.

Werden die Trauerreaktionen in diesem Sinne systemisch verstanden, dann ergeben sich erste Grundlinien meines neuen Traueransatzes:

- Ein systemischer Ansatz in der Trauerbegleitung muss mit dem System arbeiten, das der Trauernde und der Verstorbene bilden.
- Trauerarbeit ist zu verstehen als eine dreifache Beziehungsarbeit: Sie muss mit dem Trauernden, mit dem Verstorbenen und mit ihrer Beziehung arbeiten!
- Dabei muss stets einfühlsam und würdigend gesehen werden, dass dieses System durch den Tod und die Abwesenheit des geliebten Verstorbenen konstituiert wird.
- Im System zwischen den Trauernden und dem Verstorbenen gelten die Systemregeln wie in jedem anderen System, auch wenn es sich für den Trauernden anders anfühlt.
- Wie jedes andere System unterliegt auch das System zwischen Trauerndem und Verstorbenem eigenen Entwicklungen und Veränderungen, die es zu begleiten, zu reflektieren und bewusst zu gestalten gilt.

2.4.2 Ein hypnotherapeutisches Verständnis der Trauerarbeit

Hypnotherapeuten, die sich an Milton Erickson orientieren, arbeiten schon lange mit Trauernden und ihren komplexen Trauerprozessen (so O. Meiss in Workshops und auf Kongressen der *Milton Erickson*

Gesellschaft für Klinische Hypnose), aber bisher wurde noch nirgends ein explizit hypnotherapeutisches Verständnis der Trauer, des Trauerprozesses und der Trauertherapie formuliert und veröffentlicht.

Wie die oben dargestellten neuen Ansätze der Trauerpsychologie zeigen, bewahren sich Trauernde den Verstorbenen als innere Repräsentanz im Sinne eines bedeutsamen Anderen. Sie erleben den Verstorbenen häufig sehr konkret in den verschiedenen Sinneskanälen, zum Beispiel als inneres Bild oder in einer körperlichen Näheerfahrung. Diese internale Präsenz und Repräsentanz des Verstorbenen werden vom Trauernden auf allen Sinneskanälen im Trauerprozess bewusst als innere Beziehung zu ihm gestaltet.

Die Hypnotherapie formuliert sehr genau, wie die inneren Repräsentanzen auf allen Sinnesebenen strukturiert sind, wie sie sich ordnen und wie sie sich zueinander verhalten (vgl. dazu Schmidt 2005, S. 62 f.; Peter 2006, S. 58 ff.; zum Ansatz der Hypnotherapie im Überblick vgl. Revenstorf u. Peter 2009). Und schließlich kann man die Hypnotherapie als therapeutische Arbeit mit inneren, oft auch unbewussten Repräsentanzen und Ressourcen verstehen. Deshalb ist für mich die Hypnotherapie eine ausgezeichnete Verstehenshilfe und Arbeitsmethode im Blick auf die Arbeit mit den internalen Repräsentanzen des Verstorbenen.

So ergeben sich aus der Hypnotherapie weitere wichtige Aspekte für das Verständnis der Trauer und für die Arbeit mit Trauernden:

- Die Trauer wird hier als Tranceerfahrung verstanden, die eine Ressource darstellt und die entsprechend utilisiert werden kann. Wie das Unbewusste ist die Trauer im Trauerprozess die Kompetenz des Trauernden, die ihn durch den Trauerprozess führt.
- Der hypnotherapeutische Ansatz unterstützt Trauernde in der Selbstorganisation ihres inneren Systems, das durch den Tod und die Abwesenheit des geliebten Menschen zutiefst bedroht und verunsichert ist.
- Ein hypnotherapeutischer Ansatz arbeitet mit den Repräsentanzen des Verstorbenen auf allen Sinnesebenen und unterstützt den Trauernden darin, die für ihn stimmigen Repräsentanzen des Verstorbenen zu finden, zu verankern und zu bewahren.

- Der hypnotherapeutische Ansatz unterstützt Trauernde darin, eine innere – hypnotherapeutisch ausgedrückt: eine imaginative, zugleich emotional fundierte – Beziehung zum geliebten Menschen zu finden, zu gestalten und zu leben, sodass der geliebte Mensch ein bedeutsamer Anderer bleiben kann.

2.4.3 Ein neues, hypnosystemisches Verständnis der Trauerarbeit

Gunther Schmidt hat schon 1980 den Begriff »hypnosystemisch« vorgeschlagen und diesen Ansatz kontinuierlich weiterentwickelt. Zusammenfassend hat Schmidt ihn in *Einführung in die hypnosystemische Therapie und Beratung* (2005) dargelegt. Ich beziehe mich ganz wesentlich und immer wieder auf diese Arbeit. Der Leser kann dort weitere Informationen erhalten, die ich im Verlaufe dieses Buches nicht im Einzelnen ausführen kann.

Hypnosystemisch ausgedrückt, kann die innere Beziehung zum Verstorbenen verstanden werden als ein internales System, für das sowohl systemische als auch trancelogische Regeln gelten. Trauernde konstruieren ein System internaler Repräsentanzen, das zu einer Lösung angesichts einer im Äußeren unlösbaren Situation des unwiederbringlichen Verlustes führen soll. Hypnosystemische Trauerarbeit begleitet und unterstützt Trauernde in diesem komplexen autopoetischen Rekonstruktionsprozess.

Dies lässt sich so zusammenfassen:

- Hypnosystemisch gesehen, geht es um die Neukonstruktion einer inneren Beziehung des Trauernden zum Verstorbenen unter der schmerzlichen Bedingung der Abwesenheit des geliebten Menschen.
- Hypnosystemisch verstanden, gestaltet sich die innere Beziehung als Beziehung des Hinterbliebenen zu den internalen Repräsentanzen des Verstorbenen. Dies konstelliert sich zu einem neuen internalen System im Hinterbliebenen.
- Hypnosystemisch gesehen, ist die Trauerarbeit eine kreative und internale Beziehungsarbeit. Eine so verstandene Trauerarbeit »arbeitet« an der Beziehung des Trauernden zum Verstorbenen, an der Beziehung des Trauernden zu sich selbst und seiner Trauer, an der Beziehung des Hinterbliebenen zu seinem Leben nach dem Verlust und an der Beziehung des Hinterbliebenen zu einer durch den Tod erlebten Grenze der Realität.

- Hypnosystemisch gesehen, geht es um eine Neukonstruktion des Lebens, in dem der Verstorbene im Äußeren für immer fehlen wird und im Inneren ein Teil des Lebens bleibt.
- Hypnosystemisch verstanden, zielt die Trauerarbeit erstens auf eine bewusste Gestaltung der Beziehung zwischen dem Hinterbliebenen und seinen Trauerreaktionen und -gefühlen. Zweitens unterstützt eine hypnosystemische Trauerbegleitung den Trauernden in seiner Kreation und Konstruktion einer verbundenen und doch freien Beziehung zu dem Verstorbenen. Und schließlich wird der Hinterbliebene in der Beziehung zu sich selbst und zu seinem Leben nach dem Verlust unterstützt. Diese drei Beziehungsebenen wiederum sind untereinander systemisch und trancelogisch verknüpft und vernetzt.

3. Trauer als Trance- und Beziehungs-erfahrung – Hypnotherapeutische und systemische Grundlagen einer hypno-systemisch verstandenen Trauerarbeit

Fallvignette

Eine Mutter beschreibt ihr Erleben vier Wochen nach dem Tod ihres 22-jährigen Sohnes wie folgt: »Ich bin wie in einem Albtraum. Ich gehe wie auf Wolken und habe Angst, gleich abzustürzen. Ich will, dass dieser Albtraum aufhört und sich alles als Irrtum herausstellt. Immer wieder höre ich das Motorrad meines Sohnes und denke, dass er gleich die Haustür aufschließt und hereinkommt. Ich gehe in den Flur – doch er kommt nicht. Dann breche ich weinend zusammen, und der dumpfe Albtraum hat mich wieder.«

3.1 Trauer als Tranceerfahrung – Hypnotherapeutische Grundlagen der Trauerarbeit

Die aktuelle und unmittelbare Trauerreaktion kann wie die Schmerzer-fahrung als *intensive Tranceerfahrung* verstanden werden. Sie ist zu-nächst als eine autonome und psychophysiologische Reaktion des Organismus auf einen Verlust zu verstehen. Bei den Trauernden herrscht das unwillkürliche Erleben vor, was nach Schmidt (2005) wesentliches Kriterium einer Tranceerfahrung darstellt. Trauernde erleben sich als dem Verlust und den damit zusammenhängenden somatischen und psychischen Reaktionen ausgeliefert. Die aktive und willentliche Steuerung durch das Ich tritt demgegenüber zurück. Erst allmählich können Betroffene ganz bewusst ihre Trauer gestalten und ihr bewusst Ausdruck verleihen.

> *Beachte!*
> *Die Trauertrance sollte nicht als Problemtrance bezeichnet werden, auch wenn Trauernde unter ihrem Schmerz und den Trauergefüh-len leiden. Die Trauertrance ist auf eine Lösung angesichts einer unlösbaren Situation – nämlich angesichts eines Verlustes – ange-legt. Für die Trauerbegleitung bedeutet dies: Alle Trancephänomene der Trauer werden achtungsvoll gewürdigt und gerade nicht als*

> *etwas zu Veränderndes gesehen. Zugleich werden sie utilisiert für eine Lösung, die auf der bewussten Ebene angestrebt wird und die sich auf der unbewussten Ebene unwillkürlich einstellen wird. Die Trauerbegleitung unterstützt den Trauerprozess, der, von seinem Ziel her gesehen, als eine Lösungstrance verstanden werden kann.*

3.1.1 Trancephänomene der Trauer

Die typischen Trancephänomene (Schmidt 2005, S. 13 ff.) gelten auch für das akute Trauererleben:

- *Dissoziation*
  Trauernde erleben sich als neben sich stehend und gespalten. Einerseits ist der Trauernde vom Schmerz betäubt und gelähmt, andererseits »funktioniert« er zum Beispiel bei den Vorbereitungen der Trauerfeier ganz selbstverständlich und automatisch. Für Außenstehende erscheinen Trauernde angesichts des Verlustes stark; häufig sorgt der unmittelbar betroffene Trauernde auch für andere Familienmitglieder.

- *Derealisation*
  Trauernde erleben den Verlust insbesondere anfangs als nicht real. Sie fühlen sich wie in einem Albtraum, von dem sie hoffen, dass er nicht die Wirklichkeit ist. Sie erleben sich wie unter einer Glasglocke oder hinter eine Glasscheibe, durch die sie von ihrer gewohnten Realität getrennt sind, die fern und unwirklich erscheint.

- *Analgesie*
  Der Schmerz der Trauer wird zunächst abgespalten. In klassischen Trauermodellen wird dies insbesondere für die Phase des Schocks beschrieben und von den Trauernden als Betäubung erlebt. Der Schmerz lauert allerdings als dumpfe Bedrohung im Hintergrund des bewussten Erlebens der Trauernden.

- *Hyperalgesie*
  Wenn der Schmerz dann immer wieder durchbricht oder später auch zugelassen werden kann, beschreiben ihn viele Trauernde als intensivste körperliche Erfahrung. Der ganze Körper

schmerzt bis in die letzten Haarspitzen. Trauernde sagen: »Ich bin der Schmerz, und alles tut weh.«

- *Hypermnesie/Amnesie*
  Trauernde erinnern sich sehr genau an winzigste Details, die mit dem Sterben und Tod ihres geliebten Menschen zusammenhängen. So erinnern sie sich an exakte Einzelheiten von der Sterbesituation, der Überbringung der Todesnachricht oder der Beerdigung.
  Anderes dagegen kann aufgrund der Dissoziation nicht abgespeichert werden, wird abgespalten und bleibt in der Amnesie.

- *Zeitverzerrung*
  Trauernde erleben sich als aus der Zeit gefallen und zeitlos. Die Zeitwahrnehmung ist insbesondere zu Beginn des Trauerprozesses massiv verzerrt. Die Zeit wird häufig zugleich als verlangsamt und beschleunigt erlebt. Der Tod und die Abwesenheit des geliebten Menschen bewirken einen Stillstand, oft auch eine unheimliche Stille, in der nichts zu geschehen scheint. Da im Erleben des Trauernden alles stillsteht, wird die vergangene reale Zeit im Rückblick als verkürzt erlebt. Auch später wird der Tod des geliebten Menschen als ein Ereignis vor langer Zeit und zugleich als etwas erst vor Kurzem Geschehenes gefühlt.

- *Altersregression und Altersprogression*
  Im akuten Trauerschmerz erleben sich Trauernde häufig als kleines Kind, das sich hilflos und ohnmächtig fühlt. Manchmal erleben sich Trauernde auch als uralt und so sterbensmüde, dass sie nicht mehr leben wollen oder dem Verstorbenen nachsterben möchten.

- *Innere Bilder*
  Trauernde denken ständig an den Verstorbenen. Immer wieder tauchen innere Bilder vom Verstorbenen und Erinnerungen an ihn auf. Imaginative Prozesse spielen im Trauererleben und Trauerprozess eine zentrale Rolle.

- *Halluzinatorische Erfahrungen*
  Trauernde erleben den Verstorbenen imaginativ, sensorisch und akustisch in der äußeren Realität. Sie sehen häufig den Ver-

storbenen in einer Menschenmenge, sie hören ihn mit seiner charakteristischen Stimme oder spüren, wie der Verstorbene sie berührt oder umarmt. Diese Erfahrungen sind insbesondere anfangs sehr intensiv und werden als real erlebt.

Beachte!
Die halluzinatorischen Erfahrungen »sind« für Trauernde eine eigene Realität, die als solche akzeptiert werden muss. Der Gebrauch des Begriffes »Halluzination« wäre für Trauernde verletzend und sollte deshalb in der Trauerbegleitung nicht gebraucht werden.

Die hier beschriebenen meist unwillkürlichen Erfahrungen in der Verlustsituation sind für Trauernde so stark, dass ihre gesamte Aufmerksamkeit sich auf die psychischen und somatischen Aspekte der Trauer und des Schmerzes einerseits, andererseits auch auf den Verstorbenen fokussiert.

Exkurs
Die Realitätswahrnehmung von Trauernden

Viele Trauernde erleben in ihrer Wahrnehmung bisher ungekannte Dimensionen. Die Wirklichkeit hat (alb)traumartige Qualität, die sich exakt als Tranceerfahrung beschreiben lässt. Trauernde erleben sich als sehr durchlässig für die Beziehung zum Verstorbenen, mit dem sie als »real« empfundene Begegnungen erleben.

Auch die Realität selbst scheint durchlässig für die Welt des Verstorbenen. Der Verstorbene wird zwar in einer anderen Welt gesehen, aber er scheint nebenan, in einem benachbarten Raum zu existieren. Für Trauernde existiert der Verstorbene in einer anderen, aber dennoch fühlbaren Existenzweise. Viele Erfahrungen werden auf den Verstorbenen bezogen und als Botschaft und Nachricht von ihm gedeutet.

Aus systemischer Sicht kann die Realität von Trauernden als Konstruktion einer eigenen Realität unter dem Eindruck des Verlustes verstanden werden. Trauernde selbst erleben dies allerdings nicht als Konstruktion, sondern als eine für sie vollständig gültige Realität. In der Trauerbegleitung muss dies unbedingt akzeptiert und gewürdigt werden.

3.1.2 Funktion der Trauertrance

Trauertrance als Schutzreaktion

Ein Teil der Trancereaktionen wie die Dissoziation oder Derealisation schützen die Trauernden vor der Realität des Verlustes. Der Tod des Angehörigen dringt nicht in seiner Gänze und Härte in das Bewusstsein der Trauernden. Die Realität des Verlustes muss noch nicht wahrgenommen werden und kann in einer Distanz zum eigenen Ich gehalten werden. Dies schützt das Ich nicht nur vor einer als nicht aushaltbar empfundenen Realität, sondern auch vor einer emotionalen Überflutung. Die Trauertrance lässt nur so viel an Realisierung des Verlustes zu, als die Betroffenen emotional aushalten können. Zugleich tritt die zunächst als irreale Realität empfundene Realität des Verlustes immer mehr als harte und unausweichliche Realität in die Wahrnehmung ein.

Die Trauertrance hat also neben der Schutzfunktion die Aufgabe, den Trauernden zu einer allmählichen Realisierung zu verhelfen. Sie ermöglicht es, allmählich – freilich auf schmerzliche Weise – zu realisieren, was im Gefühl der Trauernden eigentlich nicht zu realisieren ist.

Trauertrance als Fokussierung auf die Abwesenheit des Verstorbenen

Jeder Verlust ist durch die Abwesenheit des geliebten Menschen gekennzeichnet. Dies wird je nach bisheriger Beziehung und je nach Todesart sehr unterschiedlich erlebt. Gab es eine lange Krankheitsphase oder eine Zeit des demenziellen Abbaus, wird der Tod des Angehörigen als allmähliches Gehen erlebt. Ein Teil der Trauerarbeit wird schon in dieser Zeit vollzogen. Ist der Tod sehr plötzlich, unerwartet und zu früh oder durch einen schweren Unfall, durch Mord oder Suizid erfolgt, wird er als brutaler Akt erfahren, durch den der geliebte Mensch weggerissen wird.

Die Abwesenheit des geliebten Menschen zieht nun alle Aufmerksamkeit und Energie der Trauernden auf sich. Der Verstorbene kommt nicht mehr an den Essenstisch, er ist in der Wohnung nicht mehr zu hören, sein Bett bleibt leer, seine Kleidung und Utensilien werden von ihm nicht mehr benutzt. Die ganze Wirklichkeit und die eigene Trauer sind mit der Abwesenheit des Verstorbenen assoziiert, was erneut wieder die Trauer abruft. Umgekehrt macht die eigene Trauer ständig auf das Fehlen des geliebten Menschen aufmerksam. Dieser zirkuläre Prozess wird von den Trauernden als Gefühl des Vermissens und Missens erlebt.

Trauertrance als Fokussierung auf den Verstorbenen

Paradoxerweise ruft die Erfahrung der Abwesenheit des geliebten Menschen zugleich seine Anwesenheit auf. Alles in der realen Umwelt erinnert an den Verstorbenen und ruft internale Repräsentanzen von ihm auf. Trauernde erleben ihren geliebten Menschen im Äußeren präsent: Sie sehen ihn am Tisch sitzen, hören ihn vom Nachbarzimmer rufen und spüren, wie er sie berührt. Sie erleben ihn häufig so intensiv nahe wie nie im früheren Zusammenleben. Über die intensiven Näheerfahrungen erleben sich die Trauernden in Beziehung zum Verstorbenen. Die Trauertrance imaginiert und repräsentiert den Verstorbenen auf allen Sinneskanälen entsprechend dem VA-KOG-Modell, also visuell, akustisch, kinästhetisch, olfaktorisch und gustatorisch (vgl. dazu Peter 2006).

Auch dies kann zunächst als Schutzreaktion gedeutet werden. Die Trauertrance verhindert, dass der Verstorbene dem Hinterbliebenen sofort und gänzlich entzogen wird. Darüber hinaus ist die Trauertrance aber auch als kreative Leistung des Unbewussten zu verstehen. In der Trancepräsenz des Verstorbenen auf allen Sinneskanälen werden eine Reinternalisierung des Verstorbenen und eine internale Beziehung vorbereitet und angebahnt.

3.1.3 Interventionen

Die *Arbeit mit den Trancephänomenen im Trauerprozess*, insbesondere unmittelbar nach dem Verlust, ist von denselben Prinzipien geleitet wie die Arbeit mit der Trauer selbst (vgl. Kap. 6).

Die Trancephänomene werden wie die Trauer selbst als Ressourcen wertgeschätzt, die im Trauerprozess in eine – freilich langsame! Entwicklung einer Lösung führen:

- Die Trauertrance wird einfühlsam akzeptiert und verbalisiert.
- Die Trauertrance und die damit verbundene Realitätswahrnehmung werden als die eigene, für die Trauernden gültige Realität gewürdigt.
- Die Trauertrance wird in ihrer Schutzfunktion gesehen und gestärkt.

- Die allmählichen Veränderungen der Trauertrance und die zunehmende Realisierung der faktischen Abwesenheit des geliebten Menschen werden behutsam gestärkt, und zugleich wird betont, wie schmerzlich diese äußere Realität für die Trauernden ist.
- Die Trauertrance wird als Vorbereitung einer Reinternalisierung des geliebten Menschen und einer inneren Beziehung zu ihm utilisiert.
- Die verschiedenen Tranceprozesse und ihre Funktion im Trauerprozess werden den Trauernden psychoedukativ und einfühlsam erläutert und so auch einer bewussten und aktiven Gestaltung durch sie zugänglich gemacht.

3.2 Trauer als Beziehungsressource – Systemische Grundlagen der Trauerarbeit

Wie alle Gefühle entsteht auch die Trauer in einem Beziehungskontext. Die Trauer ist wie alle Gefühle Ausdruck einer ganz bestimmen Beziehungserfahrung, die durch den Verlust provoziert wird. Trauer ist ähnlich wie zum Beispiel die Wut Zeichen einer Beziehungsstörung, nun allerdings der fundamentalsten und schlimmsten Störung, nämlich des Abbruchs der Beziehung durch die endgültige Abwesenheit eines Beziehungspartners.

Zunächst ist die Trauer Ausdruck der früheren, bis zum Tod des geliebten Menschen währenden Beziehung. Sie beschreibt sozusagen in Negativform die bisherige Verbundenheit mit dem geliebten Menschen. Schon deshalb muss die Trauer als systemische Größe verstanden werden.

Des Weiteren ist sie Ausdruck der durch den Tod radikal veränderten Beziehung. Die Trauer ist das emotionale Bild nicht nur einer Beziehungsstörung, sondern einer zunächst nicht mehr zu behebenden Beziehungszerstörung. Dennoch will die Trauer wie alle Gefühle, die immer auch Beziehungsgefühle sind, die Beziehungsstörung »beheben«. Die Realität des Todes verhindert dies tatsächlich, zumindest in einer bestimmten Weise, nämlich als konkret und leiblich lebbare Realität. Deshalb sucht die Trauer Wege, um eine neue Form der Beziehung zu finden, nämlich in der internalen, subjektiven Realität des Trauernden.

Die Trauer ist also immer ein bezogenes Gefühl, ein Gefühl, das im Beziehungssystem zum Verstorbenen die Beziehung aktualisiert –

nun allerdings unter der Bedingung der Abwesenheit des geliebten Menschen. Der Tod, der Verlust und die reale Abwesenheit des geliebten Menschen lassen sich als Realität verstehen, auf die die Trauernden als ihre äußere relevante »Umwelt« mit ihrer Trauer reagieren.

3.2.1 Trauerreaktion als Aktivierung der Beziehung zum Verstorbenen

Das Sterben und der Tod des geliebten Menschen rufen bei Trauernden intensive Erinnerungen an gemeinsame Erfahrungen auf. Viele Trauernde suchen nach Fotografien und anderen Erinnerungsstücken, in denen sich der geliebte Mensch und die Beziehung zu ihm abbilden. Die Beziehung zum Verstorbenen wird in Gedanken immer wieder neu durchlebt und dadurch im Trauererleben aktualisiert. Trauernde leben in der Trauer zugleich in der Beziehung zum geliebten Menschen. Am Beginn der Trauer reden viele Trauernde mit den Verstorbenen und erleben in verschiedensten Hinweisen »Antworten« des Verstorbenen. Ebenso reflektieren Trauernde die Bedeutung der Beziehung zum Verstorbenen für sich selbst. Immer wieder kreist das Fragen und Denken von Trauernden um Themen wie: »Wer war der geliebte Mensch für mich, und wer war ich für ihn? Was bedeutet die Beziehung zwischen uns für mich, und was hat sie für ihn bedeutet?« Hier wird auf der kognitiven Ebene die Beziehung zum geliebten Menschen aktualisiert und repräsentiert.

Die Beziehung ist für Trauernden mit dem Tod des geliebten Menschen nicht zu Ende. In vielfältiger Hinsicht wird sie im Trauererleben nicht nur aktiviert, sondern geradezu intensiviert.

3.2.2 Trauerreaktion als Aktivierung von Beziehungsemotionen – das Mitgefühl, die Sehnsucht und die Liebe in der Trauer

In der bisherigen Trauerpsychologie werden unter dem Verdikt des Abschiedes vor allem Abschiedsgefühle wie der Trauerschmerz, die Erfahrung von Ohnmacht und Leere sowie die Trauer selbst berücksichtigt und dann in der Trauerbegleitung thematisiert. Dabei werden ganz wesentliche *Beziehungsgefühle in der Trauer* übersehen. Diese Gefühle passen nicht zu dem Ansatz des Loslassens. Sie setzen den Trauernden emotional in intensivste Beziehung zum Verstorbenen.

Die wesentlichen in der bisherigen Trauerpsychologie häufig übersehenen Beziehungsgefühle sind:

- *Mitgefühl mit dem Verstorbenen*
  Das Sterben und der Tod eines geliebten Menschen laden die Angehörigen dazu ein, intensive Empathie mit ihm zu entwickeln und sich mit ihm zu identifizieren. Über die Identifikation wird der geliebte Mensch noch einmal neu internalisiert. Das Mitgefühl ist für die Trauernden eine wichtige emotionale Basis dafür, die Beziehung zum Verstorbenen herzustellen und zu etablieren.

- *Sehnsucht nach dem Verstorbenen*
  Die Sehnsucht stellt die Beziehung zu einem abwesenden wichtigen Menschen über die Imagination her. In der Sehnsucht ist der Abwesende paradoxerweise ständig imaginativ und emotional präsent. Die Sehnsucht konstituiert gegen die reale Abwesenheit eine internale Anwesenheit.

- *Liebe zum Verstorbenen*
  Der Verlust aktiviert das Bindungssystem. Dies wird emotional als Aufbrechen und Intensivierung der Liebesgefühle für den Verstorbenen erlebt. Für Trauernde ist dies der Impuls, die Liebe und damit die Beziehung zum geliebten Menschen gerade nicht zu beenden. Es entsteht der intensiv erlebte Wunsch, neue Wege einer internalen Beziehung zu finden, die über den Tod des geliebten Menschen hinaus Bestand haben kann.

Diese drei Beziehungsemotionen in der Trauer sind zentrale Ressourcen, die ein tröstliches und heilsames Gegengewicht zu den Erfahrungen von Ohnmacht, Leere und Verzweiflung darstellen. Zudem sind sie die emotionale Basis für eine kreative Beziehungsarbeit, die die Trauerarbeit nach meinem Verständnis darstellt.

3.2.3 Trauerreaktion als Kommunikation

Auch für die Beziehung zum Verstorbenen gilt das Kommunikationsgesetz, wonach wir in einer Beziehungssituation nicht *nicht* kommunizieren können. Also können auch Trauernde in der Verlustsituation mit dem Verstorbenen nicht *nicht* kommunizieren. Trauernde können sich in ihrem emotionalen Erleben nicht *nicht* auf den geliebten Menschen, den sie verloren haben, beziehen. Dies ist auch deshalb unmöglich, weil der Verstorbene Teil der eigenen Biografie und der eigenen Persönlichkeit ist. Immer dann, wenn sich Hinterbliebene auf die eigene Biografie oder auf die eigene, vom Verstorbenen immer auch beeinflusste und geprägte Person beziehen, beziehen sie sich auch auf den Verstorbenen.

In der Trauer setzen sich Trauernde spontan und höchst emotional in eine für sie stimmige Beziehung zum Verstorbenen. In der Trauer teilen die Hinterbliebenen dem verstorbenen geliebten Menschen mit, dass sie ihn unendlich vermissen und ihn weiter lieben wollen. Zugleich ist die Trauer auch eine Kommunikation der Trauernden mit sich selbst. Trauernde teilen sich über die Trauer in zirkulären Prozessen selbst – und natürlich auch ihrer Umwelt – mit, dass ihnen der Verstorbene fehlt.

Beachte!

In welcher Weise Hinterbliebene eine Beziehung zu ihrem Verstorbenen finden, ist ihre eigene Entscheidung und zugleich ein weitgehend unwillkürlicher Prozess aus dem Unbewussten heraus. Wie die Beziehung zum Verstorbenen aussehen soll, kann deshalb nicht durch äußere Modelle oder Ziele vorgegeben werden. Wie sich Hinterbliebene zu ihrem Verstorbenen verhalten, ist Ergebnis des – bewussten und unbewusst autonomen – Trauerprozesses, der als internaler Kommunikations- und Beziehungsprozess verstanden werden kann.

3.2.4 Trauerreaktion als Ausdruck der Loyalität gegenüber dem Verstorbenen – das zentrale systemische Thema der Trauerarbeit

Aus dem hypnotherapeutischen Verständnis der Trauer könnte sich eine naheliegende Lösung ergeben. Der Trauernde müsste die Fokussierung seiner Aufmerksamkeit weg vom Verstorbenen hin zu anderen Lebensinhalten lenken. Dies käme – wenn auch in anderer Terminologie – dem libidotheoretischen Verständnis der Trauerarbeit durchaus nahe. Natürlich ist die Aufmerksamkeit von Trauernden nicht ständig auf den Verstorbenen gerichtet, doch eine grundsätzliche Neuorientierung wird vom Trauernden abgelehnt. Dies käme einem Verrat am geliebten Menschen gleich. Die Loyalität gegenüber dem Verstorbenen erlaubt die genannte hypnotherapeutische Lösung einer auf anderes gerichteten Aufmerksamkeitsfokussierung nicht. Aufforderungen in diese Richtung werden vom Trauernden mit »Widerstand« beantwortet. Dieser Widerstand ist aber aus der Sicht der Trauernden eine berechtigte Rückmeldung gegenüber der psychologischen Theorie bzw. gegenüber einem therapeutischen Vorgehen, in dem die Loyalität zum Verstorbenen nicht gewürdigt wird.

Auch systemisch könnte man in Richtung des Loslassens arbeiten, indem die Loyalitätsthematik bearbeitet würde. Aber auch dies wird vom Trauernden als Aufforderung zum Verrat verstanden, sodass auch hier »Widerstand« zu verzeichnen ist. Dies ist im Übrigen ein häufiger Grund für das Scheitern von Trauerbegleitungen und Trauertherapien.

Die Loyalität darf also in der Trauerbegleitung nicht mit dem Ziel bearbeitet werden, sie aufzulösen. Die Loyalität ist eine Ressource, die es – im Sinne von Milton Erickson – zu utilisieren gilt: Trauerarbeit dient dazu, dass der Trauernde eine ganz persönliche, für ihn stimmige Beziehung zum Verstorbenen findet.

> *Beachte!*
>
> *Die Trauernden und ihr Unbewusstes definieren, wie sie die Loyalität zum verstorbenen geliebten Menschen nutzen wollen und wie eine für sie stimmige Beziehung zu ihm aussehen soll. Die Trauerbegleitung unterstützt Trauernde in ihrem bewussten und unbewussten Prozess darin, die von ihnen bestimmte Lösung der Loyalitätsthematik und damit die Art der Beziehung zum Verstorbenen zu finden. Das könnte auch die sehr unwahrscheinliche Lösung sein, den Verstorbenen vollständig zu vergessen. Es könnte auch die gegenteilige Lösung gewählt werden, in einer sehr engen internalen Beziehung mit dem Verstorbenen weiterzuleben. Aufgabe der Trauerbegleitung ist es dabei, den Trauernden – einfühlsam und behutsam – den psychischen Preis für die jeweilige Lösung bewusst zu machen. Dann können die Trauernden für sich wählen, welchen Lösungsweg sie beschreiten möchten.*

3.2.5 Interventionen

Aus den hier beschriebenen systemischen Bezügen der Trauerarbeit ergeben sich folgende Richtlinien für die Trauerbegleitung und Trauertherapie (einzelne Interventionsmethoden finden sich in Kap. 7):

- Trauernde werden in der Beziehung zu ihrem Verstorbenen gesehen.

- Die Interventionsebene ist nicht nur der Trauernde, sondern auch der Verstorbene und die Beziehung zu ihm.
- Die Beziehung zwischen Trauernden und Verstorbenen wird einfühlsam exploriert und als Ressource im Trauerprozess aufgegriffen.
- Die Interventionen achten und utilisieren die Loyalität der Trauernden zum Verstorbenen für die angestrebte Beziehung zu ihm.
- Systemische Interventionsmethoden wie beispielsweise das zirkuläre Fragen werden einfühlsam auch für das Beziehungssystem Trauernder/Verstorbener genutzt.

3.3 Die Konstruktion einer internalen, lösungsorientierten Beziehungsrealität – Ein hypnosystemisches Verständnis der Trauer

3.3.1 Das internale Beziehungssystem als eigene Realität der Trauernden

Die bekannte Aufforderung an Trauernde, den Verstorbenen loszulassen, ist durch *Auslassungen* gekennzeichnet. Deshalb können und wollen Trauernde die Aufforderung nicht befolgen.

Eine *Auslassung* besteht darin, dass nicht gesagt wird, wen (!) die Trauernden loslassen sollen. Soll der geliebte Mensch als konkretes Gegenüber, das nicht mehr lebt, verabschiedet werden? Oder sollen auch die Repräsentanzen von ihm, wie innere Bilder von ihm oder Erinnerungen an ihn, losgelassen werden? Trauernde ahnen auch in der Zeit des Schocks und Nichtwahrhabens, dass die real körperliche Person des geliebten Menschen zu verabschieden ist. Sie spüren, dass sie sie gehen lassen und seine Abwesenheit emotional realisieren müssen. Zugleich gibt es den intensiven Wunsch, den geliebten Menschen als inneres Gegenüber zu bewahren.

Exkurs

Das Gehirn und das Nicht

Das Gehirn und das Unbewusste scheinen ein »Nicht« nicht zu kennen. Der Satz »Der Verstorbene existiert nicht mehr« gleicht strukturell dem Satz »Die Farbe Rot gibt es nicht«. Um diesen Satz zu realisieren, ist es nötig, das Verneinte zu imaginieren.

Deshalb wirkt die Aufforderung »Lass deinen Verstorbenen los« als Spontanparadoxie. Damit ich den Verstorbenen loslassen kann, muss ich ihn herholen. Wir werden sehen, dass der Gedanke eines sicheren Ortes für den Verstorbenen (siehe Kap. 8) diese Spontanparadoxie auflösen kann.

Vermutlich ist unser Gehirn evolutionsbiologisch in der Auseinandersetzung mit – im wörtlichen Sinne – begreifbaren, also überlebensnotwendigen »Realien« entstanden. Erst allmählich hat sich das Gehirn über die Sprache auch die Abstraktion, das Ideelle und schließlich das Spirituelle erschlossen. Letzteres vermutlich auch durch die Erfahrung des Todes eines geliebten Menschen und durch die Erfahrung seiner nicht greifbaren und doch spürbaren Abwesenheit. Aber auch in der Abstraktion verbleibt das Denken des Gehirns in raumzeitlichen Kategorien (vergleiche Kants Apriori) gebunden. Das Nichts und damit das Nichtsein eines geliebten Menschen lassen sich schlechterdings nicht denken und begreifen. Das Gehirn kann den geliebten Menschen allenfalls »vergessen«, dem aber widersetzen sich die Loyalität und die Tatsache der emotionalen Verankerung des Verstorbenen im limbischen System des Gehirns.

Wie in vorstehendem Exkurs beschrieben, können Trauernde den Verstorbenen nicht *nicht* denken und nicht *nicht* imaginieren und deshalb nicht *nicht* mit ihm kommunizieren. Hier fließen hypnotherapeutisches und systemische Denken zusammen und werden im Sinne von Schmidt (2005) hypnosystemisch integriert.

Alles, was in der Beziehung zum Verstorbenen gedacht, gefühlt und getan wird, setzt seine internale Repräsentanz voraus. Deshalb tragen Trauernde Repräsentanzen vom Verstorbenen in Form von Imaginationen als Erinnerungen und Bilder, aber auch als Körpergefühle in sich. Sie setzen sich dazu in Beziehung und kreieren das System einer weiter gehenden internalen Beziehung zum Verstorbenen. Sowohl von der Hirnforschung als auch von einem hypnosystemischen Verständnis her müssen der Verstorbene als innere Repräsentanz und die Beziehung zu ihm als internale Konstruktion des Gehirns verstanden werden. Trauernde selbst erleben dies als eine innere Beziehungsrealität, die sie mit dem Verstorbenen gestalten. Als innere Beziehungsrealität hat dies für die Trauernden wiederum einen eigenen, nämlich subjektiven Realitätsgehalt, der für Trauernde real »ist«.

3.3.2 Das Unbewusste als kreative Kraft bei der Gestaltung des Trauerprozesses

Da die Trauerreaktionen höchst spontane und unwillkürliche Prozesse darstellen, gilt es, Trauernde bei der Gestaltung des Trauerprozesses zu unterstützen.

Dies kann in der Trauerbegleitung auf zwei Ebenen geschehen:

- Auf der bewussten Ebene werden den Trauernden die spontanen und unwillkürlichen Trauerprozesse bewusst und für eine aktive Steuerung und Gestaltung zugänglich gemacht. Dies geschieht in der Regel über das Gespräch (z. B. durch zirkuläre Fragen, durch Erklärungen und Deutungen u. a.), über konkrete Übungen und Hausaufgaben. Diese Arbeit auf der bewussten Ebene ist außerordentlich wichtig; zugleich machen Trauernde aber die Erfahrung, dass der Trauerprozess gerade nicht zu steuern ist und der Verlust gerade nicht allein über die bewusste Reflexion zu bewältigen ist. Deshalb ist die Arbeit auf der unbewussten Ebene in der Trauerbegleitung so entscheidend.
- Auf der unbewussten und unwillkürlichen Ebene werden das Unbewusste und die unwillkürlich ablaufenden Trauerreaktionen utilisiert. Die unbewussten Trauerreaktionen werden als internale hilfreiche Wegweiser durch den Trauerprozess, als intuitives Wissen über den Trauerprozess und als unbewusste Selbstorganisationskräfte verstanden. In der Trauerbegleitung werden Trauernde eingeladen, sich auf diese Ebene einzulassen, sich von ihr führen und von ihr helfen zu lassen. Das geschieht zum Beispiel durch Initiierung von Ritualen oder durch Trancearbeit. In diesem Buch werden die vorgestellten Trancen durchgehend als Imaginationen bezeichnet.

Die hypnosystemische Therapie kann nach Schmidt (2005, S. 34) als ein gezieltes Arbeiten mit Aufmerksamkeitsfokussierungen in Richtung der von den Klienten gewünschten Lösungen (vgl. dazu Kap. 4) verstanden werden. Dabei spielen unwillkürliche und unbewusste Prozesse eine entscheidende Rolle. Auch in der hypnosystemischen Trauerbegleitung werden Trauernde eingeladen, ihre Aufmerksamkeit auf die unwillkürliche und unbewusste Ebene des Trauerprozesses zu lenken, damit sich aus dem Unbewussten heraus eine heilsame Bewältigung des Verlustes entwickeln kann.

Aus meiner Erfahrung wird diese Arbeit auf der unbewussten Ebene und über die unbewusste Ebene von Trauernden außerordentlich gerne angenommen und als sehr wohltuend und heilsam im Trauerprozess erlebt. Hierin liegt die besondere Chance der Hypnotherapie für die Trauerbegleitung.

Will man auf diese Weise arbeiten, ist es nötig, das Unbewusste als hilfreiche Ressource zu installieren (Schmidt 2004, S. 147 ff.). Peter (2006) beschreibt dieses in der Hypnotherapie so konstruierte und therapeutisch utilisierte Unbewusste als ein heilsames Tertium, auf das sich Therapeut und Klient als eine dritte Ressourcenebene beziehen.

In der Trauerbegleitung wird das Unbewusste als hilfreicher Trauerbegleiter oder hilfreiche Trauerbegleiterin verstanden und bei den Trauernden auch so eingeführt. Je nach Sprachgebrauch und Akzeptanz können hierfür Begriffe wie Intuition, innere Weisheit oder unbewusstes Wissen, Körperwissen oder eben das Unbewusste gebraucht werden.

Für Trauernde ist es oft auch hilfreich und stimmig, die Trauer und die Beziehungsgefühle wie die Sehnsucht, das Mitgefühl und die Liebe als innere, zum Teil auch unbewusste Ratgeber oder Trauerbegleiter zu nutzen.

Aus meiner Erfahrung empfiehlt es sich, diese inneren Trauerratgeber in einer Entspannung oder leichten Trance spüren und/oder visualisieren zu lassen, damit die Trauernden dann in einen inneren Dialog mit ihnen treten können. Dieses Vorgehen kann bei allen Trauerthemen und -aufgaben genutzt werden. Der Vorzug besteht darin, dass die Trauer und die Beziehungsgefühle direkt und für die Trauernden gut akzeptierbar utilisiert werden, sodass die Trauer selbst zur eigentlichen Lösungsressource wird.

3.3.3 Der Verstorbene als kreativer »Partner« im Trauerprozess

Was ich soeben für die internalen Trauerratgeber wie die Trauer oder das Unbewusste beschrieben habe, lässt sich nun auf einen weiteren inneren – zentralen! – Trauerratgeber übertragen. Der Verstorbene selbst ist für die meisten Trauernden der beste Trauerratgeber und Trauerbegleiter. Das hat nicht nur den Vorzug einer hohen Akzeptanz, sondern dieses Vorgehen konstituiert und stärkt damit zugleich die internale Beziehung zum Verstorbenen.

Beispielsweise werden im internalen Dialog mit dem Verstorbenen die Themen des Trauernden, aber auch die Themen der Beziehung zwischen Verstorbenen und Trauernden besprochen und einer Lösung zugeführt.

Konkretisiert wird dies in der Trauerbegleitung durch Initialisierung und Implementierung

- eines inneren Raumes für die Begegnung mit dem Verstorbenen, z. B. das Einrichten einer inneren Bühne (Reddemann 2001, S. 76 f.)
- des Verstorbenen als inneres Beziehungsobjekt, z. B. als inneres Gegenüber, als Ratgeber, Gesprächspartner (vgl. dazu auch die psychoanalytische Objektbeziehungstheorien, den Ego-State-Ansatz und die Repräsentation über die Spiegelneuronen, vgl. hier Abschn. 9.2; Watkins u. Watkins 2003)
- eines inneren Dialoges mit dem geliebten Menschen (vgl. ebd., S. 142 ff.).

Hier zeigt sich auch noch einmal, dass ein hypnosystemischer Ansatz in der Integration des systemischen und hypnotherapeutischen Denkens am besten die internalen Prozesse in der Trauer beschreibt und in der Trauerbegleitung ein höchst wirksamer Ansatz ist. In dem internalen Beziehungssystem des Trauernden ist der Verstorbene in einer äußerst komplexen und zirkulären Weise Teil dieses Systems, zugleich aber auch ein Ego-State, der als Gegenüber erlebt wird. Gemeinsam konstituieren sie ein Beziehungssystem, in dem der Trauernde mit dem Verstorbenen kommunizieren und über das er auch in einer Metaposition reflektieren und kommunizieren kann.

3.3.4 Das internale Beziehungssystem als lösungsorientiertes System

Verstehen wir mit Schmidt (2005) die hypnosystemische Therapie als lösungsorientierten Ansatz, so müssen wir für die Trauerbegleitung fragen: Wie muss das internale Beziehungssystem im Trauernden aussehen, dass es zu einer Lösung angesichts einer unlösbaren Situation (vgl. zu den möglichen Lösungen angesichts des Verlustes Kap. 4) verhilft?

Das internale Beziehungssystem wird zu einem lösungsorientierten System, wenn es

- für die Trauernden emotional stimmig und evident ist
- den Trauernden eine – freilich zweitbeste – Losung anbietet
- veränderbar und entwicklungsfähig bleibt
- die Autonomie der Trauernden – gegenüber den Trauerreaktionen und gegenüber dem Verstorbenen – herstellt
- ein gut integrierter Teil der Identität der Hinterbliebenen ist
- das Leben nach dem Tod des geliebten Menschen wieder lebenswert sein lässt.

In den nun folgenden Teilen dieses Buches stelle ich die konkreten Methoden und Interventionen dar, die die Trauernden unterstützen, dieses internale lösungsorientierte System zu installieren und zu nutzen. Damit wird die Trauerbegleitung selbst zu einem lösungsorientieren Beratungs- und Therapiesystem.

4. Hypnosystemische Trauerbegleitung zwischen Realisierungsarbeit und Beziehungsarbeit

Fallvignette

Eine 75-jährige Frau hat vor drei Jahren ihren 40-jährigen Sohn durch einen plötzlichen Herztod verloren. Sie bearbeitete ihre Trauer in einer längeren Psychotherapie, was ihr gut gelang, weil sie zum Zulassen und Durchleben ihrer Trauergefühle ermutigt wurde. Als die Therapeutin zunehmend das Loslassen des Sohnes empfahl, brach die Klientin die Therapie mit den Worten »Ich will doch meinen Sohn nicht ein zweites Mal verlieren« ab.

4.1 Trauerreaktion als Lösungsversuch angesichts einer unlösbaren Situation

Aus einer hypnosystemischen Perspektive verstanden, dienen die Trauerreaktionen einer Lösung, die das konstruktive Weiterleben nach einem Verlust ermöglichen soll. Zu diesem Weiterleben gehören die Realisierung des Verlustes und der dauerhaften Abwesenheit des geliebten Menschen ebenso wie eine innere weiter gehende Beziehung, die die Hinterbliebenen entsprechend ihren eigenen Bedürfnissen gestalten.

Dabei gilt es in der Trauerbegleitung, insbesondere zu ihrem Beginn, zu berücksichtigen:

- Die Verlustsituation wird vom Trauernden als unlösbare Situation erlebt. Sein intensiver Wunsch, dass der geliebte Mensch wieder leben soll, ist nicht einlösbar.
- Der Tod und die dauerhafte Abwesenheit des geliebten Menschen stellen, hypnosystemisch gesprochen, eine unveränderbare Restriktion dar (Schmidt 2005, S. 105).
- Eine Lösung der unlösbaren Situation des Verlustes kann sich nur in einem langen Prozess auf der bewussten und unbewussten, auf der willkürlichen und unwillkürlichen Ebene entwickeln.
- Die Lösungs- und Entwicklungsrichtung dieses Prozesses geben der Trauernde und sein Unbewusstes vor.

- Trauerbegleitung wird deshalb verstanden als die Begleitung von Trauernden bei der Suche nach einer Lösung angesichts einer unlösbaren Situation.

Beachte!

Der lösungsorientierte Ansatz von de Shazer (1990) muss für die Trauerbegleitung unbedingt angepasst werden und das Konzept der Restriktionen und der zweitbesten Lösungen (Schmidt 2005) integrieren.

4.1.1 Die unmögliche beste Lösung und die schlechteste Lösung

Für die Trauernden gibt es zunächst nur einen Wunsch: Der Verstorbene soll wieder leben und in der äußeren Realität präsent sein. Für Trauernde wäre dies die beste Lösung. Kognitiv wissen Trauernde – mehr oder weniger eindeutig –, dass dies nicht mehr möglich ist. Emotional wünschen Trauernde sich die beste Lösung. Dies gilt es als Sehnsucht und als verständlichen Wunsch zu akzeptieren und zu würdigen. Dieser Wunsch ist als Ressource zu verstehen und nicht – wie in einer psychodynamisch geprägten Trauerarbeit – als etwas zu Überwindendes.

Viele Trauernde haben am Beginn des Trauerprozesses eine tiefe Angst, den Verstorbenen zu vergessen und ihn damit auch innerlich zu verlieren. Für sie wäre dieser internale Verlust der schlechteste Ausgang des Trauerns (vgl. Fallvignette oben).

Viele Trauernde befürchten, dass sie in einer Trauerbegleitung zum Loslassen gedrängt werden. Der undifferenziert, offen oder eher implizit geäußerte Impuls zum Loslassen ist für Trauernde bedrohlich, weil sie dieses Loslassen als einen zweiten Verlust erleben würden.

Deshalb sollte diese Angst vor dem zweiten Verlust am Beginn der Trauerbegleitung, am besten schon im ersten Kontakt, von den Trauerbegleitern angesprochen werden. Das Sicheinlassen auf eine Trauerbegleitung wird für viele Trauernde erst hierdurch möglich – beziehungsweise es kann so einem vorzeitigen Abbruch der Trauerbegleitung vorgebeugt werden. Zugleich sollte an dieser Stelle die im Folgenden beschriebene *zweite* zweitbeste Lösung als Möglichkeit eingeführt werden.

4.1.2 Die zwei zweitbesten – erzwungenen! – Lösungen

Angesichts der äußeren Realität ist die beste Lösung nicht zu realisieren. Dies ist unendlich schmerzlich und muss in der Trauerarbeit immer wieder gewürdigt werden. Der Trauerweg ist wie die nun beschriebenen zweitbesten Lösungen (Schmidt 2005, S. 106) etwas Erzwungenes, das Trauernde eigentlich so nicht wollen. Der Widerstand gegen diesen Zwang und gegen den Trauerweg als solchen muss immer wieder neu gewürdigt werden, nicht zuletzt, damit die bei schwerer Trauer doch häufigen Abbrüche der Trauerbegleitung vermieden werden.

- Die erste – erzwungene! – zweitbeste Lösung besteht darin, dass Trauernde allmählich den Tod und die Abwesenheit des Verstorbenen realisieren müssen. Positiv formuliert, können die Hinterbliebenen lernen, mit der äußeren Abwesenheit des geliebten Menschen zu leben und ihr Leben ohne ihn zu gestalten. Aber – und das gilt es würdigen – diese Lösung kann das Leben mit dem geliebten Menschen nicht ersetzen und nicht über den Verlust »hinwegtrösten«.
- Die zweite – erzwungene! – zweitbeste Lösung ist eng mit der vorigen zweitbesten Lösung verbunden. Sie besteht darin, den geliebten Menschen im Inneren wiederzufinden, ihn dort zu bewahren und eine innere Beziehung zu ihm zu kreieren und zu leben. Allerdings – und auch das ist zu würdigen – bleibt es eine innere, imaginative Beziehung, die eine Realbeziehung nicht ersetzen und über die reale Abwesenheit des geliebten Menschen nicht »hinwegtrösten« kann.

Beachte!

Akut Trauernde könnten den Fachbegriff der »zweitbesten Lösung« missverstehen. Für akut Trauernde gibt es auch keine zweitbeste Lösung, weil diese für sie immer noch eine ungewollte Katastrophe darstellt. Deshalb sollte man Trauernden vorschlagen, in der Trauerbegleitung nach einer anderen Lebensmöglichkeit angesichts der nicht mehr lebbaren Möglichkeit zu suchen. Diese Möglichkeit liegt darin, erstens eine innere Beziehung zum geliebten Menschen zu finden und zweitens zu lernen, in der äußeren Realität ohne ihn zu leben. Letztlich gibt es zu diesen beiden Möglichkeiten auch keine Alternative, es sei denn die Lebensverweigerung durch eine psychische Erkrankung oder durch Suizid.

4.1.3 Interventionen – Die Vertragsarbeit in der Trauerbegleitung

In Trauertherapien wird meist – in der Trauerbegleitung praktisch immer – keine Vertragsarbeit vorgenommen oder aber explizit oder implizit einseitig die Abschiedsarbeit vorgeschlagen. Beides führt häufig dazu, dass die Trauerbegleitung entweder ziellos und damit ohne konkretes Ergebnis bleibt oder abgebrochen wird. Dies geschieht meist an dem Punkt, an dem der Trauernde eine deutlichen Widerstand gegen das offen oder implizit eingebrachte Ziel des Loslassens spürt. Dieser »Widerstand« muss verstanden werden als Rückmeldung gegenüber einem unklaren oder einseitigen Arbeitsvertrag bzw. als Rückmeldung gegenüber einer einseitig auf Abschied fokussierten Trauertheorie.

Im Erstkontakt werden folgende Aspekte angesprochen, bevor man zu einem ersten Vertrag für die Trauerbegleitung kommt:

- Die Grenze einer Trauerbegleitung im Sinne einer unmöglichen besten Lösung wird einfühlsam und behutsam benannt. Die darauf häufig geäußerten Trauergefühle werden als für die Situation angemessen und stimmig verbalisiert.
- Dann werden die – begrenzten und erzwungenen! – Möglichkeiten einer Trauerbegleitung im Sinne der beiden zweitbesten Lösungen beschrieben.
- Die Zustimmung der Trauernden zu diesen beiden Zielen wird eingeholt. Ambivalenzen gegenüber den zweitbesten Möglichkeiten sind ganz normal und sollten akzeptierend verbalisiert werden. Bei großen Ambivalenzen kann man den Trauernden vorschlagen, zwei bis drei Gespräche in Richtung der genannten zweitbesten Lösungen zu führen, um dann noch einmal neu über eine weitergehende Trauerbegleitung zu entscheiden.
- Die Trauerbegleiter formulieren aus dem erarbeiteten Material noch einmal explizit den zweifachen Vertrag.

Beachte!

Trauerbegleitungen können auch zu früh einsetzen. In der ersten Phase nach dem akuten Verlust gibt es verständlicherweise den Wunsch, den geliebten Menschen wiederhaben zu wollen. Dies ist aber noch nicht der Wunsch, sich auf eine Trauerbegleitung einzulassen und sie aktiv zu gestalten. Das ist verständlich und

---

> muss akzeptiert werden. In solchen Fällen sollte behutsam abgeklärt werden, ob die Trauerbegleitung jetzt schon sinnvoll ist oder erst in einigen Monaten beginnen sollte.

Systemische Fragen zur ersten zweitbesten Lösung

In diesen systemischen Fragen wird die erste zweitbeste Lösung unterschiedlich formuliert und angeboten, dabei wird immer auch gewürdigt, dass Trauernde diese Lösung eigentlich nicht wollen:

- »Der Tod Ihres geliebten Menschen hat Sie tief getroffen, und Sie wissen noch gar nicht, wie Sie damit jemals zurechtkommen sollen. Wenn Sie doch einen Wunsch hätten, wie möchten Sie denn gerne damit zurechtkommen, dass Ihr geliebter Mensch nicht mehr lebt?«
- »Vielleicht wissen Sie selbst noch gar nicht, wie Sie mit dem Tod Ihres geliebten Menschen leben können. Wenn Sie noch keine Vorstellungen davon haben – was ganz natürlich wäre –, welchen Wunsch hätte denn Ihr geliebter Mensch für Sie?«
- »Sie haben beschrieben, wie unendlich schwer der Tod Ihres geliebten Menschen für Sie ist und wie schwer es sein wird, damit zu überleben. Ein Teil unserer Arbeit könnte sein, zu lernen, das Schwerste und Schlimmste, was Ihnen jetzt zugestoßen ist, zu überleben und später damit zu leben. Wären Sie bereit, daran schrittweise zu arbeiten?«
- »Was Sie hier in der Trauerbegleitung tun möchten, ist etwas, was Sie eigentlich nie wollten und jetzt dennoch tun müssen, nämlich ohne Ihren geliebten Menschen leben zu lernen. Vielleicht spüren Sie, dass Sie das eigentlich nicht wollen. Und trotzdem könnte es angesichts dieser schlimmen Realität etwas sein, womit Sie sich hier beschäftigen wollen, auch weil es eigentlich keine Alternative dazu gibt?«
- »Wenn Sie sozusagen Ihren Schmerz und Ihre Trauer befragen würden, was würden die Ihnen jetzt zu Ihrer Situation sagen, und welche Aufgaben stellen die beiden Ihnen? Wenn Sie Ihr Unbewusstes oder Ihren geliebten Menschen bitten würden, Sie dabei zu unterstützen, welche Hilfen würden diese Ihnen angesichts dieser unendlich schweren Situation anbieten?«

Systemische Fragen zur zweiten zweitbesten Lösung

Die systemischen Fragen zur zweiten zweitbesten Lösung im Sinne einer kreativen Beziehungsarbeit erlauben den Trauernden zunächst eine innere Beziehung und laden dann ein, erste Wünsche und Vorstellung für diese Beziehung zu imaginieren:

- »Wenn es für Sie so etwas gäbe wie eine innere weiter gehende Beziehung zu Ihrem geliebten verstorbenen Menschen, wie sehr würden Sie sich diese wünschen?«
- »Vielleicht ist es angesichts des Todes Ihres geliebten Menschen für Sie gar nicht vorstellbar, dass Sie auch in Zukunft eine Beziehung, nämlich eine andere, innere Beziehung, zu Ihrem geliebten Menschen haben. Wenn es dann doch möglich wäre, wie würden Sie sich das vorstellen wollen?«
- »Wenn Sie innerlich Ihren geliebten Menschen fragen, ob er Ihnen weiter nahe sein möchte, was, glauben Sie, wird er Ihnen antworten? Und wie würde er sich denn solch eine innere Beziehung vorstellen?«
- »Woran würden Sie oder Ihr geliebter Mensch es merken, dass sich allmählich eine gute und sichere innere Beziehung einstellt?«
- »Was könnten Sie oder Ihr Unbewusstes dazu beitragen, dass eine innere Beziehung trotz der äußeren Abwesenheit Ihres geliebten Menschen weitergehen könnte? Was könnte – wenn Sie so wollen – umgekehrt Ihr geliebter Mensch dazu beitragen, dass diese Beziehung gut weitergehen kann?«
- »Was wäre mein Beitrag als Therapeut auf unserem gemeinsamen Arbeitsweg, damit eine gute und freie Beziehung zwischen Ihnen und Ihrem geliebten Menschen möglich wird?«

Beachte!

Die typischen zukunftsorientierten systemischen Fragen oder auch die Vorwegnahme einer zukünftigen Lösung sollten nicht in den ersten Trauergesprächen eingebracht werden, weil Trauernde dies als Missachtung ihres für sie angemessenen Schmerzes verstehen könnten.

Formulierung des Vertrages für die Trauerbegleitung

Die abschließende – und immer wieder neu zu bestätigende und modifizierende – Vertragsformulierung im Erstgespräch ergibt sich aus den Antworten der vorher genannten systemischen Fragen zur Vertragsfindung.

Die folgenden Auftragsformulierungen sind nur Beispiele:

- »Wir würden also zunächst kleine Schritte erarbeiten, wie Sie die nächsten Tage und Wochen mit dem Schlimmsten, was Ihnen passieren konnte, überleben können. Dann würden wir uns noch einmal überlegen, wie Sie Ihr Leben ohne Ihren geliebten Menschen gut gestalten können und wie eine innere Beziehung zu ihm aussehen könnte.«
- »Sie beziehungsweise Sie und Ihr Unbewusstes möchten an beidem arbeiten: daran, wie Sie das Leben ohne Ihren geliebten Menschen wieder lebenswert machen können und wie Sie eine innere weiter gehende Beziehung zu ihm leben möchten!?«
- »Sie möchten zuerst mit Ihrem Schmerz und Trauer zurechtkommen. Wie Sie wissen, ist es nicht sinnvoll, Ihre Trauer sozusagen ›zu beseitigen‹, einfach weil sie ein Ausdruck Ihrer Liebe zu Ihrem geliebten verstorbenen Menschen ist. Die andere Möglichkeit, ob Sie so etwas wie eine innere Beziehung zu Ihrem geliebten Menschen finden möchten, ist im Augenblick noch offen. Die können wir uns – wenn Sie es denn dann wollen – später noch einmal vornehmen. Ist das so in Ordnung?«
- »Sie wünschen sich, dass Ihr Schmerz und Ihre Trauer weniger werden und Sie stattdessen wieder leichter leben können. Dabei möchten Sie aber Ihren geliebten Menschen nicht verlieren, sondern gut in Ihrem Herzen bewahren. Habe ich das so richtig zusammengefasst?«

Natürlich werden die Vertragsformulierungen während des Prozesses ständig erweitert, präzisiert oder auch gänzlich verändert. In jeder Sitzung wird eingangs ein für das aktuelle Gespräch angestrebtes Ziel formuliert, das sich auf den Therapievertrag bezieht. Dabei ist darauf zu achten, dass sich die Arbeit in einer Sitzung nicht nur auf eine Seite der beiden zweitbesten Lösungen fokussiert.

4.2 Hypnosystemische Trauerbegleitung zwischen der Realisierung der äußeren Abwesenheit und der inneren Anwesenheit des Verstorbenen

Fallvignette

Eine Trauernde beschreibt ihr Trauererleben: »Manchmal ist meine Tochter unendlich weit weg. Sie ist einfach nicht mehr da, und ich weiß nicht, wie ich das überstehen soll. Dann tut es auch unendlich weh, sodass es kaum auszuhalten ist. Aber dann ist sie mir wieder ganz nahe und ist an meiner Seite – ich spüre sie dann richtig. Dann rede ich mit ihr. Das ist schön, aber auch traurig. Manchmal aber denke ich, ob ich da noch ganz normal bin.«

4.2.1 Die Polarität im Trauererleben

Der Trauernde erlebt zwei Pole in seiner Trauerreaktion, die gegensätzlicher nicht sein könnten und die doch engstens miteinander verbunden sind.

Die Realität des Todes und der Abwesenheit des geliebten Menschen dringen mehr und mehr als schmerzliche Realität ins Erleben und Bewusstsein. Die konkret erlebbare, äußere Welt ist die Welt der Abwesenheit des geliebten Menschen. Trauernde erleben voller Schmerz, dass der Verstorbene nicht mehr nach Hause kommt, dass er nicht mehr am Tisch sitzt und dass er nicht mehr mit ihnen redet. Sosehr Trauernde dies insbesondere zu Beginn des Trauerprozesses nicht realisieren können und häufig auch nicht wollen, so sehr bleibt die Abwesenheit eine Realität, die über den Schmerz ins Bewusstsein eindringt. Die Konfrontation der äußeren Realität löst die häufig beschriebenen Schmerz- und Trauergefühle aus. Die Abwesenheit des geliebten Menschen im Äußeren spiegelt sich häufig auch als innere Erfahrung, in der der Verstorbene aus dem Herzen herausgerissen ist und eine massive Leere hinterlässt.

Auf dem entgegengesetzten Pol erleben Trauernde starke Beziehungs- und Nähegefühle, die in einer oft ungekannten Intensität aufbrechen. Die Liebe zum geliebten Menschen ist bis ins Schmerzhafte gesteigert, das Mitgefühl geht bis hin zu Verschmelzungsfantasien und -gefühlen, und die Sehnsucht wird von vielen Trauernden als geradezu rasend beschrieben. Das ganze Denken, alle Fantasien sind auf den geliebten Menschen ausgerichtet. Über alle Sinneskanäle erleben Trauernde die Präsenz des Verstorbenen – häufig so intensiv wie noch nie zu Lebzeiten des geliebten Menschen. Fast alles in der realen

Umwelt weist durch emotional besetzte Stimuli auf den Verstorbenen. Überall scheint er den Trauernden zu begegnen. In Erinnerungen kommt der geliebte Mensch den Trauernden nahe, in immer neuen Dialogen mit ihm ist die innere Beziehung intensiv gesteigert.

Mit den beiden Polen dieses Erlebens in der Trauerreaktion sind zugleich die beiden wesentlichen Traueraufgaben (vgl. Worden 2009) gestellt:

- Realisierung der äußeren Abwesenheit des geliebten Menschen: Die äußere Realität des Todes und die Realität der äußeren Abwesenheit zwingen Hinterbliebene über die Erfahrung des Verlustschmerzes und der Trauer, sich diese Realität allmählich bewusst zu machen und sie als unausweichlich zu akzeptieren. Sie müssen lernen, im Äußeren ohne den geliebten Menschen zu leben und dies als ihr – nun verändertes – Leben neu zu wählen. Dies entspricht den ersten drei Traueraufgaben bei Worden (2009).
- Reetablierung einer inneren Beziehung zum geliebten Menschen: Die Erfahrung der inneren Anwesenheit ist die emotionale Grundlage für eine weiter gehende innere Beziehung, in der der geliebte Mensch in verschiedenen Repräsentanzen Teil der Identität der Hinterbliebenen bleibt. Ziel ist es, dass diese Beziehung eine sichere und zugleich freie Beziehung wird. Dies entspricht der vierten Traueraufgabe nach Worden (2009).

Ich nenne diese beiden zentralen Aufgaben im Folgenden *Realisierungsarbeit* und *Beziehungsarbeit*. Gelingen die beiden Aufgaben, ist dies die beste Voraussetzung dafür, dass das Leben nach einem Verlust wieder lebenswert wird und bewusst als ein verändertes Leben nach dem Verlust gelebt werden kann.

4.2.2 Realisierungsarbeit und Beziehungsarbeit als zwei zentrale Aufgaben im Trauerprozess

Fallvignette

Eine vierköpfige Familie hat ihren 15-jährigen Sohn verloren. Die Familie hat im Flur vier Kleiderhaken für die Regenkleidung. Nach einiger Zeit räumen die Eltern die Kleider des Jungen weg. Ganz bewusst montieren sie den Kleiderhaken ihres Sohnes nicht ab, sondern lassen ihn ohne Kleider. Die Leerstelle macht ihnen bewusst, dass ihr Sohn nicht mehr kommen wird, um hier seine Kleider aufzuhängen. Zugleich erinnert gerade diese Leerstelle sie immer wieder an ihn und macht ihn präsent.

Die Realisierungs- und Beziehungsarbeit sind also die zwei zentralen Aufgaben und zugleich die zwei Prozessebenen, auf denen sich der Trauerprozess entwickelt. Die verschiedenen Abschnitte der Realisierungs- und der Beziehungsarbeit finden sich in Abbildung 1. Die einzelnen Aufgabenschritte und die dazugehörigen Interventionen werden in den folgenden Kapiteln beschrieben.

Es sei betont, dass das Fortschreiten in der Realisierungs- und Beziehungsarbeit nicht als Phasenmodell zu verstehen ist. Vielmehr sind die Realisierungs- und die Beziehungsarbeit als Traueraufgaben (vgl. Worden 2009) zu verstehen, die der Verlust den Trauernden stellt. Man sollte die Realisierungs- und Beziehungsarbeit auch nicht als Phasen beschreiben, weil es spiralförmige, immer wieder selbstbezügliche und dynamische, chaotische Prozessschritte gibt, sowohl innerhalb der Realisierungs- und Beziehungsarbeit wie auch in der Interaktion dieser beiden Prozessebenen.

Bei der Realisierungsarbeit gehen Trauernde häufig von einer zunächst erreichten Einsicht in die Realität des Verlustes wieder in ein Bezweifeln dieser Realität. Oft bricht die Leereerfahrung auch dann wieder auf, wenn Trauernde schon ganz gut gelernt haben, ohne den geliebten Menschen zu leben. Diese Bewegungen sind ganz normal und sollten einfühlsam begleitet werden. Wichtig für den Prozessverlauf ist, dass eine Bewegung im Trauerprozess bleibt. Bei genauerem Hinsehen wird durch »Rückwärtsbewegungen« oder sogenannte Rückfälle meist eine andere, den Prozess weiterführende Ebene erreicht. So ist das Leeregefühl beim erneuten Erleben vielleicht nicht mehr so massiv und intensiv, vielleicht können Trauernde die Zeit des Leeregefühls abkürzen oder die Leere bewusst gestalten. Diese feinen Unterschiede gilt es den Trauernden in der Trauerbegleitung bewusst zu machen. Insofern gibt es in der Trauerbegleitung keine Rückschritte oder Rückfälle (Schmidt 2005, S. 119) in frühere Trauerzeiten, sondern nur ein Zurückgehen zu demselben Thema auf einem neuen und anderen Niveau. Zudem zeigen solche »Rückfälle« an, dass die Trauernden an diesen Themen noch einmal etwas neu klären müssen. Diese Prozesse sind also in der Regel keine Kreisbewegungen, die immer wieder zum gleichen Ausgangspunkt zurückführen, sondern Spiralbewegungen, die sich allmählich von der massiven Anfangstrauer wegbewegen.

Auch im Prozess der Beziehungsarbeit gibt es immer wieder Sprünge, die scheinbar an den Ausgangspunkt des Verlustes zurückzuführen scheinen. So erleben Trauernde wieder, dass die innere Beziehung massiv gefährdet ist oder dass sie sich wieder an äußeren Näheerfahrungen orientieren müssen. Diese »Rückfälle« sind ebenfalls Hinweise darauf, dass die Beziehung zum geliebten Menschen noch einmal auf eine andere Weise gefunden oder dass sie mit anderen Bildern und Symbolen ausgedrückt werden muss. Also auch hier zeigen sich Spiralbewegungen, die in sich die Tendenz tragen, in der die Beziehung zum geliebten Menschen zunehmend sicher und freier wird.

Auch wenn die Realisierungs- und Beziehungsarbeit und die Interaktion zwischen diesen beiden Prozessen eine Tendenz zu einer adaptiven Lösung in sich tragen, darf nicht übersehen werden, dass diese Prozesse auch scheitern und dann in einem komplizierten, chronischen Trauerverlauf zum Stillstand kommen können.

Trauerarbeit ist ein Entwicklungsprozess zwischen

- äußerer und innerer Realität
- Trauergefühlen und Beziehungsgefühlen
- äußerer Abwesenheit und innerer Beziehung

Verlust eines geliebten Menschen

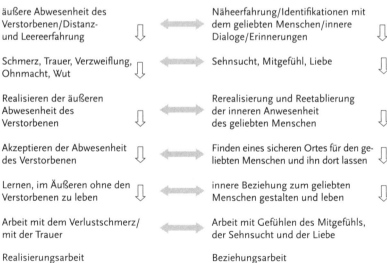

Realisierungsarbeit	Beziehungsarbeit
äußere Abwesenheit des Verstorbenen/Distanz- und Leereerfahrung	Näheerfahrung/Identifikationen mit dem geliebten Menschen/innere Dialoge/Erinnerungen
Schmerz, Trauer, Verzweiflung, Ohnmacht, Wut	Sehnsucht, Mitgefühl, Liebe
Realisieren der äußeren Abwesenheit des Verstorbenen	Rerealisierung und Reetablierung der inneren Anwesenheit des geliebten Menschen
Akzeptieren der Abwesenheit des Verstorbenen	Finden eines sicheren Ortes für den geliebten Menschen und ihn dort lassen
Lernen, im Äußeren ohne den Verstorbenen zu leben	innere Beziehung zum geliebten Menschen gestalten und leben
Arbeit mit dem Verlustschmerz/ mit der Trauer	Arbeit mit Gefühlen des Mitgefühls, der Sehnsucht und der Liebe

Abb. 1: Realisierungs- und Beziehungsarbeit

Die Realisierungsarbeit als Arbeit mit dem Verlust- und Trauerschmerz wird in Kapitel 6 und 10, die Beziehungsarbeit als Arbeit mit den Beziehungsgefühlen und Beziehungsressourcen in Kapitel 7, 8 und 9 genauer dargestellt.

4.2.3 Der Prozess des Schwingens zwischen den Polen der äußeren und inneren Realität

Die Trauerbegleitung unterstützt also die Prozesse auf der Realisierungsebene und auf der Beziehungsebene, die sich als verschränkte und aufeinander bezogene Pole gegenüberstehen. Trauerbegleitung utilisiert die diesen beiden Polen inhärenten Entwicklungstendenzen. Entscheidend für eine entwicklungsfördernde Dynamik des Trauerprozesses ist es aber, dass die beide Pole miteinander in intensiver Kommunikation sind. Die Verschränkung von äußerer Abwesenheit und innerer Anwesenheit legt das den Trauernden auch spontan nahe: Wird der geliebte Mensch im Äußeren als abwesend erlebt, ruft diese Erfahrung eine innere Anwesenheit hervor; wird der geliebte Mensch im Inneren als anwesend erfahren, wird deutlich, dass dieser im Äußeren abwesend ist und bleibt.

Man könnte das Schwingen zwischen der Realisierungs- und Beziehungsarbeit in Anlehnung an ein wichtiges Trauermodell von Stroebe und Schut (1999) als duales Prozessmodell beschreiben. Bei Stroebe und Schut oszilliert der Trauerprozess zwischen einer Verlustorientierung und einer Rekonstruktionsorientierung. Bei Ersterer setzen sich Trauernde mit dem Verlust, bei Letzterer mit einer Neukonstruktion ihres Lebens auseinander.

In meinem Ansatz oszilliert der Prozess zwischen der Realisierungs- und der Beziehungsebene. Beides ermöglicht dann im Ergebnis eine Neukonstruktion des Lebens, in dem der Verlust und eine innere weiter gehende Beziehung so integriert sind, dass das Leben nach dem Verlust für die Trauernden wieder ein lebenswertes Leben wird, in dem dann auch wieder eigenes Wohlbefinden und Glück erfahren werden können.

Die Unterstützung des Oszillierens zwischen der Realisierungs- und der Beziehungsarbeit wird in der Trauerbegleitung durch das Schwingen zwischen Pacing und Leading unterstutzt. Dieser Prozess des Schwingens sieht in der Trauerbegleitung wie folgt aus:

- Aufgreifen, empathisches Verbalisieren und Akzeptieren des eingebrachten Pols, zum Beispiel die Erfahrung der schmerzlichen Leere.

- Klärung dessen, was auf dem eingebrachten Pol jetzt zu klären ist, zum Beispiel wie die Leere bewusst zugelassen und ausgehalten werden kann.
- Einladung, zu dem entgegengesetzten Pol zu gehen. Häufig genügt ein Impuls, auch die andere Seite zu spüren, wie zum Beispiel, dass es trotz der Leere auch Näheerfahrungen mit dem geliebten Menschen gibt. Manchmal bedarf es dazu auch einer konkreten Anregung wie zum Beispiel der Hausaufgabe, die Erinnerungsfotos zu ordnen.
- Einladung, noch einmal zum vorigen Pol zurückzugehen, um zu spüren, ob sich dort jetzt etwas verändert hat.
- Explizit die beiden Pole in Beziehung zu setzen, zum Beispiel dass beides, Leere und Näheerfahrung, in Ordnung ist und beides zu Trauer gehört.

Beachte!
Letztlich bestimmen die Trauernden und ihr Unbewusstes, welche Arbeit – die Realisierungs- oder Beziehungsarbeit – jeweils sinnvoll ist. Haben die Trauerbegleiter allerdings den Eindruck, dass sich Trauernde einseitig oder blockierend auf einen Pol festlegen, sollte dies einfühlsam, aber eindeutig zurückgemeldet werden. Dann können die Bedeutung und der gute Sinn, aber auch der psychische Preis für eine mögliche Einseitigkeit besprochen werden, und anschließend kann zu einem Schwingen zum anderen Pol eingeladen werden.

Bleibt der Trauerprozess beim beschriebenen Oszillieren, dann finden Trauernde die für sie stimmige Form der Realisierung des Verlustes und eine für sie passende Form der inneren Beziehung zum Verstorbenen. Das Oszillieren zwischen Realisierung der äußeren Abwesenheit des Verstorbenen und der inneren Beziehung zum Verstorbenen ist Zeichen eines konstruktiven Selbstorganisationsprozesses angesichts eines schwer belastenden Ereignisses im Leben der Betroffenen.

4.2.4 Das Unbewusste als Prozessbegleiter und -gestalter zwischen Realisierungs- und Beziehungsarbeit

Zum hypnosystemischen Ansatz der Trauerbegleitung gehört es zentral, dass das Unbewusste der wesentliche Begleiter und Gestalter im Trauerprozess darstellt (vgl. Abschn. 3.3.2 und 3.3.3). In der Trauerarbeit sind darüber hinaus weitere wichtige Prozessbegleiter die Trauer selbst, die Beziehungsgefühle für den Verstorbenen und der Verstorbene selbst.

Für den Prozess des Oszillierens sollten immer wieder das Unbewusste und die anderen internalen Prozessbegleiter herangezogen werden. Häufig ist anfangs die Trauer zu massiv und mächtig, als dass sie für Trauernde eine gute und hilfreiche Prozessbegleiterin sein könnte. Dann bieten sich neben dem Unbewussten immer auch die Liebe zum Verstorbenen oder der geliebte Mensch beziehungsweise die inneren Repräsentanzen von ihm als TrauerbegleiterIn an.

Im zweiten oder spätestens dritten Gespräch geschieht das folgendermaßen:

- Einführen der internalen Prozessbegleiter: »Aus Erfahrung wissen wir, dass im Trauerprozess Ihr Unbewusstes/Ihre Trauer/ Ihre Liebe/Ihr Verstorbener immer wieder am besten wissen, was jetzt nötig ist und für Sie hilfreich sein könnte.«
- Internale Aufnahme des Kontakts zum Prozessbegleiter: »Ich möchte Sie bitten, nach innen zu gehen und jetzt Ihr Unbewusstes/Ihre Trauer/Ihren geliebten Menschen als inneren Helfer zu spüren.« Dies kann natürlich auch über eine formale Tranceinduktion erfolgen.
- Imagination des internalen Prozessbegleiters: »Vielleicht haben Sie jetzt ein Bild von Ihrer Trauer oder Ihrem geliebten Menschen, wenn er Sie jetzt unterstützen will.« Die Imagination ist nicht unbedingt erforderlich, meist genügt ein internales Signal vom inneren Prozessbegleiter, damit Trauernde ihn als präsent erleben können.
- Erfragen der Bereitschaft zu Mitarbeit und Unterstützung: »Fragen Sie jetzt Ihr Unbewusstes/Ihre Trauer/Ihren geliebten Menschen, ob es/sie/er Sie jetzt unterstützen möchte, und achten Sie auf ein zustimmendes oder ein momentan verneinendes Signal.«

Aus meiner Erfahrung gibt es fast immer ein Ja-Signal. Sollte es ausbleiben, kann man statt des Unbewussten oder der Trauer die Liebe oder den Verstorbenen selbst um Mithilfe bitten. Sollte überhaupt kein Signal erfolgen, wird Trauernden erklärt, dass meist später und auf überraschende Weise dieses Unterstützungssignal kommen wird.

- Vorlegen der konkreten Fragestellung: »Nachdem Ihr Unbe-wusstes/Ihre Trauer/Ihr geliebter Mensch seine/ihre/seine Hilfe zugesagt hat, fragen Sie es/sie/ihn, was jetzt mehr dran ist, die Arbeit mit dem Schmerz oder mit der Liebe zu Ihrem geliebten Menschen, und achten Sie auf die Antworten.«
- Auswertung und Utilisierung der Antworten: »Wenn ich Ihr Unbewusstes/Ihre Trauer/Ihren geliebten Menschen recht verstanden habe, rät es/sie/er Ihnen, sich zunächst mit Ihrer inneren Beziehung zu Ihrem geliebten Menschen zu beschäf-tigen.«
- Dank an den internalen Prozessbegleiter: »Ich möchte Sie bit-ten, dass Sie sich bei Ihrem Unbewussten/Ihrer Trauer/Ihrem geliebten Menschen für die Antwort bedanken.«
- Verankerung der internalen Prozessbegleiter: »Spüren Sie noch einmal Ihr Unbewusstes/Ihre Trauer/Ihren geliebten Men-schen als für Ihre Trauerarbeit wichtigen Helfer, damit es/sie/er auch im und für den weiteren Verlauf unsrer Trauerbegleitung zugänglich und hilfreich sein kann.«

Mit der Einführung und der Installation der internalen Trauerbeglei-ter ist nun die Voraussetzung für eine gelingende hypnosystemische Trauerbegleitung gelegt. Die internalen Trauerbegleiter können jetzt als zentrale Prozessgestalter in der Realisierungs- und Beziehungs-arbeit und im Oszillieren zwischen diesen beiden Ebenen utilisiert werden.

5. Trauerarbeit als Stabilisierungs- und Ressourcenarbeit

Fallvignette

Eine Familie mit vier Kindern verliert ihre sechsjährige Tochter bei einem Bergunfall. Die Mutter erlebt eine intensive Sehnsucht nach ihrer Tochter. Immer wieder will sie ihrer Tochter nachsterben und denkt an Suizid. Neben Phasen der Erstarrung gibt es Phasen der Verzweiflung, die ihre Suizidalität verstärken. Ihr Mann, der sich sprachunfähig in einem Schock befindet, kann weder seine Sorge um seine Frau aussprechen noch mit ihr die Emotionen teilen.

5.1 Stabilisierung in der Trauerbegleitung

In der Traumatherapie ist die Stabilisierungsphase ein wesentlicher Teil der psychotherapeutischen Arbeit. Dort werden eine Ich-Stärkung und Ich-Stabilisierung über die Aktivierung der Ressourcen der Klienten angestrebt mit dem Ziel, diese zunächst gegen eine Retraumatisierung zu schützen. Erst danach werden eine bewusste Auseinandersetzung mit dem Trauma und schließlich seine Integration möglich.

Bei schweren Verlusten wissen die Betroffenen häufig nicht, ob sie ohne den geliebten Menschen weiterleben können und wollen. Nach einem schweren Verlust sind Trauernde tief in ihrer Identität, ihrem Selbstverständnis und Urvertrauen erschüttert. Es geht für sie um die Frage, ob und wie sie am Leben bleiben wollen angesichts einer Vernichtungserfahrung im eigenen psychischen Erleben. Der Verlust einer wesentlichen Bindung und Bindungsfigur destabilisiert viele Trauernde bis in den Kern ihrer Persönlichkeit. Die spezifischen Anfangsgefühle, die die Notwendigkeit einer Stabilisierung in der Trauerbegleitung anzeigen, sind Gefühle der Verzweiflung, der Sinnlosigkeit und einer absoluten Leere.

In der bisher gängigen Praxis der Trauerbegleitung wurde zu rasch sehr direkt mit den Trauergefühlen gearbeitet, ohne dass genau abgeklärt worden wäre, ob und wie stark die Trauernden durch den Verlust labilisiert sind und ob sie möglicherweise durch ein zu rasches Intensivieren der Trauergefühle weiter destabilisiert werden. Die Interventionen am Beginn der Trauerbegleitung dienen dem *ersten emotionalen Überleben* der Trauernden. Dazu brauchen sie Schutz und Sicherheit, Strukturierung und Unterstützung durch das aktuelle Beziehungsnetz wie Familie, Nachbarschaft und Freunde.

Bei schweren Verlusten muss unbedingt eine Stabilisierungsarbeit erfolgen, mit dem Ziel:

- die erste Zeit nach dem schweren Verlust ohne Dekompensation zu überstehen
- die Erfahrung von Verzweiflung, Sinnlosigkeit und Leere und die damit häufig einhergehende Suizidalität zu begrenzen
- die Erfahrung von Halt, Grounding und erster Struktur zu vermitteln
- den Schock, die Erstarrung und das automatische Funktionieren als Schutzreaktion zu würdigen
- eine erste Regulierung und Strukturierung der aufbrechenden Gefühle, insbesondere des Schmerzes und der Trauer, zu ermöglichen
- die Gefühle der Liebe zum Verstorbenen und Näheerfahrungen als erste Überlebens- und Hoffnungssignale zu utilisieren
- die Alltagsaufgaben und -strukturen wieder zu implementieren oder zu stärken.

Natürlich wollen viele Trauernde ihren Schmerz und ihre Trauer unmittelbar ausdrücken, sind diese Gefühle doch auch Ausdruck ihrer Liebe zum Verstorbenen. Dennoch sollte sofort und parallel zu der spontanen Trauerexpression an der Stabilisierung der Trauernden gearbeitet werden.

Stabilisierung heißt natürlich nicht, die Gefühle der Trauerreaktion zu dämpfen. Es ist vielmehr umgekehrt sinnvoll: Wenn Trauernde stabil sind, können sie auch ihre Gefühle gut ausdrücken und leben. Auch die fast immer vorkommende Überlegung von akut Trauernden, ob es noch Sinn habe weiterzuleben, gilt es zu respektieren. Diese Überlegung wird erlaubend und empathisch aufgenommen und als Ausdruck des unendlich großen Verlustes verstanden.

Den Trauernden sollte vermittelt werden, dass es in den ersten Gesprächen im Sinne einer Stabilisierung darum geht:

- das zu überleben, was eigentlich nicht zu überleben ist: nämlich einen unendlich großen Verlust

- dem standzuhalten, dem eigentlich nicht standzuhalten ist: nämlich dem Tod eines geliebten Menschen
- das auszuhalten, was eigentlich nicht auszuhalten ist: nämlich die dauerhafte Abwesenheit des geliebten Menschen.

Bei aller Belastung und Destabilisierung von Trauernden ist ihre Fähigkeit erstaunlich groß, auch schwerste Verluste zu überleben. Fast alle Trauernden sagen später, dass sie zwar nicht wissen, wie sie den Verlust überlebten, dass sie aber doch immer wieder genau die Kraft und Fähigkeit erhielten, die sie für den nächsten Bewältigungsschritt brauchten. Die Trauer scheint über das Unbewusste immer wieder bisher nicht gekannte Ressourcen zu aktivieren.

> *Beachte!*
> *Gefährdet sind alleinstehende Trauernde, also insbesondere ältere Betroffene ohne familiären Kontext. Der Wunsch, dem verstorbenen Partner nachzusterben, die Hilflosigkeit insbesondere von verwitweten Männern im Lebensalltag und die Isolation sind massive Risikofaktoren für suizidale oder parasuizidale Handlungen.*

5.2 Ressourcenarbeit in der Trauerbegleitung

Die gewohnte Stabilisierungs- und Ressourcenarbeit, in der nach allgemeinen und problemlösespezifischen Fähigkeiten der Klienten gefragt wird, muss für die Trauerbegleitung verändert werden. Die Frage nach allgemeinen Fähigkeiten und Stärken erleben Trauernde als nicht zur Verlustsituation passend. In ihrem Erleben stehen der Tod und der Verlust im Zentrum, denen keine Fähigkeit Abhilfe schaffen kann.

Auch die Frage, wie frühere Verluste oder andere schwere Krisen bewältigt wurden, kann als unangemessen erlebt werden. Für Trauernde ist jeder Verlust einzigartig, sodass eine Übertragung früherer Erfahrungen in die gegenwärtige Trauersituation als Abwertung des aktuellen, einzigartigen Verlustes verstanden werden kann. Die Frage nach dem, was den Betroffenen guttun könnte, wird angesichts des Todes des geliebten Menschen häufig auch als egozentrisch gewertet.

Um die Loyalität der Trauernden zum geliebten Menschen im Blick auf Ressourcen zu utilisieren, sollte man Trauernde fragen, was ihnen der Verstorbene jetzt Gutes zukommen lassen würde, was er ihnen jetzt angesichts der großen Trauer gönnen und was er raten würde, wie der Trauernde jetzt mit sich und der Situation umgehen sollte. Schon in dieser Phase der Stabilisierung wird der Verstorbene als innerer Trauerbegleiter zum Beispiel über zirkuläre Fragen in die Ressourcenarbeit mit einbezogen.

Ressourcenarbeit in der akuten Verlustsituation sollte – immer unter Berücksichtigung der Loyalität zum Verstorbenen! – sich dabei im Wesentlichen auf folgende Aspekte beziehen:

- auf Fähigkeiten, die *jetzt* das Überleben und die Alltagsbewältigung ermöglichen
- auf Fähigkeiten, die helfen, *jetzt* mit dem nur zu berechtigen Schmerz und der unendlichen Trauer umzugehen, sowohl im Zulassen als auch im Begrenzen der Schmerz- und Trauergefühle
- auf Fähigkeiten, die helfen, *jetzt* dem Verstorbenen nahe zu sein, ihn in der Erinnerung zu bewahren und ihm einen guten Platz zu geben.

Die zentrale Ressource in der Trauerarbeit sind die Trauer- und Beziehungsgefühle selbst. Alles, was sich jetzt an Trauer und Schmerz, aber auch an Beziehungsgefühlen zeigt, kann als eine Ressource verstanden werden, die hilft, *jetzt* den Verlust zu *überleben* und *später mit* dem Verlust zu *leben*. Die Ressourcen sind also in den Trauer- und Beziehungsgefühlen der Trauernden schon da und müssen nicht eigens gesucht werden. Und nicht zuletzt sind die Näheerfahrungen mit dem Verstorbenen, die ersten Beziehungsgefühle wie die Liebe zum Verstorbenen und der Wunsch, für den geliebten Menschen weiterzuleben, die stärksten Ressourcen am Beginn des Trauerprozesses.

5.2.1 Interventionen

Systemische Fragen

Die systemischen Fragen dienen der Aktivierung der Überlebensressourcen auf bewusster und unbewusster Ebene unter Berücksichtigung der Loyalität zum Verstorbenen:

- »Was bräuchten Sie denn jetzt, dass Sie die nächsten schlimmen Tage überstehen könnten, auch wenn Sie es sich im Augenblick kaum vorstellen können angesichts der unendlich traurigen Situation? Vielleicht gibt es doch so etwas wie einen unbewussten Lebenswunsch oder auch einen ganz bewussten Lebenswille. Wie könnte der Ihnen zugänglich werden?«
- »Wer von Ihrer Familie, Ihren Angehörigen oder Freunden steht Ihnen jetzt nahe? Was könnten Sie sich von diesen Menschen wünschen? Wie direkt könnten Sie das diesen Menschen sagen? Wer könnte das, was Sie jetzt so sehr brauchen, Ihnen am besten geben?«
- »Ich könnte mir vorstellen, dass Ihr geliebter Mensch Ihnen wünscht, dass nicht auch noch Sie untergehen. Wenn Sie ihn fragen würden, wie Sie überleben können, was würde er dazu sagen oder Ihnen empfehlen?«
- »Ich höre von Trauernden immer wieder, dass sie gerade diese Kraft, die sie jetzt brauchen, erhalten. Welche Kraft bräuchten Sie für den nächsten kleinen Schritt zum Weiterleben? Wie könnte der nächste kleine Schritt aussehen? Wäre es etwas, das Sie eher für sich, für Ihren verstorbenen geliebten Menschen oder einen Ihrer Angehörigen tun wollten?«

5.3 Äußere sichere, haltende Orte

Bei Akuttraumatisierungen wie bei Unfällen oder sogenannten Großschadensereignissen ist die allererste Maßnahme, den Betroffenen eine Distanz zur traumatisierenden Situation, dann Schutz und Sicherheit zu verschaffen und schließlich behutsam menschliche Nähe, insbesondere von vertrauten Menschen anzubieten.

Wenn Angehörige den Tod ihres geliebten Menschen miterleben oder ihnen die Todesnachricht überbracht wird, brauchen sie den Schutz und die Sicherheit, die durch die Nähe anderer vermittelt wird. Zugleich sollte aber auch der rasche Zugang zum Leichnam des Verstorbenen ermöglicht werden. Die Angehörigen wollen gerade im Sterben oder Tod bei ihrem geliebten Menschen sein. Ihn hier alleine zu lassen hieße für viele Trauernde, ihn im Stich zu lassen. Aus meiner Erfahrung wird dies später sehr bedauert und als Verrat, als eigenes Versagen und als Schuld gegenüber dem geliebten Menschen erlebt.

Schutz und Sicherheit braucht es auch im weiteren Verlauf des Trauerprozesses. Deshalb ist es sinnvoll, schon zu Beginn die Trauernden anzuleiten, einen guten, sicheren und haltenden äußeren Ort einzurichten.

Der äußere sichere Ort sollte verschiedene Qualitäten realisieren. Im Vordergrund steht die haltende Qualität. Deshalb wird im Folgenden auch vom haltenden Ort gesprochen. Wichtig dabei ist, dass der äußere haltende Ort immer auch ein Trauerort ist, an dem auch die Trauer gehalten ist, sie gelebt werden kann und zugleich begrenzt ist. Je mehr die folgenden Aspekte durch den haltenden Ort realisiert werden, desto wirksamer ist seine Stabilisierungsfunktion.

Der äußere sichere, haltende Ort ist ein:

- *Ort des Containings und des Halts*
  Ein gut begrenzter Ort gewährt akut Trauernden einen Rahmen und Halt. Dies ist deshalb so wichtig, weil sie sich oft ins Bodenlose gestürzt fühlen. Sie können sich dann auch in ihrer Trauer als begrenzt und gehalten fühlen.

- *Ort des Rückzugs und der Regression*
  An diesen Ort dürfen Trauernde sich zurückziehen, sich verstecken und »vergraben«. Trauernde brauchen an diesem Ort nichts zu tun und nichts zu bewältigen, sie brauchen nicht stark oder gefasst zu sein. Sie dürfen mit ihren Gefühlen einfach nur da sein. Dabei erleben sie sich oft als tieftrauriges Kind, das Trost durch das Gehaltensein am sicheren Ort erlebt.

- *Ort der Abreaktion*
  Hier dürfen die Gefühle des Schmerzes und der Trauer, aber auch der Ohnmacht, der Verzweiflung und der Leere zugelassen werden. Hier dürfen Trauernde schluchzen, weinen, Aus- und Zusammenbrüche erleben, vor Schmerz zittern und schreien. Hier können sie sich ihrem Schmerz und ihrer Trauer hingeben. Trauernde erleben nach Abreaktionen meist eine Erleichterung, nicht nur weil mit den Tränen ein Teil der Trauer abfließt, sondern weil sie sich schon in der zugelassenen Trauer ihrem geliebten Menschen nahefühlen.

- *Ort der Nähe zum Verstorbenen*

Am sicheren Ort sollte die Nähe zum geliebten Menschen erlebbar sein, indem sich dort zum Beispiel ein Bild oder ein anderer Erinnerungsgegenstand befindet.

- *Ort einer ersten Rekreation*

Nach der Abreaktion erleben Trauernde oft eine Erleichterung. Der Halt am sicheren Ort gibt wieder Sicherheit, und durch die bewusst erfahrene Nähe zum Verstorbenen erfahren die Trauernden Trost. Diese Erfahrungen ermöglichen dann den Kontakt zu den eigenen Überlebensressourcen. So wird der sichere Ort zum Ort einer ersten Rekreation.

Auch bei der Arbeit mit dem äußeren haltenden Ort gilt es, die Loyalität zum Verstorbenen zu berücksichtigen. Die Trauernden werden ermutigt, ihren geliebten Menschen an ihren sicheren Ort innerlich mitzunehmen, an ihn zu denken oder dort mit ihm zu reden.

Für viele Trauernde sind die Nähe, die Verbundenheit und das Gespräch mit der Familie und mit anderen nahen Menschen ein wesentlicher sozialer haltender Ort. Hier werden bisher stabile Bindungserfahrungen aktualisiert und gelebt. Dies ist für Trauernde angesichts der Bedrohung der zentralen Bindung besonders wichtig.

Schließlich gilt es zu beachten, dass ein äußerer sicherer Ort für den Verstorbenen (vgl. dazu Kap. 8) zugleich auch für die Trauernden ein sicherer Ort sein oder werden kann. So ist für viele das Grab oder das Zimmer des Verstorbenen ein Ort, an dem sie sich nicht nur dem Verstorbenen nahefühlen, sondern bei aller Trauer sich dort auch geborgen und geschützt fühlen.

5.3.1 Interventionen

Systemische Fragen

Über systemische Fragen werden zunächst bisherige stabile Bindungserfahrungen reaktualisiert. Zugleich wird in der Antwortsuche ein äußerer sicherer Ort imaginiert, der dann konkret eingerichtet werden kann:

- »Bei wem von Ihrer Familie oder Freunden fühlen Sie sich mit Ihrer Trauer am besten gehalten? Wodurch fühlen Sie sich gehalten, eher durch gute Worte, durch Gesten, durch eine Umarmung oder durch konkrete Unterstützung?«

- »Wie soll jetzt angesichts Ihres großen Verlustes und großen Schmerzes die Familie am besten zusammenhalten und sich gegenseitig Halt geben?«
- »Wie müsste ein ganz konkreter Ort aussehen, der Sie sozusagen schützend umgibt und an dem Sie sich mit Ihrem Schmerz gehalten fühlen, sodass Sie sich in den nächsten Tagen und Wochen immer wieder sicher fühlen können, bis Sie das auch wieder ohne diesen konkreten Ort können?«
- »An welchem Ort könnten Sie sich mit Ihrem Schmerz zurückziehen, sodass Sie mit sich und Ihrem geliebten Menschen allein sein können und sich vielleicht doch ein ganz winzig kleines Stück getröstet fühlen könnten?«
- »Wie würde Ihr geliebter Mensch für Sie jetzt einen Ort einrichten, an dem Sie allein mit sich und Ihrer Trauer sein könnten? Würde Ihr geliebter Mensch dann an diesem Ort bei Ihnen sein wollen, oder würde er Ihnen eher liebevoll von außen Schutz geben wollen?«

Hausaufgaben

Mit den Trauernden wird besprochen, wie sie in ihrer Wohnung oder in ihrem Haus konkret einen haltenden Rückzugsort einrichten können. Manchmal genügt es schon, dass Trauernde wieder einen bestimmten Sessel für sich entdecken, in den sie sich zurückziehen können; andere Trauernde richten sich in einem Zimmer eine »Trauerecke« ein.

In einem zweiten Schritt wird den Trauernden empfohlen, sich immer wieder sehr bewusst an diesem Ort aufzuhalten und sich dort für sich, die Trauer und den Verstorbenen Zeit zu nehmen. Manche Trauernde machen ein Foto von ihrem haltenden Ort und bringen es zum nächsten Gespräch mit.

5.4 Innerer sicherer, haltender Ort

Der sichere, schützende Ort gehört zum Standardrepertoire der Traumatherapie in der Stabilisierungsphase (Reddemann 2001, S. 42 f.; Reddemann 2004, S. 109 f.). Nach Einrichtung dieses Ortes über die Erwachsenenfunktionen des Ichs können die traumatisierten Ich-

Anteile an diesem Ort in Sicherheit gebracht werden. An diesem Ort sind die traumatisierten Ich-Anteile vor einer möglichen erneuten Traumatisierung geschützt. Dies ermöglicht den traumatisierten Klienten eine innere Stabilisierung, eine Stärkung der Ich-Fähigkeiten und eine allererste, allmählich zunehmende Distanzierung von der traumatisierenden Situation.

Auch Trauernde profitieren sehr von einem inneren sicheren und haltenden Ort. Sie können sich dort imaginativ mit ihrem trauernden Ich – und mit Ihrem geliebten Menschen! – in einem inneren bergenden und damit tröstlichen Raum aufhalten. Sie erleben darüber auch in sich Halt und zugleich die Fähigkeit, sich selbst Halt zu geben.

Beachte!
Trauernde kommen in einen Loyalitätskonflikt, wenn sie »nur« für sich einen sicheren Ort suchen. Für Trauernde ist es zentral, dass auch der Verstorbene seinen sicheren Ort erhält (vgl. ausführlich dazu Kap. 8). Oft wollen Trauernde ihren geliebten Mensch an den inneren sicheren Ort mitnehmen. Ohne den geliebten Menschen würden sie sich nicht nur von ihm abgeschnitten fühlen, sondern würden sich auch als illoyal und »egoistisch« erleben.

Bei der Implementierung eines inneren haltenden Ortes sollte auf die für den äußeren sicheren Ort beschriebenen Qualitäten geachtet werden.

5.4.1 Interventionen

Imagination

Vorbemerkung zu den Imaginationen dieses Buches
Die hier vorgeschlagenen Trancearbeiten werden für die Trauerbegleitung als »Imagination« bezeichnet, weil dieser Begriff offener und auch für Nichthypnotherapeuten bekannter und zugänglicher ist als der Begriff der »Trance« oder »Hypnose«.

Dementsprechend wird bei den Imaginationen auch keine der hypnotherapeutisch üblichen Induktionen, sondern nur eine unspezifische Entspannungsanleitung vorgeschlagen. Selbstverständlich können Hypnotherapeuten die für sie geläufige Induktion benutzen (vielfältige Anregungen im *Manual* für die Hypnotherapie, Revenstorf u. Peter 2009).

Aus denselben Gründen wird bei den Imaginationen nicht mit ideomotorischen Signalen gearbeitet. Für Hypnotherapeuten bietet sich dies natürlich ebenfalls an.

Die hier vorgeschlagenen Imaginationen sind als Anregungen zu verstehen und müssen selbstverständlich für die einzelnen Trauernden und ihre besondere Verlustsituation angepasst werden. Im Sinne des Pacings und des Utilisierens ist es am besten, wenn eine Imagination in einem Vorgespräch aus dem Dialog mit den Trauernden heraus entwickelt wird.

Wie alle in diesem Buch vorgestellten Imaginationen sollte auch die Imagination eines haltenden Ortes von der besonderen Situation der Betroffenen ausgehen. Im einleitenden Gespräch können vorab die für die Trauernden wichtigen Aspekte eines haltenden Ortes besprochen werden, die dann ganz individuell in die Imagination eingefügt werden.

Ein haltender innerer Trauerort

»Wie besprochen, möchte ich Sie einladen, auf die Suche nach einem inneren haltenden Ort zu gehen, an dem Sie mit Ihrer Trauer und – wenn Sie möchten – mit Ihrem geliebten Mensch sicher gehalten sind.

Ich bitte Sie, dazu zu sich zu kommen und nach innen zu gehen. Ihr Atem oder Ihr Herzschlag kann Sie dabei unterstützen. Wenn Sie gut bei sich sind, können Sie Ihr Unbewusstes oder Ihren geliebten Menschen um Unterstützung bei der Suche nach diesem haltenden Ort bitten. Vermutlich weiß Ihr Unbewusstes bzw. Ihr geliebter Mensch sehr gut, wie dieser Ort für Sie aussehen kann. [Pause.]

Dieser Ort kann in einer Landschaft, am Meer, im Gebirge oder woanders liegen. Dieser Ort kann aber auch ein ruhiges Zimmer, ein Haus oder eine Kirche für Sie sein. Dieser Ort kann aber auch jetzt ganz neu als inneres Bild in Ihnen entstehen. Welcher Ort auch immer in Ihnen auftaucht, prüfen Sie, ob es der für Sie und Ihren geliebten Menschen richtige Ort ist. Wenn Sie unsicher sind, dann befragen Sie noch einmal Ihren geliebten Menschen oder Ihr Unbewusstes. [Pause.]

Dann lassen Sie sich dort an diesem haltenden Ort nieder, schauen sich genau um, hören und riechen und fühlen, wie sicher und haltend sich dieser Ort jetzt für Sie anfühlt, und spüren Sie vielleicht eine lindernde Wärme oder einen lindernden, kühlen

Luftzug. Nehmen Sie an diesem haltenden Ort alles wahr, was für Sie wichtig ist, auch Ihre Schmerz- und Trauergefühle, natürlich – wenn Sie möchten – auch Ihren geliebten Menschen, von dem Sie wissen, dass er – wo immer Sie sind – gut in Ihnen aufgehoben ist. Jetzt spüren Sie, wie Sie an diesem Ort gut stehen oder sitzen. Spüren Sie Ihr Gewicht und wie Sie dort gehalten sind. Lassen Sie das Gefühl des Gehaltenseins sich ganz in Ihrem Körper dort und hier ausbreiten, stärker werden, und verankern Sie dieses Gefühl, sodass Sie es, wann immer Sie oder Ihr Unbewusstes es wollen, zur Verfügung haben. [Pause.]

Mit diesem sicheren Wissen verlassen Sie allmählich diesen guten, vielleicht auch ein wenig tröstlichen Ort und kommen mit dieser Erfahrung der Geborgenheit und dem sicheren Wissen, dass Sie diesen Ort – wenn Sie möchten, zusammen mit Ihrem geliebten Menschen – immer wieder ganz bewusst und auch unbewusst aufsuchen können.«

Trauernde können angeregt werden, ihren imaginierten haltenden Ort zu malen oder symbolisch zu gestalten.

5.5 Rituale als sichere Struktur im Trauerprozess

Neben den äußeren und inneren haltenden Orten eröffnen Rituale Räume, in denen sich Trauernde als gut gehalten erleben. Rituale schaffen in ihrem Vollzug eine raumzeitliche Struktur, in der Trauernde eingebunden und geschützt sind.

Exkurs

Rituale im Kontext einer Verlusterfahrung

Rituale spielen in einer Verlusterfahrung eine ganz wesentliche stabilisierende und heilsame Rolle. Als ein geformtes, oft traditional vorgegebenes und sich regelhaft wiederholendes Set von Verhaltenssequenzen gibt das Ritual Trauernden in der emotional chaotischen und destabilisierten Situation Struktur und Halt. Durch die Teilnahme am Ritual sind die Trauernden in einen größeren Handlungsvollzug eingebunden. Dabei gibt es offene und implizite Handlungsanweisungen, wie man sich zum Beispiel in einer Trauersituation oder dem Verstorbenen gegenüber verhalten soll. In den verschiedensten Trauerritualen, zum Beispiel der Bestattung, können die Trauergefühle in einer vorgegebenen Form kontrolliert ausgedrückt und gezeigt werden. Zugleich werden die Gefühle im Vollzug des Rituals in Handlungen umgesetzt und damit in einen entwicklungsfördernden Prozess gebracht. Rituale konstituieren Symbole und symbolische Orte wie das Grab, die dann für nachfolgende Handlungsvollzüge Teil eines neuen Rituals wie zum Beispiel des Grabbesuches werden.

Trauerrituale sind ganz wesentlich auch als Übergangsrituale zu verstehen, die einen biografischen Bruch lebbar werden lassen. Sie ermöglichen die Transformation des toten Angehörigen in einen Verstorbenen, mit dem zum Beispiel am Grab auf neue Weise umgegangen wird. Aber auch die Transformation der Trauernden in ihren neuen sozialen und psychisch erlebbaren Status – zum Beispiel als Witwe oder verwaiste Eltern – ist Ergebnis eines Ritus.

Schließlich ordnen Rituale Ereignisse wie den Tod eines Angehörigen in den größeren Kontext einer Gemeinschaft und die Lebenserzählung des einzelnen Hinterbliebenen ein. Durch das Ritual wird sozial geteilte und in Aktion erlebte Bedeutung geschaffen, die die Einzelnen dann in ihrer Sinnfindung für das Leben nach dem Verlust unterstützen.

Hypnosystemisch lassen sich hilfreiche Rituale verstehen als internal erlebte und zugleich kommunikativ realisierte Handlungen und Tranceeinladungen, die ein neues, lösungsorientiertes System für die Trauernden und ihre Umwelt konstituieren.

In der Trauerbegleitung sollte die Arbeit an und mit Ritualen eine wichtige Rolle spielen (vgl. mit praktischen Beispielen zum Beispiel Pauls, Sanneck u. Wiese 2007; Daiker u. Seeberger 2007). Da sich heute, insbesondere im städtischen Bereich, traditionale Rituale auflösen oder für viele fremd werden, geht es oft darum, dass Trauernde und ihre Angehörigen neue, eigene Rituale entwickeln. Zwar entsteht durch die Auflösung traditioneller Rituale oft eine Unsicherheit, zugleich liegt darin auch die Chance, dass Betroffene Rituale für sich finden, die aus ihrer Situation und ihren eigenen Bedürfnissen entwickelt sind und in denen sie sich auch deshalb sicher fühlen.

Allerdings – so meine Erfahrung – brauchen Trauernde für die Entwicklung eigener Rituale häufig den Impuls und die Ermutigung von außen und schließlich auch konkrete Anregungen.

Für die Trauerbegleitung sind folgende Rituale wichtig:

- Alltagsrituale, die in kleinsten Handlungsabläufen im Alltag vollzogen werden. Diese Rituale sind für die Stabilisierung sehr wichtig und greifen auf bisherige alltägliche Handlungsvollzüge zurück; ein Beispiel wäre, dass eine Witwe ganz bewusst anstelle ihres Mannes die Zeitung aus dem Briefkasten holt.
- Persönliche Rituale, die in Reaktion auf den Verlust neu entwickelt werden; ein Beispiel wäre, dass die verwaiste Mutter jeden Abend eine Kerze für ihre Tochter anzündet und dabei deren Bild anschaut.
- Familiäre Rituale, die in der Familie schon vorzufinden sind oder nach dem Verlust neu entwickelt werden; ein Beispiel wäre, dass sich die Familie am Todestag des Vaters trifft oder an Weihnachten gemeinsam das Grab des verstorbenen Sohnes besucht und dort Kerzen anzündet.
- Soziale und gemeinschaftliche Rituale, die sich in einer individualisierten Gesellschaft vielfach aufgelöst haben. Noch ist die Bestattung vielerorts ein gemeinschaftliches Abschiedsritual, das im kommunalen oder kirchlichen Kontext von einer Trauergemeinschaft vollzogen wird. Neue gemeinschaftliche Rituale werden in Trauergruppen oder Gruppen von verwaisten Eltern entwickelt; ein Beispiel wäre, dass bei jedem Gruppentreffen das Bild des verstorbenen Kindes mit Nennung seines Namens in die Mitte gestellt wird.

Die Rituale in der Trauerbegleitung sind ebenfalls zwischen den Polen der Realisierungsarbeit und der Beziehungsarbeit angesiedelt. Die Bestattung zum Beispiel betont als ausdrückliches Abschiedsritual die Realität des Verlustes, zugleich ermöglicht sie über die Erinnerung an den Verstorbenen in der Trauerrede auch eine Kontinuität der Beziehung zum Verstorbenen. Das persönliche Ritual einer jungen Frau, ihrem verstorbenen Partner aus jedem Urlaub einen selbst gesuchten und ausgewählten Stein mitzubringen, stärkt die innere Beziehung zum ihm, macht aber zugleich deutlich, dass der Verstorbene hier begraben ist und real abwesend bleiben wird.

Welche Möglichkeiten der Ritualfindung und Ritualgestaltung es gibt, wird in den jeweiligen Kapiteln aufgezeigt.

6. Trauerarbeit als schmerzliche Realisierungsarbeit

Fallvignette

Eine 21-Jährige wird von einem schweren Lkw überfahren. Das Gesicht bleibt unversehrt, nur am Hinterkopf sind einige Schürfwunden zu sehen. Der Brustkorb und der Bauchbereich dagegen werden massiv verletzt.

Die Mutter der 21-Jährigen ist Krankenschwester. Sie besteht gegen den gut gemeinten Rat von fast allen Außenstehenden darauf, den Leichnam ihrer Tochter zu waschen und für die Bestattung anzuziehen. Ihr Mann ist nach einem ersten Zögern bereit, sie dabei zu unterstützen. Beide fühlen sich dabei ihrer Tochter sehr nahe, zugleich realisieren sie, dass ihre Tochter tatsächlich verstorben ist. Die Mutter sagt:»Ich musste mit eigenen Augen sehen, dass dieser Körper nicht mehr leben konnte.«

6.1 Realisierungsarbeit als schmerzlicher und notwendiger Teil der Trauerarbeit

Die Realisierungsarbeit ist neben der Beziehungsarbeit die zentrale Traueraufgabe in der Trauerarbeit, die den Trauernden durch den Verlust gestellt ist. Sie vollzieht sich immer im Schwingen zwischen den Polen der Realisierung des Todes und der Abwesenheit des geliebten Menschen und der inneren Beziehung zu ihm.

Es kann in der Trauerbegleitung gegenüber den Trauernden nicht genug betont werden:

- dass dieser Teil der Trauerarbeit eine durch den Tod des geliebten Menschen erzwungene Aufgabe ist
- dass die Realisierungsarbeit schmerzlich, aber unausweichlich ist, weil die Realität des Todes und der Abwesenheit des geliebten Menschen eine äußere Realität ist
- dass – hypnosystemisch verstanden – auch die Realisierungsarbeit in der Beziehung zum geliebten Menschen geschieht
- dass deshalb mit der Realisierungsarbeit zugleich die Beziehungsarbeit einsetzt, die das Ziel hat, eine innere Beziehung zum geliebten Menschen zu finden.

In der Trauerforschung besteht Konsens darüber, dass die Realisierung des Todes des geliebten Menschen, seiner Abwesenheit und seines Nicht-mehr-Kommens ein wesentlicher Bestandteil der Bewältigung eines Verlustes darstellt (Archer 2008). Offen bleibt allerdings die Frage, wie eindeutig und klar diese Realisierung sein muss. Nicht wenige Trauernde bleiben in einer teilweisen Vermeidung dieser Realisierung und bei einer – mehr oder weniger starken – Verleugnung. Dies trägt das Risiko in sich, dass es zu komplizierten, manchmal auch destruktiven Trauerverläufen kommen kann. Über klinische Erfahrungen hinaus gibt es dafür jedoch keine empirisch erhobenen Befunde. Manche Hinterbliebenen scheinen mit einer partiellen Ausblendung des Verlustes und damit auch der Trauer selbst nicht schlecht zu leben (ebd.; Bonanno et al. 2008).

So bleibt es in der Verantwortung der Trauernden selbst, wie weitgehend sie sich auf die Realität des Verlustes einlassen wollen. Trauerbegleiter sollten Trauernde immer wieder neu zur Realisierung einladen und ihnen die möglichen Risiken einer Vermeidung erläutern.

Die Realisierungsarbeit beginnt mit der Konfrontation mit dem Sterben und mit dem Tod des Angehörigen. War der Angehörige längere Zeit krank, so beginnt die Konfrontation schon vor seinem Ableben, und die Realisierung des Verlustes verläuft schrittweise schon vor seinem Tod. Jede erneute Diagnose, jede sichtbare Verschlechterung und schließlich die Einwilligung in das Sterben des Angehörigen zeigen den Hinterbliebenen, dass die Realität des Todes und damit des Abschiedes näher kommt. Jeder Teilschritt der Realisierung kann während eines solchen längeren Sterbeprozesses von den zurückbleibenden Angehörigen Stück für Stück zugelassen und integriert werden. Sehr häufig ist in solchen Fällen das Sterben des geliebten Menschen ein letztlich stimmiger Abschluss eines längeren Sterbe- und Abschiedsprozesses. Freilich ist dann die Abwesenheit, die sich auch im Vorab nicht emotional vorwegnehmen lässt, schmerzlich und hinterlässt eine Leere.

Viel schwieriger ist eine Realisierung des Todes und der folgenden Abwesenheit für Hinterbliebene, wenn der Tod des geliebten Menschen völlig unerwartet und plötzlich eingetreten ist, ebenso wenn der Leichnam des Verstorbenen nicht gefunden oder nicht mehr gesehen werden konnte (zu uneindeutigen Verlusten vgl. Boss 2000). In solchen Fällen ist in der Trauerbegleitung die Arbeit an der Realisierung besonders wichtig.

Die Konfrontation des Trauernden mit dem Sterben und Tod löst unwillkürlich die autonomen, neurobiologisch angelegten Trauerreaktionen aus. Die Trauergefühle zeigen auch innerpsychisch den Verlust an und dienen dazu, im innerpsychischen Erleben die äußere Realität der Abwesenheit des geliebten Menschen zu realisieren. In den Trauergefühlen spiegeln sich der Verlust und die Abwesenheit des geliebten Menschen. Sie zwingen die Trauernden sehr schmerzhaft, diese äußere Realität als etwas Gegebenes anzuerkennen und langsam zu akzeptieren.

Die Trauergefühle selbst sind internale und somatische Marker (Damasio 1997, 2002) für den Verlust. Erlebte und gelebte Trauer verhilft also zur allmählichen Realisierung der äußeren Realität, in der der verstorbene geliebte Mensch abwesend ist und auf Dauer fehlen wird. Deshalb müssen Trauernde ihre Trauergefühle realisieren als das, was sie auch sind: nämlich Signale für den Verlust.

Trauerbegleitung lädt also immer wieder ein, die Trauergefühle zu spüren, zu erleben und dieses Erleben mit der Realität des Verlustes zu verknüpfen. Diese Einladung sollte verbunden werden mit dem Hinweis, dass die Trauer nicht nur die Realität des Verlustes widerspiegelt, sondern dass sie immer auch Ausdruck der Liebe zum Verstorbenen ist.

Exkurs

Die Trauerreaktion und das Schmerzzentrum im Gehirn

Trennungs- und Verlusterfahrungen aktivieren das Bindungssystem im limbischen System. Panksepp (1998, S. 256–271) nennt dies das Paniksystem oder auch »Separation-Distress-System«, das im vorderen Cingulum, im dorsomedialen Thalamus und im zentralen periaquäduktalen Grau des Mittelhirns und damit zugleich in der Nähe des Zentrums für körperlichen Schmerz liegt (vgl. dazu auch Grawe 2004, S. 195 ff.; Peichl 2007, S. 28 f.). Psychischer Schmerz, vor allem Verlassensein und Trauer, haben ähnliche neuronalen Pfade wie körperlicher Schmerz. Das Trennungsschmerzsystem hat sich phylogenetisch vermutlich aus dem Schmerzsystem entwickelt (Panksepp 1998; Grawe 2004). Dies erklärt auch, warum Trauernde ihre

Trauer besonders anfangs intensiv als körperlichen Schmerz erleben.

Da bei einem Verlust durch den Tod des geliebten Menschen die Panikreaktionen wie Weinen, Schreien und Notrufe (»distress crys«) zu keinem Erfolg führen, bleibt das Separation-Distress-System über längere Zeit aktiviert. Dabei kommt es in der Hypothalamus-Hypophyse-Nebennierenrinden-Achse über die Erhöhung des CRF (Corticotropin-Releasing-Faktor) und des ACTH (adrenokortikotropes Hormon) zu einem überhöhten Cortisolspiegel bei gleichzeitigem Mangel an Noradrenalin, Serotonin und Dopamin (Panksepp 1998, S. 276), was in eine depressive Entwicklung übergehen kann.

Trauernde erleben diesen Zustand als Trauer, deren affektive Qualität in mancher Hinsicht wiederum dem depressiven Erleben nahe steht. Dies zeigt auch, dass die erste Reaktion des Separation-Distress-Systems über die Trauerreaktion zum depressiven Erleben führen kann und wie wichtig deshalb die Trauerbegleitung ist, damit dieser neurobiologisch naheliegende Prozess nicht in einer klinischen Depression mündet.

Die Beziehungsarbeit in dem hier vorgestellten hypnosystemischen Ansatz lässt das Separation-Distress-System nicht in die Chronifizierung gehen, weil es dem Bindungssystem eine weiter gehende Bindung zum geliebten Menschen auf einer internalen Beziehungsebene anbietet.

6.1.1 Äußere Erfahrungen auf dem Weg zur inneren Realisierung des Todes des geliebten Menschen

Immer wieder werden Trauernde neu von der äußeren Realität zur Realisierung ebendieser Realität aufgefordert. Dieser Prozess verläuft sehr unterschiedlich, auch hier immer wieder mit Sprüngen, die häufig zunächst wie sogenannte Rückfälle aussehen. Folgende wichtige Realitätserfahrungen nach dem Verlust laden die Trauernden zur schmerzlichen und – das kann nicht oft genug gewürdigt werden – erzwungenen Realisierung ein:

- das Miterleben des Sterbens des geliebten Menschen, die Verschlechterungen, erneute negative Diagnosen, oft auch der körperliche Verfall des geliebten Menschen

- das Miterleben des Todes des geliebten Menschen
- die Überbringung der Todesnachricht durch andere wie Ärzte oder Polizei
- der Blick auf den Leichnam des geliebten Menschen und das Berühren des Leichnams, manchmal auch die Notwendigkeit, ihn zu identifizieren
- Berichte von Polizei, Notärzten und Ärzten und anderen Zeugen über den Tod und die Todesumstände und -ursachen
- bürokratische Vorgänge im Umkreis des Todes des Angehörigen wie das Unterschreiben von Formularen und Dokumenten
- die durch die Verwesung einsetzenden Veränderungen des Leichnams
- die Trauerreaktionen der anderen Angehörigen und Mitbetroffenen.

Auch wenn diese Erfahrungen häufig einen Schock, das Gefühl der Betäubung und des Nichtbegreifens auslösen, so beginnt mit diesen konkreten Erfahrungen die Realisierung des Verlustes. Natürlich müssen in der Trauerbegleitung die Trancequalität und die Schutzfunktion der ersten emotionalen Reaktionen beachtet werden.

Hier setzen nun im Kontext der Bestattung die Abschiedsrituale ein (zur Funktion von Ritualen in der Trauerarbeit vgl. Exkurs in Kap. 5), die einerseits die Trauernden durch ihre haltende Struktur schützen, andererseits die Trauernden behutsam an die Realität des Verlustes heranführen. Als Abschiedsrituale im Kontext der Bestattung können folgende Handlungen verstanden und von den Trauernden bewusst gestaltet werden (Daiker u. Seeberger 2007; Pauls et al. 2007):

- das Aussuchen des Sarges, neuerdings auch bei vielen Bestattungsinstituten die Möglichkeit, den Sarg selbst zu bemalen
- das Versorgen, Waschen und Bekleiden des Leichnams
- das Sehen und Berühren des Leichnams im Sarg (viele Bestattungsinstitute und Friedhofsämter ermöglichen Trauernden einen ständigen Zugang zum Leichnam des Verstorbenen)
- das Aussuchen der Blumen, der Kränze und der dazugehörigen Abschiedsworte auf den Kranzbändern
- das Mitgeben von Bildern, Gegenständen oder Briefen
- das Besprechen und Mitgestalten der Bestattungsfeier (auch hier bieten Kirchen und Bestattungsunternehmungen zunehmend mehr Gestaltungsmöglichkeiten an)

- das Verschließen des Sarges, das Wegbringen oder das Versenken des Sarges in das Grab
- das gemeinsame Essen mit Verwandten und Freunden nach der Beerdigung
- die Übergabe und Bestattung der Urne.

Auch spätere Handlungsvollzüge, die als Rituale zu verstehen oder bewusst zu gestalten sind, unterstützen die Trauernden bei der Realisierung der Abwesenheit des Verstorbenen. Nur einige dieser rituellen Realisierungsschritte seien im Folgenden aufgeführt:

- der Gang zum Grab oder zum Ort, an dem der geliebte Mensch verstarb (z. B. die Unfallstelle)
- die Bepflanzung und Pflege des Grabes oder einer anderen Erinnerungsstätte
- das Setzen des Grabsteines (dies ist oft noch einmal ein schmerzlicher Einschnitt im Trauerprozess und zugleich ein wesentlicher Zwischenschritt auf dem Weg zu einer Realisierung, weil der Grabstein als massives Zeichen des Ablebens und der Abwesenheit des geliebten Menschen verstanden wird)
- das Wegräumen und Weggeben der Kleider und anderer Gegenstände des Verstorbenen
- das Ausräumen des Zimmers, des Schreibtisches oder anderer für den Verstorbenen wichtiger Aufbewahrungsorte und Räume, wie zum Beispiel seiner Werkstatt.

Aus hypnosystemischer Sicht sei hier ausdrücklich darauf verwiesen, dass diese Rituale, die ihren Fokus auf der äußeren Verabschiedung des Verstorbenen haben, zugleich auch als Rituale wirken, die eine innere Beziehung anbahnen und ermöglichen. Alle Rituale sind angesiedelt zwischen den Polen der äußeren Abwesenheit und der inneren Anwesenheit des Verstorbenen. Deshalb dienen alle Rituale mehr oder weniger der Realisierung der äußeren Abwesenheit und dem Finden einer nun inneren Anwesenheit des geliebten Menschen.

Die behutsame und immer wieder aufs Neue notwendige Konfrontation mit der Realität der äußeren Abwesenheit des Verstorbenen ist ein Teil der Realisierungsarbeit. Die Arbeit mit den daraus resultierenden Gefühlen des Schmerzes, der Trauer, der Ohnmacht und der Verzweiflung ist wesentlicher Teil der in einer Trauerbegleitung zu leistenden Trauerarbeit. Hypnosystemisch verstanden, sind diese Gefühle zugleich die Ressourcen und die inneren Prozessbegleiter auf dem Weg durch den Trauerprozess.

6.2 Die Arbeit mit dem akuten Verlustschmerz

Bei allen schweren, insbesondere bei sehr plötzlichen und unerwarteten Verlusten stehen am Beginn des Trauerprozesses häufig das Erstarren, das Nichtrealisieren und andere dissoziative Prozesse. Sie gleichen dem neurobiologisch verankerten Totstellreflex in einer lebensbedrohlichen Situation (Peichl 2007, S. 36 f.).

Trauernde spüren aber zugleich, dass unter der emotionalen Lähmung ein massiver Schmerz pulsiert und seinen Weg ins Erleben bahnt. Nach einer längeren Sterbebegleitung kann der bisher zurückgehaltene Schmerz ebenfalls oft erst mit dem Versterben des geliebten Menschen aufbrechen. Für die Trauerbegleitung in der Akutsituation ist es wichtig zu sehen, dass vor der Trauer der Schmerz kommt. In der abendländischen, christlich geprägten Kultur ist der massive, schreiende Schmerz nicht erlaubt. Dies zeigt sich auch heute noch darin, dass vielen Trauernden für die Bestattung Beruhigungsmedikamente verschrieben werden. Dahinter steht sowohl bei den Trauernden als auch bei ihrer Umwelt die Angst vor einem Kontrollverlust und dem Ausbruch von heftigen Emotionen. Der Schmerz wird in unserer Kultur zugunsten einer eher stillen Trauer zurückgedrängt.

Der psychische Verlustschmerz wird von Trauernden auch intensiv körperlich erlebt, zum Beispiel als Muskel- und Knochenschmerzen oder als Herzschmerzen. Alles tut weh, der ganze Körper bis in die Haarspitzen. Der Trauernde beschreibt sich so, als wäre er selbst ganz Schmerz und ganz Trauer.

Trauerarbeit mit dem Anfangsschmerz und der Anfangstrauer hat zwei wesentliche Pole:

- Würdigen des unendlichen Schmerzes und der unendlichen Trauer angesichts eines unendlich schweren Verlustes. In der Trauerbegleitung wird immer wieder neu gewürdigt, dass es für den Trauernden nichts Schlimmeres gibt als das, was ihm durch den Tod des geliebten Menschen zugestoßen ist und zugemutet wird.

- Erlaubnis und Ermutigung, den Schmerz zuzulassen und zu spüren. Dabei wird vermittelt, dass sowohl die Trauerbegleiter als auch die Trauernden selbst den Schmerz und die Anfangstrauer aushalten und produktiv gestalten können. Schwer Trauernde dürfen aber nur dann zum Erleben der Anfangsgefühle eingeladen werden, wenn die sicheren und haltenden Orte fundiert installiert sind und wenn Trauernde zugleich angeleitet werden, ihre zugelassene Trauer auch wieder zu begrenzen.

Die Arbeit mit dem Verlustschmerz in der akuten Trauersituation stellt die Trauerbegleiter vor eine große Herausforderung, weil der Anfangsschmerz oft sehr massiv, nicht selten auch mit einer vorwurfsvoll-aggressiven oder verzweifelt-ohnmächtigen Tönung verbunden ist. Der massive Schmerz und die intensive Anfangstrauer sind einerseits sehr berechtigt, andererseits scheinen diese Gefühle ziellos und ohne sichtbare Funktion zu sein. Deshalb geht es in dieser Phase zentral darum, den Trauernden einen haltenden und strukturierenden Raum für ihre Anfangsgefühle zu geben.

Beachte!
Untröstlichkeit gehört zum Anfangsschmerz. Trauerbegleiter sollten deshalb nicht versuchen, die Trauernden verbal zu trösten, sondern die Untröstlichkeit behutsam an- und aussprechen und erlauben. Trauernde erleben dann immer wieder auf eine paradoxe Weise, dass das Benennen und Aushalten des Untröstlichen tröstlich wirkt. Auch das Bereitstellen der haltenden Struktur in der Trauerbegleitung wirkt implizit tröstend, da wir als Kind in der Regel über das Gehaltenwerden durch Eltern und andere getröstet wurden.

Das Erlauben der Anfangsgefühle zeigt Trauernden implizit, dass ihr Verlust unendlich groß und die erschreckende Massivität ihrer Gefühle nur zu berechtigt ist. Zugleich ist ein strukturiertes Zulassen dieser Gefühle wichtig, damit Trauernde nicht im Schock erstarren und ihre Trauer schon früh blockieren. Andererseits ist das Begrenzen und Beenden auch der scheinbar grenzenlosen und unendlichen Schmerz- und Trauergefühle notwendig, um Trauernde vor einer möglichen emotionalen Überflutung und Destabilisierung durch den

Schmerz zu schützen. Je früher Trauernde selbst lernen, erlaubend und begrenzend mit ihren Gefühlen umzugehen, desto stärker erleben sie ihre eigene Kompetenz. Die zunächst chaotisch und bedrohlich erscheinenden Trauerreaktionen werden so in einen selbst gestalteten und selbst verantworteten Prozess übergeführt.

Exkurs

Das Halten und Containen der Trauergefühle

Trauernde schwanken häufig zwischen dem Wunsch, ihre Gefühle intensiv auszuleben, und dem Zwang, sie zu kontrollieren. Der Impuls dafür kommt häufig aus der Angst vor der schmerzlichen Intensität und der bedrohlichen Massivität der Gefühle. Trauernde befürchten, dass sie ihre Trauer nicht mehr stoppen können oder dass sie sich in ihren Gefühlen verlieren oder auflösen könnten. Häufig kontrollieren sich Trauernde auch aufgrund ihrer anerzogenen oder kulturellen Prägungen. Für die Trauerbegleitung gilt die Grundregel: Die Trauergefühle dürfen nicht intensiviert werden, wenn dies zu einer Destabilisierung führen könnte. Trauergefühle dürfen intensiviert werden, wenn dies die Realisierungs- und Beziehungsarbeit fördert.

Die beste Haltung von Trauerbegleitern ist mit den Begriffen von *Holding* und *Containing* umschrieben. Nach Winnicott (2002) übernehmen Therapeuten mit dem Holding stellvertretend und vorübergehend eine elterlich-haltende Funktion, die für die Klienten eine sichere und schützende Umgebung herstellt. Beim Containing (Bion 1990) nehmen die Therapeuten die für die Klienten unerträglichen Gefühle wohlwollend auf, halten sie in sich, verarbeiten sie und geben sie dann einfühlsam zurück. In der Trauerbegleitung werden die Trauergefühle gehalten und ausgehalten, im empathischen Benennen und Aussprechen und im Begrenzen wird ihnen eine Form und Gestalt gegeben. In diesem Prozess verlieren die Trauergefühle allmähliche ihre schmerzliche Intensität und ihre Bedrohlichkeit. Trauerbegleiter übernehmen zunächst die Aufgabe von Holding und Containing mit dem Ziel, dass die Trauernden diese Fähigkeiten bald selbst ausüben können.

In einem sicheren, haltenden und begrenzenden Rahmen sind Abreaktionen, insbesondere am Beginn des Trauerprozesses, für Trauernde sehr erleichternd und deshalb auch hilfreich. Zunehmend können Trauernde auch ihre Abreaktionen selbst gestalten. Insgesamt ist das Erlernen und Einüben der Funktionen des Holdings und Containings durch die Trauernden ein Teil gelingender Trauerarbeit.

6.2.1 Interventionen

Erfragen der äußeren Realitäten

In der akuten Trauersituation sollten keine systemischen Fragen gestellt werden. Sie werden in ihrer zirkulären Komplexität von Trauernden nicht verstanden oder als nicht angemessen erlebt.

Am Beginn stellen Trauerbegleiter deshalb einfache, sachbezogene Fragen nach den konkreten Umständen des Sterbens und des Todes des geliebten Menschen. Auch Fragen zu den zu erledigenden Aufgaben, wie Behördengängen usw., sind hilfreich dabei, den Trauernden im Konkreten eine sichere Struktur zu vermitteln. Gefühle der Trauernden werden dabei im Sinne des Holdings und Containings aufgegriffen und einfühlsam benannt, aber nicht vertieft.

> *Beachte!*
> *Schon zu Beginn der Trauerbegleitung sollte sehr konkret nach dem geliebten Menschen gefragt werden. Trauernde sollten nicht nur vom Sterben und Tod ihres Angehörigen, sondern auch von ihm selbst, seinem Leben und seiner Person erzählen können. Damit wird das Bindungssystem aktiviert und eine veränderte, innere Beziehung zum Verstorbenen schon früh gebahnt.*

Einladung zur Narration

Trauernde haben in der akuten Trauersituation ein großes Bedürfnis, die Ereignisse des Todes und Sterbens zu erzählen. Dabei geschieht eine erste Rekonstruktion, ein erstes Verstehen und Einordnen in einen biografischen Zusammenhang (vgl. Ansatz von Neimeyer et al. 2008a).

Über einfaches Nachfragen und mit einladenden Impulsen zum Erzählen kann dieser Prozess gefördert werden. Die Trauerbegleiter können die Trauernden dabei unterstützen, dem erzählten Material – wenn das nötig sein sollte – einen zeitliche Reihenfolge und ein erste kausale Struktur zu verleihen.

Beachte!

Wenn es im Kontext des Sterbens und Todes des geliebten Menschen traumatische Erfahrungen für die Trauernden gibt, sollte sich das Erzählen vornehmlich auf Fakten, Vorgänge und konkrete Ursachen beschränken. Keinesfalls darf eine Intensivierung oder ein Nacherleben der traumatischen Erfahrungen angeregt werden. Hier sind die Methoden der Stabilisierungsarbeit aus der Traumatherapie anzuwenden (vgl. Info-Box, S. 141). Dabei ist allerdings unbedingt die Loyalität zum Verstorbenen zu beachten.

Den sicheren Ort in der akuten Verlustsituation nutzen

Gerade in der ersten Phase nach dem Verlust, aber auch später in sehr schmerzlichen Phasen der Realisierungsarbeit ist es wichtig, dass Trauernde regelmäßig ihren sicheren Ort aufsuchen. Auch in der akuten Trauerbegleitung sollte immer wieder in der Imagination an den sicheren Ort gegangen und erst dann die behutsame Konfrontation mit der äußeren Realität fortgesetzt werden. So kann dann zum Beispiel eruiert und gespürt werden, wie sich die Stille und die Leere des Hauses oder der Wohnung für den Trauernden anfühlen.

Beachte!

Bei der behutsamen und doch klaren Konfrontation mit der äußeren Realität gilt es immer wieder ausdrücklich anzuerkennen und zu würdigen, dass dies eine schwere und schmerzliche Arbeit ist. Die meisten Trauernden spüren und wissen, dass diese Arbeit notwendig ist und sie sie nicht nur für sich, sondern auch für den geliebten Menschen tun.

Rituale

In der akuten Trauerbegleitung sollten die Abschiedsrituale besprochen und gemeinsam durchgegangen werden. Manche Trauernden wollen auch Unterstützung beim Gestalten von Ritualen. So kann mit Trauernden überlegt werden, was sie ihrem geliebten Menschen im Sarg mitgeben wollen, wie die Traueranzeige in der Zeitung aussehen könnte oder welche erste Grabbepflanzung für den geliebten Menschen und die Trauernden passen könnte.

6.3 Die Arbeit an und mit den Trauergefühlen

Fallvignette

Eine 50-jährige Frau hat mit ihrem Mann 30 Jahre in einer sehr nahen und intensiven Ehe gelebt, Kinder gab es keine. Der plötzliche Herztod ihres Mannes entzieht ihr buchstäblich jede Lebensgrundlage. Lange will und kann sie den Tod ihres Mannes nicht als Realität sehen. In der Trauerbegleitung kann sie nicht aussprechen, dass ihr Mann gestorben und tot ist. Wenn ich es behutsam und doch klar ausspreche, schaut sie mich entsetzt an und sagt: »Sagen Sie das doch nicht. Ich halte es nicht aus.«

Nach der Beerdigung hat sie die Dankschreiben für die Trauergäste zwar drucken lassen, doch es war ihr nicht möglich, sie abzuschicken. Sie hätte – so ihr eigenes Empfinden – mit jeder verschickten Danksagung noch einmal den Tod ihres Mannes bestätigt und dokumentiert.

Ich verbalisiere die offensichtliche Vermeidung und erlaube sie als verständliche Reaktion angesichts des unendlich großen Verlustes und des Schmerzes. Zugleich frage ich die Trauernde, wie weit ich die Tatsache des Todes ihres Mannes aussprechen darf, sodass sie es gerade noch aushalten kann. Ich versichere ihr, dass sie die gerade noch zu ertragende Trauer hier im Gespräch so zeigen kann, dass nichts Schlimmes geschieht.

Dann vereinbare ich mit ihr, dass sie jeden Tag ein bis zwei Dankschreiben abschickt und dabei liebevoll an ihren Mann denkt. Dabei soll sie die Trauer so weit zulassen, wie es ihr gerade noch möglich ist. Dann soll sie die adressierten Dankschreiben in die Therapie mitbringen und nach der Sitzung in den nahe gelegenen Briefkasten einwerfen.

6.3.1 Trauergefühle differenzieren

Die Trauerreaktion setzt sich aus sehr unterschiedlichen, differenzierten Gefühlsaspekten zusammen. Um Trauernde empathisch zu begleiten und die Trauer stimmig zu utilisieren, ist es nötig, auf die verschiedenen Aspekte der Trauer einzugehen und sie ihnen zugänglich und bewusst werden zu lassen. Die Differenzierung der Trauergefühle ist besonders zu Beginn des Trauerprozesses wichtig. Trauernde lernen dann zunehmend eigenständig, ihre Trauergefühle differenziert wahrzunehmen und in ihren jeweils besonderen Aspekten zu utilisieren.

Das Trauererleben hat folgende Facetten:

- Gefühle des Verlustschmerzes, der somatisch erlebt wird: »Mein Schmerz erfüllt mich, und ich bin ganz Schmerz.«
- Gefühle des Entsetzens und des Erschreckens, oft verbunden mit Gefühlen der Erstarrung: »Was geschehen ist, ist entsetzlich für meinen geliebten Menschen und für mich. Ich bin wie gelähmt.«
- Gefühle des Nichtbegreifens: »Ich kann nicht begreifen, dass es geschehen ist.«
- Gefühle der Betäubung: »Ich fühle gar nichts mehr. Ich vegetiere nur noch vor mich hin.«
- Gefühle der Endgültigkeit und das Gefühl des Nie-wieder: »Mein geliebter Mensch wird nie mehr kommen.«
- Gefühle der Verzweiflung und Sinnlosigkeit: »Ich weiß nicht, wie ich weiterleben soll. Alles ist sinnlos. Ich zweifle an allem.«
- Gefühle der Ohnmacht und Lähmung: »Ich konnte nichts tun oder verhindern, und jetzt kann ich nichts mehr tun.«
- Gefühle der Verwundung: »Mein geliebter Mensch ist aus mir herausgerissen und mit ihm mein Herz aus meinem Körper.«
- Gefühle des Missens und Vermissens: »Mein geliebter Mensch fehlt mir unendlich.«
- Gefühle der Ferne: »Mein geliebter Mensch ist weggegangen. Er ist so weit weg.«
- Gefühle der Leere: »Mein geliebter Mensch hat ein tiefes Loch und ein große Leere in mir hinterlassen.« Oder: »Ich fühle mich innerlich verbrannt und leer. Ich kann nicht einmal mehr weinen.«
- Gefühle des Verrats, manchmal auch der Scham: »Ich habe meinen geliebten Menschen bei seinem Sterben und Tod im Stich gelassen. Dafür schäme ich mich.«
- Gefühle der Schuld: »Ich fühle mich schuldig, weil ich noch leben darf und er sterben musste.« Oder: »Hätte ich ihn doch von seinem Vorhaben abgehalten. Ich bin mitschuldig, dass er verunglückte.«
- Gefühle der Wut und des Zorns auf die Umstände des Todes, auf Beteiligte wie Ärzte und andere, auf Gott und schließlich auch auf den Verstorbenen: »Ich bin wütend, weil die Ärzte meinen geliebten Menschen nicht gerettet haben.« Oder: »Ich bin

wütend, weil Gott meinen geliebten Menschen nicht geschützt hat.« Oder: »Ich bin auf meinen geliebten Menschen wütend, weil er mich so alleine zurücklässt.«

Im Trauerprozess treten die verschiedenen Gefühle zu verschiedenen Zeitpunkten unterschiedlich stark in den Vordergrund. Auch die bisherige Beziehung zum Verstorbenen und die Todesart wie zum Beispiel ein Suizid beeinflussen stark, welche Gefühlsaspekte die Trauer dominieren. Nach dem Lösen des Schocks und dem Zurücktreten des anfänglichen Verlustschmerzes brechen die verschiedenen Gefühlsfacetten sehr massiv und ungeordnet auf. In dieser sogenannten Phase der aufbrechenden Emotionen (Kast 1977, S. 62 ff.) geraten Trauernde häufig in eine Destabilisierung, sodass dann noch einmal Stabilisierungsarbeit erforderlich ist.

In der Trauerbegleitung sollten die geäußerten Gefühlsfacetten aufgegriffen, strukturiert und schließlich Schritt für Schritt bearbeitet werden. Ebenso wichtig ist es, nach den bisher noch nicht aufgetretenen oder noch nicht formulierten Aspekten einfühlsam und einladend zu fragen. Ziel ist es, dass Trauernde das Gesamtspektrum ihrer Trauer spüren und erfassen können. Zugleich zeigt sich mit der Betonung oder dem Zurücktreten mancher Aspekte auch die besondere Individualität der Trauerreaktion eines Menschen.

Ausdrücklich sei an dieser Stelle noch einmal betont, dass im Trauerprozess auch die Beziehungsgefühle wie die Liebe oder die Sehnsucht eine wesentliche Rolle spielen.

6.3.2 Den Trauerprozess geschehen lassen und gestalten

In der Trauerbegleitung sind folgende wesentliche Arbeitsschritte hilfreich und zielführend für einen gelingenden Trauerprozess. Sie sind hier in einer Übersicht zusammengestellt.

Die Arbeit mit der Trauer heißt, den Trauernden einzuladen, die Trauergefühle in den verschiedensten Gefühlsfacetten:

- wahrzunehmen und zu spüren
- sich zu erlauben und als angemessen zu würdigen
- zu ordnen und zu strukturieren
- im eigenen Körper zu verorten und als Körperreaktion zu akzeptieren

- genau kennenzulernen und sich mit ihnen allmählich anzu-
  freunden
- zu bebildern und zu symbolisieren
- auszudrücken und zu gestalten
- ins Fließen zu bringen oder sie bewusst so lassen, wie sie erlebt
  werden
- zu begrenzen und ihnen einen bestimmten Trauerort zuzuord-
  nen.

Damit werden Trauernde eingeladen, sich auf den Prozess einzulassen, der von der Trauer autopoetisch und unwillkürlich in Gang gesetzt
wird. Die Trauer ist die eigentliche Ressource in einer Verlustsituation.
Die Trauer und die ihr eigene innere Kompetenz weiß, wie eine Verlustsituation zu leben und letztlich zu lösen ist. Zugleich aber werden
Trauernde durch die differenzierte und bewusste Wahrnehmung der
verschiedensten Gefühlsfacetten befähigt, auf ihrem Trauerweg ihre
Trauer bewusst zu gestalten und an und mit ihr arbeiten.

Die Trauerbegleitung pendelt in ihrem Prozess deshalb zwischen
dem:

- Sicheinlassen auf den Trauerprozess als autonomen, autopoetischen Prozess, in dem die Trauer selbst die Führung über-
  nimmt. Die Trauer wird dabei als Energie verstanden, die den
  Prozess im Fluss hält. Die Trauernden erleben sich – besonders
  anfangs – als Teil dieses Trauerprozesses, der sie führt. Die
  Trauernden werden eingeladen und ermutigt, sich auf diesen
  Prozess einzulassen und sich ihm zu überlassen;
- und bewusstem Strukturieren, Gestalten und Arbeiten an und
  mit der Trauer. Hier erleben sich die Trauernden zunehmend
  als bewusstes und autonomes Ich gegenüber dem eigenen
  Trauerprozess. Dabei wird die Trauer als Kommunikations- und
  Kooperationspartnerin mit ihrer besonderen und einzigartigen
  Kompetenz utilisiert. So kann der Trauerweg als eigener, bewusst zu gestaltender und zu verantwortender Prozess begriffen
  werden.

Es bleibt in der Trauerarbeit eine Spannung zwischen diesen beschriebenen Polen. Im Prozess müssen Trauerbegleiter und Trauernde
immer wieder neu erspüren, welcher Akzent jetzt den Vorrang hat.

Bleiben Trauernde einseitig auf dem Pol des Sichüberlassens oder sind den Trauergefühlen ausgeliefert, werden sie eingeladen, die Trauer bewusster zu gestalten und ihrer Trauer immer wieder gegenüberzutreten. Überbetonen Trauernde den Pol des Gestaltens zum Beispiel im Sinne der Kontrolle der Trauer, werden sie eingeladen, sich wieder mehr auf den Fluss der Trauer als eigener Energie einzulassen.

6.3.3 Interventionen

Die im Folgenden beschriebenen Interventionen können auf die Trauer, aber auch auf die verschiedenen Facetten wie zum Beispiel Leere- oder Schuldgefühle, die Ohnmacht oder Wut in der Trauer angewandt werden.

Systemische Fragen

Die systemischen Fragen dienen dazu, dass die Trauernden ihre Trauergefühle genauer wahrnehmen und kennenlernen können. Dabei ist es wichtig, dass alles Sinneskanäle, z. B. entsprechend dem BASK-Modell oder VAKOG-Modell (Peter 2006, S. 60 ff.; vgl. auch Schmidt 2005, S. 62 f. für eine genaue Beschreibung der Submodalitäten) miteinbezogen werden:

- »Wenn Sie jetzt im Moment Ihre Trauer (oder Ihre Leere, Ihre Wut etc.) wahrnehmen, wie nehmen Sie sie wahr? Ist sie eher schwer und warm oder eher leicht und kühl, ist sie eher rund oder kantig und scharf?«
- »Wenn Sie jetzt an den Tod Ihres geliebten Menschen (oder: an seine Abwesenheit, an sein Nicht-mehr-Kommen etc.) denken, wie intensiv ist Ihre Trauer jetzt auf einer Skala von null bis zehn? Wenn Sie dann am Grab stehen, ist Ihre Trauer dann stärker?«
- »Stellen Sie sich vor, Ihre Trauer selbst wäre jetzt Ihre Beraterin, was würde Sie Ihnen empfehlen, wie Sie mit ihr umgehen sollten?«
- »Wenn Sie jetzt auf Ihren Körper achten, wo spüren Sie Ihre Trauer am deutlichsten? Wie spüren Sie hier Ihre Trauer körperlich?«

Bei den systemischen Fragen ist es immer wieder wichtig, sich auf das System zwischen Trauernden und Verstorbenen zu beziehen:

- »Wenn Sie jetzt Ihren geliebten Menschen fragen würden, was würde er zu Ihrer Trauer sagen? Wie sollten Sie seiner Meinung nach mit ihr umgehen?«
- »Angenommen, Ihr geliebter Mensch würde Ihnen raten, weniger intensiv zu trauern, würden Sie den Rat annehmen oder mit ihm darüber diskutieren wollen? Welche Argumente hat er, welche haben Sie?«
- »Wie wäre es für Sie und Ihren geliebten Menschen, wenn Ihre Trauer aus einem unbekannten Grund nicht mehr da wäre?«
- »Was, glauben Sie, möchten Sie Ihrem geliebten Menschen mit Ihrem Schuldgefühl (oder Ihrer Wut etc.) sagen, und wie würde er darauf reagieren?«

Imaginationen

(vgl. »Vorbemerkungen zu den Imaginationen« in Abschn. 5.4.1)

Auch die Imaginationen sollen die Trauernden unterstützen, ihre Trauer und die anderen Trauergefühle genau kennenzulernen und sie als bewusst-unbewusste Ressource für den Trauerprozess fruchtbar werden zu lassen.

Ein Bild der eigenen Trauer

»Ich möchte Sie einladen, jetzt den Kontakt mit Ihrer großen Trauer und Ihrem Schmerz aufzunehmen. Wenn Sie möchten, können Sie dazu Ihre Augen schließen und in Ihr Inneres gehen. Spüren Sie jetzt Ihre Trauer, und lassen Sie sich dazu Zeit. [Pause.] Dann bitten Sie Ihr Unbewusstes, Ihnen ein Bild, ein Symbol oder einen Gedanken zur Verfügung zu stellen, das oder der jetzt zu Ihrer Trauer um Ihren geliebten Menschen passt.

Das kann etwas Einfaches sein, wie ein Stein, ein Kohlebrocken oder auch eine Wüstenlandschaft, ein verlassenes Dorf, ein tiefer See oder ein abgebranntes Haus oder eine andere, vielleicht menschenähnliche Gestalt. Was immer jetzt als Bild, als Symbol oder auch als Gedanke auftaucht, ist jetzt für Sie und Ihre Trauer stimmig. Wenn Sie möchten, können Sie mir sagen, welches Bild jetzt vor Ihrem inneren Auge aufgetaucht ist. [Pause.] Sie wissen, dass das das Bild Ihrer Trauer ist und dass es genau zum Tod Ihres geliebten Menschen passt. Deshalb ist dieses Bild jetzt für Sie und Ihren geliebten Menschen sehr wertvoll.

Schauen Sie es jetzt genau an, und lassen Sie sich von ihm berühren. Vielleicht verändert sich das Bild, vielleicht fallen Ihnen weitere Gedanken dazu ein, vielleicht spricht das Bild zu Ihnen. Lassen Sie jetzt geschehen, was geschieht, und spüren Sie, was zu spüren ist. Wenn Sie möchten, können Sie mir das beschreiben. [Pause.]

Lassen Sie das Bild Ihrer Trauer vor Ihrem inneren Auge stehen, und geben Sie ihm dann einen Bilderrahmen. Das kann ein ganz einfacher Rahmen aus Holz sein, ein schwarzer oder weißer Rahmen, es kann ein Rahmen aus anderem Material sein, sodass es zu Ihrem Bild von Ihrer Trauer passt. [Pause.] Dann können Sie dieses Bild jetzt hierher in diesen Raum mitbringen, in den Sie nun langsam zurückkehren mit dem Wissen, dass Sie jetzt Ihre Trauer genauer kennen und dass Ihre Trauer ein wichtiger, oft sehr schmerzlicher Teil von Ihnen ist, der zugleich zunehmend zu einem hilfreichen Gegenüber, einer Begleiterin in Ihrer schmerzlichen Situation werden kann.«

Trauernde finden immer wieder ganz ähnliche Bilder für ihre Trauer, wie zum Beispiel eine dunkle Wolke, ein tiefes Loch, einen schwarzen Stein oder eine dunkle Gestalt. Diese Bilder sind sowohl für die Trauernden als auch für die Trauerbegleiter häufig zunächst erschreckend. Deshalb ist es wichtig, dass die Trauerbegleiter die Bilder und die damit verbundenen Gefühle zusammen mit den Trauernden empathisch annehmen und würdigen. Je genauer Trauernde sich das eigene Trauerbild anschauen, desto mehr erschließt sich ihnen der Sinn der Trauer. Zugleich wird die Trauer so für Veränderungen geöffnet. Das Trauerbild sollte deshalb über mehrere Sitzungen hinweg immer wieder aufgegriffen werden, und die Veränderungen sollten thematisiert und gemeinsam verstanden werden. Dabei wird für die Trauernden erkenntlich, wie sich Ihre Trauer allmählich selbst wandelt (zum Transformationsprozess der Trauer vgl. Kap. 10).

Da die Trauer auch ganz wesentlich als Körperreaktion und Körpererleben erfahren wird, ist ein körpertherapeutisches Arbeiten mit der Trauer und den anderen Trauergefühlen sehr hilfreich. Hier bietet die Hypnotherapie eine berührungslose körpertherapeutische Arbeit mit der Trauer an. Der Körper ist einerseits die somatische Basis der Trauerreaktion, andererseits kann er selbst auch als weiterer Trauerbegleiter installiert und utilisiert werden.

Beachte!

Am Beginn der Trauer ist der ganze Körper der Trauernden von der Trauer und dem Schmerz besetzt. Deshalb sollte zu Beginn des Trauerprozesses mit dem Körpererleben zurückhaltend gearbeitet werden, bzw. Trauernde sollten angeleitet werden, Möglichkeiten der Begrenzung und der Linderung des massiven Körperschmerzes zu finden. Keinesfalls sollten Trauernde eingeladen werden, das Körpererleben zu intensivieren.

Eine Reise zum Körperort der Trauer

»Ich möchte Sie jetzt einladen, den Ort Ihres Körpers aufzusuchen, an dem Sie Ihre Trauer (oder ein anderes Trauergefühl wie Wut, Leere u. a.) besonders deutlich körperlich erleben. Wandern Sie mit Ihren Sinnen in diesen Körperbereich Ihrer Trauer. Das mag der Kehlbereich oder Brustkorb, das Herz oder die Lungen sein, weiter nach unten gehend mag es der obere Bauchbereich, der Magen oder das Becken sein, vielleicht ist es noch eine andere Körperregion, in der Sie jetzt die Trauer spüren. [Pause.]

Nehmen Sie Ihre Trauerregion wahr, öffnen Sie sie für Ihre Trauer. Wie fühlt sich Ihre Trauer in diesem Körperbereich an: schwer oder eher leicht, warm oder eher kühl, hart oder eher weich, konzentriert oder weit? Vielleicht gibt es noch andere Qualitäten, wie Sie jetzt Ihre Trauer an diesem Körperort spüren. Wie immer Sie sie spüren, lassen Sie sie jetzt so gelten. Es ist Ihre Trauer, und sie stimmt für Ihren schlimmen Verlust. [Pause.] Atmen Sie in diesen Köperbereich hinein, und lassen Sie sich dafür Zeit. Lassen Sie die Trauer aufsteigen, lassen Sie sie zu Ihnen kommen. Es mag wie ein Aufsteigen warmen Wassers sein oder wie das Aufwallen von Schluchzern. Die Trauer ist jetzt da und darf da sein. Es ist Ihre Trauer für Ihren geliebten Menschen. Vielleicht nehmen Sie dann wahr, dass mit der Trauer Ihnen Ihr geliebter Mensch nahekommt und dass Sie ihn spüren. Vielleicht spüren Sie auch den lösenden Fluss Ihrer Trauer. Dann lassen Sie ihn fließen, seine eigenen Wege finden und schließlich zur Ruhe kommen. [Pause.]

Spüren Sie noch einmal in Ihren Körper, was sich jetzt in ihm verändert hat, wie Sie ihn jetzt anders fühlen. Danken Sie Ihrem Körper, dass er Ihre Trauer trägt und Sie sie spüren lässt. Vielleicht erfahren Sie jetzt auch, dass Ihr Körper eine gute Intuition, ein Wissen und eine Weisheit für Sie, Ihre Trauer und für die Beziehung zu Ihrem geliebten Menschen besitzt. Mit dem Wissen, dass Ihr Körper nicht nur der Ort für Ihre Trauer und Ihren geliebten Menschen ist, sondern dass auch er ein guter Begleiter auf dem Weg durch Ihre Trauerlandschaft ist, mit diesem Wissen kommen Sie langsam hierher zurück.«

Internaler Dialog mit der Trauer

Damit Trauernde allmählich ihrer Trauer gegenübertreten und sie dann auch als Begleiterin und Ratgeberin utilisieren können, werden sie eingeladen, mit der Trauer oder den anderen zu bearbeitenden Facetten der Trauer in einen Dialog zu treten.

Dafür gibt es unterschiedlichste Techniken von der klassischen Stuhlarbeit der Gestalttherapie bis zu den Methoden der Ego-State-Therapie nach Watkins und Watkins (2003) oder anderen Methoden aus der Hypnotherapie (Revenstorf u. Peter 2009). Aus meiner Erfahrung ist die klassische Stuhlarbeit für Trauernde oft zu direkt, besser geeignet erscheint mir die Imagination. Dabei kann von den beiden vorangegangenen Imaginationen ausgegangen werden. Die Trauernden werden gebeten, ihre Trauer zu fragen, ob sie zur Kommunikation bereit ist. Dann können Trauernde der Trauer die jetzt relevanten Fragen stellen oder der Trauer zuhören. Dann sollten Trauernde einem offenen Dialog mit der Trauer Raum geben und darauf achten, was geschieht und was die Trauer kommuniziert.

Bei dieser Arbeit ist es äußerst wichtig zu respektieren, wenn die Trauer zurzeit nicht in einen inneren Dialog mit den Trauernden treten will. Mit den Trauernden wird dann besprochen, welche guten Gründe es hierfür gibt und dass es für diesen Dialog mit der Trauer noch Zeit braucht.

Übungen und Hausaufgaben

Die Arbeit mit und an den Trauergefühlen sollten Trauernde zu Hause fortsetzen. Am besten ist es, wenn sich die Übungen oder Hausaufgaben unmittelbar aus dem Prozess in der Trauerbegleitung ergeben. Deshalb sind die folgenden Übungen als Anregungen gedacht, die ganz spezifisch für die einzelnen Trauernden und ihre Situation angepasst werden müssen. Diese Übungen können wieder für alle Trauergefühle wie Wut, Ohnmacht oder Verzweiflung in der Trauer angewandt werden.

Einige Anregungen für die Weiterarbeit mit den Trauergefühlen sind hier genannt:

- Orte und Zeiten des Trauerns festlegen: Trauernde werden gebeten, sich bewusst täglich oder dreimal in der Woche eine begrenzte Zeit für ihre Trauer zu nehmen. Dabei sollten sie sich auch einen festen Platz (vgl. hier auch den äußeren sicheren Ort) reservieren. In dieser Zeit können Trauernde den Kontakt zu ihrer Trauer herstellen, indem sie zum Beispiel Bilder oder alte Briefe vom geliebten Menschen anschauen. Trauernde können auch eingeladen werden, am Grab oder an einer anderen Trauerstelle ganz bewusst ihre Trauer zu bitten, sich jetzt zu zeigen.
- Trauersymbol finden oder gestalten: Für das im Gespräch oder in der Imagination gefundene Symbol oder Bild können die Trauernden einen konkreten Gegenstand suchen, malen oder herstellen.
- Trauerlandschaft malen: Die Trauernden werden eingeladen, ihre Trauergefühle als Landschaft zu sehen und sie zu malen.
- Brief an die Trauer: Trauernde schreiben einen Brief an die Trauer und treten so in einen Dialog mit ihr.
- Satzergänzungsübung: Diese Übung lädt dazu ein, die Trauer zu spüren und in Fluss zu bringen. Dazu werden die Trauernden gebeten, den Satzanfang »Ich bin so traurig« mit einem Grund zu ergänzen, sodass der Satz lauten könnte: »Ich bin so traurig, weil du nicht mehr da bist.« Die nachfolgenden Sätze sollten jeweils mit »Ich bin so traurig« eingeleitet werden, sodass der nächste Satz lauten könnte: »Ich bin so traurig, weil ich nicht mehr mit dir reden kann.«

6.4 Die Arbeit an der Beziehungsdimension der Trauergefühle

6.4.1 Trauer als kreative Beziehungsemotion

In den Trauergefühlen spiegeln sich nicht nur der Verlust und die Abwesenheit des geliebten Menschen, vielmehr hat die Trauer selbst – wie alle anderen Emotionen – immer auch eine kommunikative Funktion. Es ist viel zu kurz gegriffen, wenn wir die Trauer nur als Mitteilung an die soziale Umwelt der Trauernden verstehen. Natürlich teilt die Trauer der Umwelt mit, dass Trauernde sich in einer besonderen Situation befinden und Unterstützung und Mitgefühl brauchen.

Für Trauernde aber ist entscheidend, dass ihre Trauer sich auf den Verstorbenen bezieht. Die Trauernden trauern um ihren geliebten Menschen, sie vergießen ihre Tränen für ihn und pflegen das Grab für ihn. In der Trauer ist der Verstorbene für die Trauernden emotional anwesend, weil sie ihn betrauern und die Trauer durch seinen Tod zustande kommt. Darin liegt auch das Tröstliche der Trauer, weil sie nicht nur die Abwesenheit und Ferne des Verstorbenen konstatiert, sondern auch eine besondere emotionale Nähe zu ihm konstituiert. Die Beziehungsdimension der Trauer zeigt sich auch in vielfältigen kommunikativen Akten wie zum Beispiel im Gespräch der Trauernden mit ihren Verstorbenen (ausführlich dazu Kap. 7).

Anders als die gängige Trauerpsychologie verstehe ich die Trauer hier als Beziehungsemotion, die das Beziehungssystem mit dem geliebten Menschen nicht einfach beendet, sondern reorganisiert und an die neuen Bedingungen anpasst. Die Trauer ist mehr als eine Abschieds- und Loslassemotion, weil sie sich auf den Verstorbenen bezieht und für Trauernde die Beziehung zu ihm das wesentliche System darstellt. Die Trauer kreiert dieses System in der Verlustsituation als einen Lösungsversuch angesichts einer unlösbaren Situation. Dabei wissen Trauernde, dass die Beziehung nun eine neue und andere Form finden muss, nämlich eine internale und imaginative Beziehung unter den traurigen Bedingungen der Abwesenheit des geliebten Menschen.

6.4.2 Trauer als Ausdruck einer schmerzenden Liebe zum Verstorbenen

Menschen trauern, weil sie mit dem Verstorbenen in einer nahen Beziehung standen und weil sie ihn – wie intensiv auch immer – liebten. Die Trauer ist die Reaktion des Bindungssystems, die anzeigt, dass die bisherige Bindung unmöglich geworden ist. Sie ist sozusagen der Schmerz der Liebe, die weiterlieben will und dies nicht mehr realisieren kann, jedenfalls nicht mehr auf die bisherige Weise. Insofern ist die Trauer Ausdruck einer schmerzenden Liebe. Auch die anderen Gefühle in der Trauer lassen sich als Ausdruck der Liebe würdigen. So kann man den Verlustschmerz als Verwundung der Liebe, die Wut als Empörung der Liebe und die Ohnmacht als die Machtlosigkeit der Liebe verstehen.

In der Trauerbegleitung geht es darum, die Trauer als Ausdruck der Bindung zum Verstorbenen zu würdigen und immer wieder den motivationalen Kern der Trauer, nämlich die Liebe oder – neutraler gesagt – ihre Beziehungsdimension herauszuarbeiten. Insofern ist Trauerarbeit eine Mäeutik für die Liebe in der Trauer, also Hebammenkunst und Geburtshilfe, mittels deren die Beziehungsenergie in der Trauer herausgearbeitet wird. Dies ist zugleich eine Affektbrücke zu den anderen Beziehungsgefühlen, die in der Trauer aktiviert werden (vgl. dazu Kap. 7).

Beachte!
Manchmal, besonders im massiven Anfangsschmerz, ist den Trauernden der Zugang zur Beziehungsdimension der Trauer verwehrt. Dann erleben sie oft nur eine Leere, eine unendliche Ferne des Verstorbenen und eine bindungslose Verlassenheit. Dann ist es die Aufgabe der Trauerbegleitung, dies mit den Trauernden auszuhalten mit dem Wissen, dass es sich mit hoher Wahrscheinlichkeit ändern kann und wird (nicht muss!).

6.4.3 Interventionen

Systemische Fragen
Die systemischen Fragen dienen dazu, die Beziehungsdimension der Trauer herauszuarbeiten und bei den Trauernden einen internalen Suchprozess in Richtung des Verstorbenen und einer inneren Beziehung anzustoßen:

- »Wenn Sie trauern, dann trauern Sie um Ihren geliebten Menschen. Wie kann ich mir das vorstellen? Wie ist Ihr geliebter Mensch in Ihrer Trauer anwesend?«
- »Sie haben erzählt, dass Sie am Grab traurig sind und sich zugleich Ihrem Partner nahe fühlen. Wie verbindet Ihre Trauer Sie mit Ihrem Partner, und wie kommt Ihnen Ihr Partner in der Trauer entgegen?«
- »Ich möchte Sie einladen zu spüren, ob es in Ihrer Trauer noch etwas anderes gibt als den Schmerz. Meiner Erfahrung nach zeigt sich in der Trauer auch die Liebe zum geliebten Menschen. Dies zu entdecken – so meine Idee – könnte Ihnen, wenn Sie

möchten, auch noch einmal einen anderen Sinn der Trauer zeigen.«

Imagination

In der Trauer die Liebe finden

»Ich möchte Sie einladen, in Ihrer Trauer (oder Wut, Verzweiflung oder im Schuldgefühl) noch eine andere Dimension zu entdecken. Dazu können Sie die Augen schließen und nach innen gehen, um leichter das zu entdecken, was in der Trauer an weiteren Dimensionen, Aspekten und Facetten zu finden ist. [Pause.]

Wie Sie wissen und selbst intensiv spüren, reagieren wir auf den Tod eines geliebten Menschen mit Trauer, weil wir ihn so sehr lieben. Die Trauer ist also, wenn Sie so wollen, eine Reaktion der Liebe, die im Konkreten nicht mehr lieben darf. Das zeigt uns die Trauer, die eigentlich nichts anderes ist als eine schmerzliche Form unserer Liebe, die Sie auch in der Trauer spüren. Deshalb möchte ich Sie bitten, jetzt mit Ihrer Trauer Kontakt aufzunehmen und sie zu spüren. [Pause.]

Und spüren Sie, wie Sie in der Trauer um Ihren geliebten Menschen trauern und wie Sie ihn in der Trauer lieben. Dabei entdecken Sie, wie in der Stärke der Trauer eigentlich die Kraft und Energie der Liebe zu Ihrem geliebten Menschen steckt. Vielleicht stellt Ihnen Ihr Unbewusstes dafür ein Bild zur Verfügung. Vielleicht ist es das Bild von einem dunklen See, auf dessen Grund sich ein glänzender Schatz findet; vielleicht das Bild von einer dunkler Nacht, in der ein Licht aufleuchtet; vielleicht das Bild von einem Kohle- oder Holzstück, das in sich eine große Energie trägt. Vielleicht ist es ein ganz anderes Bild von der Trauer, das ganz Ihr eigenes Bild, ganz der Ausdruck Ihrer Trauer ist. [Pause]

Vielleicht aber sagt Ihnen Ihre Trauer auch ganz direkt, dass sie ein Zeichen der Liebe zu Ihrem geliebten Menschen ist, vielleicht mit Worten wie »Ich, deine Trauer, bin Liebe« oder mit anderen Worten. Lassen Sie geschehen, was sich jetzt in Ihrer Trauer an Liebe zeigt. Sie können vielleicht auch spüren, wie sich in Ihrer Trauer der Wunsch, Ihren geliebten Menschen weiter zu lieben, vielleicht – schon ein wenig – auch die Kraft zum Weiterlieben regt. [Pause.]

Vielleicht spüren Sie auch, wie sich die Trauer in Liebe wandeln könnte, so als würde sich ein Stück Kohle in einen Diamanten verwandeln, ganz langsam und über lange Zeit. Lassen Sie diesen Wandlungsprozess Ihrer Trauer zu, sofern Ihr Unbewusstes zustimmt und Ihr geliebter Mensch Ihnen das wünscht. Natürlich wird manchmal auch wieder der Schmerz der Trauer im Vordergrund stehen und die Liebe vorübergehend wieder verdeckt sein. Und doch wissen Sie, dass in der Trauer immer die Liebe verborgen ist und sie darauf wartet, dass sie stärker in den Vordergrund treten darf. Und dann kommen Sie mit der Erfahrung, dass Ihre Trauer ein Zeichen Ihrer Liebe ist und dass in Ihrer Trauer die Liebe zu Ihrem geliebten Menschen steckt, hierher zurück.«

6.5 Arbeit mit nicht gewollter oder nicht gelingender Realisierung

Auch wenn manche Trauernden mit einer nur partiellen Realisierung des Verlustes leben können, sollte eine bewusste oder unbewusste Abwehr der Realisierung als Signal für einen möglichen komplizierten Trauerverlauf sehr ernst genommen werden. Je rechtzeitiger Hinweise auf eine Abwehr der Realisierung angesprochen werden, desto größer ist die Chance, dass dies in der Trauerbegleitung wieder in einen produktiven Fluss kommen kann.

Aber auch hier sind natürlich die Trauernden frei, sich für eine vorübergehende oder auch dauerhafte Nichtrealisierung zu entscheiden. Trauerbegleiter sollten auch immer sich selbst befragen, ob sie in ihrer Sichtweise nicht eigene Themen wie eine eigene Ungeduld oder eine perfektionistische Haltung wertend einfließen lassen. Können Trauerbegleiter dies für sich zunächst ausschließen, sollten sie bei einer begründet vermuteten oder zu befürchtenden Nichtrealisierung die Trauernden zu folgendem Prozess einladen:

- Thematisieren der eigenen Vermutung, dass die Trauernden die Realität des Verlustes immer wieder ein Stück weit ausblenden. Hier sollte auch thematisiert werden, dass dies zunächst eine Vermutung oder Hypothese des Trauerbegleiters darstellt und die Trauernden dies ganz anders erleben und bewerten können.
- Würdigen, dass ein Stück des Nichtwahrhabens sehr verständlich ist und immer einen positiven Sinn in sich trägt. Vielleicht ist deshalb das Nichtrealisieren für eine sehr lange Zeit nötig.

- Die Trauernden werden gebeten, selbst einzuschätzen, ob ein Stück Nichtrealisierung vorliegt. Dazu sollten sie ihr Unbewusstes oder den geliebten Menschen befragen. Können die Trauernden ihre Nichtrealisierung nicht wahrnehmen, werden sie gebeten, dies in der nächsten Zeit aufmerksam und sich selbst gegenüber wohlwollend zu beobachten.
- Bei Zustimmung durch die Trauernden, dass eine Nichtrealisierung vorliegt, kann mit ihnen deren Sinn eruiert werden. Auch hier kann das Unbewusste oder der geliebte Mensch befragt werden, welche Bedeutung das Nichtrealisieren für den Trauernden hat.

  Sehr häufig steht, insbesondere auch bei Kindern und Jugendlichen, die Angst vor dem Schmerz hinter einer partiellen Nichtrealisierung.
- Entscheidung der Trauernden, ob sie die Nichtrealisierung aus den nun verstandenen Gründen noch eine Weile beibehalten wollen oder ob sie daran etwas verändern möchten. Dabei wird der psychische Preis für die jeweilige Entscheidung gemeinsam betrachtet und abgewogen, ob dieser Preis nicht zu hoch sein könnte.
- Arbeit an der Veränderung der Nichtrealisierung: Meist ist es nötig, auf den Pol der Beziehungsarbeit zu wechseln. Wenn die weiter gehende Beziehung zum geliebten Menschen eindeutiger und sicherer wird, kann zunehmend auch seine äußere Abwesenheit realisiert werden. Häufig ist also die Beziehungsarbeit die Voraussetzung für die Realisierungsarbeit.
- Entscheiden sich die Trauernden für eine – partielle oder weitgehende – Nichtrealisierung, werden Sie gebeten, sich zu beobachten und zu prüfen, welche Vor- und Nachteile die Nichtrealisierung zeitigt. Es wird vereinbart, ob und in welcher Weise der Trauerbegleiter dies in der Folgezeit ansprechen soll.

Hier wird noch einmal deutlich, dass es in jeder Trauerarbeit Phasen eines scheinbaren Stillstandes gibt. Häufig brauchen Trauernde solche Phasen, während ihr Unbewusstes schon an der Realisierung des Verlustes oder an der inneren Beziehung zum geliebten Menschen weiterarbeitet. Für die Beziehung zwischen den Trauernden und den Trauerbegleitern ist es wichtig, offen über diese Prozesse zu kommunizieren. Dabei haben die Trauerbegleiter auch sich und ihre eigenen, oft unbewussten Kriterien und impliziten Trauermodelle immer wieder neu infrage zu stellen. Nicht nur die Trauernden und ihr Prozess sollten, über einen längeren Zeitraum gesehen, im Fluss bleiben, sondern auch die Trauerbegleiter in ihrem eigenen Prozess während einer Trauerbegleitung.

6.6 Zusammenfassung und Ausblick

Damit sind die wichtigsten Schritte der schmerzlichen, aber immer schon bezogenen Realisierungsarbeit beschrieben. Sie lassen sich nochmals zusammenfassen als:

- Realisieren von äußeren Erfahrungen des Sterbens, des Todes und der Abwesenheit des geliebten Menschen
- Realisieren des akuten Verlustschmerzes
- Realisieren der Trauergefühle in den verschiedensten Facetten
- Realisieren der Beziehungsdimension der Trauer.

Weitere wichtige Schritte in der Realisierung des Verlustes werden in Kapitel 10 und 11 beschrieben und umfassen:

- eine Transformation der Trauer hin zur Wehmut und Dankbarkeit
- den Prozess des Abschieds von der Trauer selbst
- eine Integration des Verlustes, der Abwesenheit des Verstorbenen und der Trauererfahrung in die biografische Selbsterzählung
- eine Integration des Verlustes, der Abwesenheit des Verstorbenen und der Trauererfahrung in das Leben nach dem Verlust.

7. Trauerarbeit als kreative Beziehungsarbeit

Fallvignette

Eine junge, alleinerziehende Frau hat ihren zwei Jahre alten Sohn durch den plötzlichen Kindstod verloren. Sie hatte ihm für das bevorstehende Weihnachtsfest schon Geschenke gekauft. Wenige Tage vor Weihnachten packt sie die Geschenke liebevoll ein und erzählt dabei ihrem Sohn, warum sie sie für ihn gekauft hat. Sie erlebt ihren Sohn ganz nahe, so als würde er ihr beim Geschenkeeinpacken zuschauen.

Am Heiligen Abend fährt sie mit einer Freundin ans Grab ihres Sohnes und legt ihm die Geschenke auf das Grab. Sie stellt sich dabei vor, wie ihr Sohn im Himmel die Geschenke auspackt, wie er sich freut und wie er mit den Geschenken spielt. Sie erlebt diese Vorstellung als sehr tröstlich, zugleich lässt sie ihren Tränen dort am Grab freien Lauf.

Trauerarbeit ist im hypnosystemischen Verständnis eine kreative Arbeit mit den Trauernden, in denen trotz des Verlustes etwas Neues, nämlich eine veränderte, innere Beziehung zum Verstorbenen entstehen kann. Diese kreative Beziehungsarbeit vollzieht sich zugleich in der Beziehung zum verstorbenen geliebten Menschen. Dabei werden die Trauernden von ihrem Unbewussten, ihrer Liebe zum Verstorbenen und vom geliebten Menschen selbst unterstützt. So kann eine innere, zunehmend sichere und freie Beziehung zum geliebten Menschen unter der Bedingung seiner bleibenden äußeren Abwesenheit entstehen.

7.1 Die Aktivierung und Utilisierung der Beziehungsemotionen

Wie in Kapitel 3 schon beschrieben, brechen in der Verlustsituation bei den Trauernden intensive Beziehungsemotionen auf. In der bisherigen Trauerpsychologie wurden diese Emotionen systematisch übersehen, weil sie nicht zum Konzept der Abschiedsarbeit im Sinne eines Loslassens zu passen schienen. Die Beziehungsemotionen können als Affektbrücken zum Bindungssystem und den eigenen Beziehungsfähigkeiten verstanden werden, mit denen Beziehungen hergestellt und gestaltet werden:

- *Das Mitgefühl für den Verstorbenen*
  Hinterbliebene fühlen mit dem Verstorbenen und setzen sich
  identifikatorisch an seine Stelle. Bei längeren Krankheits- und
  Sterbeprozessen leiden die Angehörigen mit dem kranken und
  sterbenden geliebten Menschen. Dann fühlen Trauernde aber
  auch mit dem Verstorbenen intensiv mit: Er darf nicht mehr
  leben und deshalb das Leben mit allem Schönen und dem für
  die Zukunft Erhofften nicht mehr erleben. Dieses Mitgefühl
  ist häufig so stark, dass Trauernde gerne anstelle des geliebten
  Menschen gestorben wären. Manche Trauernde wünschen sich,
  dem Verstorbenen nachzusterben, um bei ihm zu sein. Empathie und Identifikation bilden hier ein sich selbst verstärkendes
  System: Die Empathie als Hinbewegung zum Verstorbenen
  führt zur Identifikation, die Identifikation stärkt wiederum das
  Mitgefühl mit dem Verstorbenen.

- *Die Sehnsucht nach dem Verstorbenen*
  Trauernde berichten von einer intensiven Sehnsucht nach dem
  Verstorbenen. Die Sehnsucht ist die Beziehungskraft, in der
  der abwesende Geliebte ständig präsent ist. Im Sehnen ist der
  abwesende geliebte Mensch in Gedanken, in Bildern und in
  Gefühlen ständig präsent, sodass der Verstorbene im Sehnen
  emotional intensiv erlebt wird. Die Sehnsucht ist die Kraft, die
  trotz der realen Abwesenheit des Geliebten an ihn glaubt, auf
  sein Wiederkommen hofft und ihn weiter liebt. Die Sehnsucht
  lebt und gestaltet die Beziehung zu ihm über die Ferne und
  über die Abwesenheit hinweg.

- *Die Liebe zum Verstorbenen*
  Viele Trauernde berichten beschämt, dass gerade angesichts des
  Verlustes die Liebe zum Verstorbenen erneut oder so intensiv
  aufbricht wie noch nie in der realen Beziehung. Dies verwirrt
  Trauernde nicht nur, sondern führt auch dazu, dass sie aus
  Scham ihre Liebesgefühle verschweigen. Doch angesichts der
  Abwesenheit wird die Liebe als Teil des Bindungssystems akti-
  viert mit dem Ziel, die Beziehung wiederherzustellen. Da dies
  physisch nicht mehr möglich ist, sucht die Liebe als wesentliche
  Kraft des Bindungssystems nach neuen Wegen, die Beziehung
  von einer realen zu einer innerpsychischen, symbolischen

Beziehung zu transformieren. Trauernde erleben, dass der Tod zwar das Leben des geliebten Menschen beendet, doch die Liebe gerade nicht. Sie verstehen dies als Aufforderung, den geliebten Menschen in ihrer Liebe zu bewahren und die Beziehung über den Tod hinaus fortzusetzen.

Beachte!

Es gibt im Trauerprozess immer wieder Situationen, in denen für die Trauernden die Beziehungsemotionen nicht zugänglich sind. Häufig stehen zunächst Schmerz-, Trauer- und Leereerfahrungen im Vordergrund des Erlebens. Trauerbegleiter sollten dies empathisch akzeptieren und die Trauernden einladen, die Trauer als Ausdruck der Liebe zu verstehen, auch wenn die Liebe selbst zurzeit nicht zu spüren ist. Dann kann das innere System der Trauernden von der Erfahrung der Abwesenheit des Verstorbenen zur Erfahrung seiner inneren Anwesenheit schwingen.

Exkurs

Der Trauerprozess als Reaktion und Reorganisation des Bindungssystems

Nach Bowlby ist das Bindungssystem ein biologisch angelegtes Set von Verhaltensweisen, das dem Säugling das Überleben in der frühesten Kindheit ermöglicht (einen Überblick gibt Brisch 2009). So sucht das Neugeborene nach körperlicher Nähe, nach emotionaler Sicherheit und existenziellem Schutz, was wiederum bei den Fürsorgepersonen emotionale Resonanz und Fürsorgeverhalten stimuliert. Über die Interaktionen in diesem dyadischen und systemisch angelegten Bindungssystem bilden sich im Säugling Repräsentanzen der Fürsorgepersonen, der Bindungserfahrungen und des eigenen Selbst (ebd., S. 37 f.; Bowlby nennt sie innere Arbeitsmodelle, »inner working models«). Auch in späteren nahen Beziehungen von Erwachsenen ist das Bindungssystem auf der Basis früherer Bindungserfahrungen (vgl. den folgenden Exkurs »Bindungsstil und Trauerarbeit«) aktiv.

Entfernt sich die Fürsorgeperson des Säuglings oder Kleinkindes, insbesondere in der Zeit vor der Objektkonstanz (Mahler et al. 1978), antwortet das Bindungssystem mit Trennungsangst und Suchverhalten. Bleibt die Bindungsperson wie im Falle eines Verlustes dauerhaft abwesend, reagiert das Bindungssystem mit Verlustschmerz, Ohnmachtsgefühlen und Trauer in der Phase des Protests und der Verzweiflung (Bowlby 1983, S. 124 ff.). Dabei wird die Bindung nicht völlig aufgegeben, sondern das Bindungssystem reorganisiert sich (ebd.): Es findet sich mit der Abwesenheit der Bindungsfigur ab und behält auf der Ebene der inneren Arbeitsmodelle eine symbolische Bindung bei. Letzteres ist für Bowlby »integraler Bestandteil einer gesunden Trauer« (ebd., S. 183).

Im hypnosystemischen Ansatz werden die Reaktionen des Bindungssystems als Ressource für die Reorganisation der inneren Arbeitsmodelle verstanden. Zunächst wird in der akuten Trauer die Reetablierung und dann die Stabilisierung der inneren Bindung unterstützt. Später werden die Trauernden beim bewussten Gestalten und Leben einer sicheren und freien inneren Bindung zum Verstorbenen begleitet.

7.1.1 Interventionen

Systemische Fragen

In den systemischen Fragen werden die Beziehungsemotionen im Trauerprozess aufgegriffen, bewusst gemacht und für die Kreation einer weiter gehenden, inneren Beziehung utilisiert:

- »Sie haben beschrieben, dass Sie in Ihrem Mitgefühl für Ihren geliebten Menschen diesem sehr nahe sind. Wie nahe kommt Ihnen da Ihr geliebter Mensch? Spüren Sie ihn dabei neben, hinter oder vor Ihnen im Raum?«
- »Wenn Sie jetzt Ihre Sehnsucht spüren, wohin führt Sie Ihre Sehnsucht? Und was, glauben Sie, will Ihre Sehnsucht Ihnen sagen?«
- »Während Sie sich jetzt auf den Verlust, also das Gefühl des Vermissens einlassen, erwachen häufig als innere Gegenbewegung die Sehnsucht nach dem und die Liebe zum geliebten Menschen. Woran würden Sie merken, dass Ihre Sehnsucht und Ihre Liebe sich zeigen wollen? Wozu würden Ihre Sehnsucht und Liebe Sie dann einladen?«

- »Ihre Liebe zu Ihrem geliebten Menschen ist sehr intensiv, und zugleich wissen Sie und Ihre Liebe, dass Ihr geliebter Mensch abwesend ist und bleiben wird. Wie will Ihre Liebe mit dieser Situation umgehen? Wenn Sie Ihren geliebten Menschen fragen würden, wie Sie jetzt, nach seinem Tod, diese Liebe weiterleben sollten, was würde er Ihnen sagen?«

Imaginationen

Die folgenden Imaginationen können zur Aktivierung und Intensivierung der drei Beziehungsemotionen Mitgefühl, Sehnsucht und Liebe eingesetzt werden.

Somatische Aktivierung der Liebe zum Verstorbenen

»Gehen Sie jetzt mit Ihrer Aufmerksamkeit in Ihren Körper, wandern Sie dabei an die Stellen, an denen Sie schon früher Ihre Liebe für Ihren geliebten Menschen empfunden haben. War es eine Wärme im Herzen, war es ein Ziehen im Brustkorb, ein Kribbeln in der Bauchgegend oder vielleicht eine Erregung im ganzen Körper? Erinnern Sie sich an intensive Näheerfahrungen, an Zärtlichkeiten und Berührungen und an die damit verbundenen Körpergefühle. [Pause.]

Lassen Sie sich dazu Ihre Liebe zu Ihrem geliebten Menschen spüren. Wo und wie in Ihrem Körper spüren Sie jetzt intensiv Ihre Liebe? Wenn Sie möchten, können Sie mir das jetzt beschreiben. Spüren Sie, wie sich die Liebe jetzt an diesem Körperort anfühlt. Konzentrieren Sie Ihre ganze Aufmerksamkeit auf diesen Körperort und lassen Sie Ihre Körpergefühle stärker werden. [Pause.] Ist Ihre Liebe hier warm oder eher angenehm kühl, eher schwer oder leicht, eher rund oder eher kantig? Wie immer sich jetzt Ihre Liebe an dieser Körperstelle anfühlt, ist es jetzt in Ordnung, ist es jetzt Ihr ganz besonderes Liebesgefühl für Ihren geliebten Menschen. [Pause.]

Wenn Sie möchten, können Sie Ihre Hand auf diese Körperstelle legen, sodass Sie diese Stelle auch von außen deutlich wahrnehmen. Die sanfte Schwere und die Wärme Ihrer Hand können Ihre Gefühle verstärken. Sie spüren, wie Ihre Liebe an dieser besonderen Körperregion im Austausch mit Ihrer Hand pulsiert. Wenn Sie möchten, können Sie Ihre Körpergefühle leise und nach innen Ihrem geliebten Menschen in einem Satz mitteilen. Solch ein Satz könnte lauten: ›Mein Herz schlägt für dich.‹ Oder: ›Ich spüre meine Liebe in meiner Brustregion.‹ Oder: ›Meine Liebe erfüllt meinen ganzen Körper.‹

Während Sie jetzt Ihre Liebe ganz körperlich spüren, wissen Sie und Ihr Unbewusstes, dass diese Liebe – sofern es für Sie wichtig ist – nie verloren geht und Sie – wann immer Sie es bewusst oder unbewusst wollen – in Ihrer Liebe Ihrem geliebten Menschen nahe sein können. Mit diesem Wissen, das Sie auch ganz körperlich fühlen, kommen Sie langsam hierher zurück. Lassen Sie sich und Ihrem Körper dazu die Zeit, die Sie beide brauchen.«

Visualisierung der Liebe zum Verstorbenen

»Bitten Sie Ihr Unbewusstes, dass es Ihnen Ihre Liebesgefühle zu Ihrem geliebten Menschen zugänglich macht und es Ihre Liebe jetzt in Ihrem Körper spüren lässt, sei das in der Herzgegend, in der Brustregion, oder in Ihrer Bauch- oder Beckengegend. [Pause.]

Greifen Sie dieses Gefühl auf, das sich vielleicht jetzt als eigene, nämlich Ihre Empfindung zeigt. Wenn Sie oder Ihr Unbewusstes möchten, können Sie sich Ihre Liebe als Kern, als Zentrum, als Quelle vorstellen, aus dem Ihre Liebe herausströmt, so als würde von Ihrem Liebeszentrum ein Wärme- oder Lichtstrom ausgehen. Dieser Strom kann – ganz wie Sie möchten – eine rote, gelbe, orangene oder auch eine andere Farbe annehmen. Lassen Sie das jetzt geschehen, und betrachten Sie, wie Ihre Liebe jetzt beginnt, sich auszudehnen, auszubreiten als Licht- und Wärmestrom, mehr und mehr und ganz allmählich, vielleicht aber auch ganz rasch in und über Ihren Körper, so wie es für Sie und Ihre Liebe zu Ihrem geliebten Menschen stimmt. [Pause.]

Sie nehmen wahr, wie dieser Licht- und Wärmestrom Sie erfüllt und überall zu spüren ist: intensiv oder ganz zart, in schwerer Fülle oder perlender Leichtigkeit, in großer Dichte oder transparenter Helligkeit. Wie das Blut in Ihrem Körper zirkuliert, so fließt dieser Wärme- und Lichtstrom in Ihnen als Ihr Liebesstrom, den Sie für Ihren geliebten Menschen empfinden. Sie nehmen diesen Licht- und Liebesstrom wahr, ganz intensiv als innere Beziehung, die Sie zu Ihrem geliebten Menschen jetzt in Liebe spüren und sich gerne bewahren wollen. [Pause.]

Dann halten Sie diese Gefühle einen Augenblick körperlich fest, und verankern Sie sie in Ihrem Körper an dem Körperort Ihrer Liebe. Dann kommen Sie allmählich hierher zurück mit der

Erfahrung, dass Ihre Liebe als Licht- und Wärmestrom ein Teil in Ihrem Körper und in Ihrer Person ist.«

Symbolisierung der Liebe zum Verstorbenen

Ausgehend von den beiden vorigen Imaginationen, werden die Trauernden und ihr Unbewusstes eingeladen, ein Bild oder Symbol für ihre Liebe zum Verstorbenen entstehen zu lassen (in Analogie zum Bild für die eigene Trauer in Abschn. 6.3.3). Dieses Symbol, zum Beispiel ein diamantener Kristall, sollte internal verankert werden und kann dann zum Beispiel auch gemalt werden.

Hausaufgaben zur Aktivierung und Gestaltung der Liebe

Die folgenden Anregungen sollen Trauernde unterstützen, ihre Beziehungsgefühle aktiv aufzuspüren, sie auszudrücken und bewusst zu gestalten. Dies wird häufig auch als heilsame Gegenbewegung gegenüber dem Schmerz oder der Trauer erlebt. Zugleich wird mit den folgenden Übungen auch die innere Beziehung zum Verstorbenen hergestellt, eingeübt und gefestigt.

Die Trauernden können zum Beispiel:

- ihrem geliebten Menschen einen liebevollen Brief im Sinne einer Liebeserklärung schreiben
- ein Foto des Verstorbenen genau betrachten und dabei nachspüren, welche Beziehungsgefühle entstehen
- ein Foto suchen, auf dem der Trauernde zusammen mit dem geliebten Menschen in liebevoller Nähe zu sehen ist, und schriftlich beschreiben, welche Liebesgefühle damals zu spüren waren und welche Beziehungsgefühle jetzt entstehen
- den Vornamen des geliebten Menschen bildnerisch gestalten oder sehr bewusst und lautmalerisch aussprechen und dabei auf die aufsteigenden Liebesgefühle achten
- den Beginn der Liebesgeschichte aufschreiben
- einen stimmigen Satz finden, der die jetzigen Beziehungsgefühle zusammenfasst und ausdrückt, zum Beispiel »Ich liebe dich noch immer« oder »Auch über den Tod hinaus liebe ich dich« oder »Meine Liebe zu dir wird immer bleiben«.

Bei diesen Übungen werden neben den Beziehungsgefühlen meist auch Trauergefühle aktiviert, weil Trauernde realisieren, dass die Liebe zu geliebten Menschen nicht mehr konkret gelebt werden kann. Dies trägt auch zur Realisierungsarbeit bei, in der die äußere Abwesenheit zunehmend angenommen wird.

7.2 Die Reetablierung einer sicheren inneren Bindung

Der Verlust eines geliebten Menschen trifft Trauernde zentral in der emotional fundierten Bindung zu ihm. Die meist über lange Zeit bestehende, als sicher und schützend gefühlte Bindung mit dem Verstorbenen ist plötzlich unterbrochen. Der Tod und die bleibende Abwesenheit entziehen den geliebten Menschen als äußeres Bindungsobjekt, auf das sich die Bindungsenergien beziehen (vgl. dazu auch die psychoanalytischen Objektbeziehungstheorien von Klein 1983, Mahler et al. 1978, Kernberg 1981 u. a., vgl. dazu wieder Brisch 2009, S. 80 ff.). Das vertraute und verlässliche Gegenüber ist nicht mehr da, um über wiederholte Beziehungserfahrungen die Bindung immer wieder zu erneuern und zu stärken.

Diese erschütternde Erfahrung im Verlust wirft den Trauernden, entwicklungspsychologisch verstanden, am Beginn des Trauerprozesses auf das Bindungserleben vor der Etablierung der Objektkonstanz (Mahler et al. 1978) zurück. Der Trauernde erlebt wie das Kind, dessen Mutter zeitweise abwesend ist, die Verzweiflung des Verlassenseins. Wie für das Kind ist für den Trauernden die Abwesenheit des geliebten Menschen eine existenzielle Bedrohung.

Beim Trauernden wird wie beim Kind in der so genannten Fremdensituation (Ainsworth et al. 1978; Brisch 2009) das Bindungssystem aktiviert. Das Bindungssystem seinerseits aktiviert aber nicht nur den Schmerz und die Trauer, sondern eine kompensatorische Gegenreaktion, nämlich das Suchen nach dem verloren gegangenen äußeren Beziehungsobjekt. Weil dieses Suchen im Äußeren erfolglos bleibt, sucht das Bindungssystem nun internal, nämlich auf der Ebene der inneren Objekte. Aufgrund der früheren intensiven emotionalen Beziehung ist der Verstorbene als internales Objekt oder auch als Ego-State (vgl. Abschn. 9.2) verankert und lässt sich dort wiederfinden. Es geht also darum, dass der Trauernde die durch den Tod des geliebten Menschen bedrohte Objektkonstanz wiederherstellt, nun aber nicht mehr physisch, sondern imaginativ und symbolisch.

Exkurs

Bindungsstil und Trauerarbeit

Verluste reaktivieren zunächst die allgemeinen Verhaltensweisen des Bindungssystems, zugleich reagiert jeder Trauernde dann auch auf eine spezifische Weise, die seinem Bindungsstil entspricht. Ainsworth et al. und die folgende Bindungsforschung haben vier Bindungsstile gefunden: die sichere Bindung, die vermeidende, die ambivalente und schließlich die desorganisierte Bindung (Brisch 2009, S. 51 ff.).

Schwere Verluste führen phasenweise zu Trauerreaktionen, die dem desorganisierten Bindungsverhalten gleichen. Bowlby nennt die dritte Phase seines Phasenmodells auch ausdrücklich die Phase der Desorganisation (Bowlby 1983, S. 114 ff.).

Längerfristig setzt sich dann im Trauerprozess der spezifische Bindungsstil des Trauernden durch. Die Reaktion aus den eigenen, spezifischen Bindungsmustern und dem Bindungsstil erklärt zu einem guten Teil auch die individuellen Differenzen der Trauernden in den Trauerreaktionen im Verlauf ihres Trauerprozesses.

Empirische Befunde zeigen (Mikulincer a. Shaver 2008), dass unsicher oder vermeidend gebundene Trauernde deutlich häufiger komplizierte Trauerverläufe entwickeln als sicher gebundene Trauernde. So zeigen unsicher gebundene Trauernde auch fünf Jahre nach dem Tod des Partners einen erhöhten Stresslevel. Trauernde mit einem vermeidenden Bindungsstil entwickeln mehr somatische Symptome und haben häufiger einen Alkoholabusus.

Sicher gebundene Trauernde haben nach einem Verlust deutlich weniger Angst- und Depressionssymptome als unsicher gebundene Hinterbliebene. Darüber hinaus zeigt sich, dass sie mehr positive Erinnerungen an den Verstorbenen haben und einen intensiveren symbolischen Austausch mit dem Verstorbenen pflegen (ebd., p. 106 f.).

Für die Trauerbegleitung bedeutet dies, dass Trauernde in ihrer Bindungssicherheit bezüglich der inneren Beziehung zum Verstorbenen unterstützt und gestärkt werden müssen, dabei müssen die Bindungs- bzw. Verlusterfahrungen, die Bindungsmuster in der Beziehung zum Verstorbenen und der früh erworbene Bindungsstil der Trauernden berücksichtigt werden.

7.2.1 Reinternalisierung des Verstorbenen über die Anwesenheits- und Näheerfahrungen

Fallvignette

Ein Vater, der seine 28-jährige Tochter vor sechs Wochen verloren hat, berichtet, dass die Präsenz seiner Tochter das ganze Haus erfüllt. Er sagt:»Sie ist überall. Ich höre sie, ich treffe sie in jedem Winkel des Hauses an. Das ist irgendwie gut, aber ich merke auch, dass sie nicht da ist, und das tut sehr weh.«

Viele Trauernde erleben entgegen ihrer eigenen Erwartung den Verstorbenen nicht nur als fern und entzogen, sondern als sehr nahe. Trauernde berichten, dass ihnen der Verstorbene entgegenkommt und dass er intensiv zu spüren ist (vgl. auch die Tranceprozesse in der Trauer in Abschn. 3.1). Die gefühlte Beziehung zum Verstorbenen ist besonders zu Beginn des Trauerprozess intensiviert.

Folgende Phänomene sind zu beobachten:

- Konkrete Visualisierungen des Verstorbenen: Häufig wird der Verstorbene in einer Menschenmenge gesehen, oft ausgelöst durch Ähnlichkeiten mit anderen Menschen.
- Kinästhetische Wahrnehmungen des Verstorbenen, oft auch als unspezifische Näheerfahrungen: Der Verstorbene berührt den Trauernden, oder der Trauernde spürt den Verstorbenen in unmittelbarer Nähe.
- Olfaktorische Näheerfahrungen: Sehr häufig wird beim Riechen an den Kleidern der Verstorbene als präsent erlebt.
- Akustische Wahrnehmungen: Häufig wird gehört, wie der Verstorbene die Wohnung betritt; oft wird die Stimme des Verstorbenen vernommen.
- Symbolische Präsenz- und Näheerfahrungen: Bestimmte konkrete Gegenstände werden zu Symbolen, die dem Trauernden die Nähe des Verstorbenen vermitteln, so erleben viele Trauernde, dass ihnen ihr geliebter Mensch in einem Schmetterling oder auch im Haustier nahekommt.

In der bisherigen Trauerpsychologie werden diese Erfahrungen als vorübergehendes Phänomen in der Trauerphase des Suchens und Nichtfindens gewertet. Sie dienen hier nur der Realisierung der Abwesenheit und damit dem Loslassen.

In einem hypnosystemischen Ansatz lassen sich diese Näheerfahrungen als Versuch des Bindungssystems verstehen, eine andere, nämlich internale Beziehung trotz der äußeren Abwesenheit des Verstorbenen zu etablieren. Dazu greift das Bindungssystem zunächst auf im Äußeren wahrgenommene Stimuli zurück, mit denen der Verstorbene assoziiert ist. Der Verstorbene wird zunächst im Äußeren gesucht und für kurze Zeit gefunden. Trauernde erleben diese Begegnungen als sehr real.

In der Trauerbegleitung müssen sie deshalb als reale Erfahrung angenommen und akzeptiert werden. Trauernde machen dann selbst die Erfahrung, dass sie aus diesen Begegnungen wieder in die andere Realität zurückkehren müssen, in der der geliebte Mensch nicht mehr lebt. Das fordert Trauernde auf, die als external erlebten Begegnungserfahrungen und damit den Verstorbenen zunehmend nach innen zu holen. Die Trauerbegleitung geht dieser Tendenz zur Internalisierung nach und lädt die Trauernden behutsam dazu ein, bis die Näheerfahrungen als internale Erfahrungen verstanden werden und sie so Ausdruck einer inneren Beziehung zum Verstorbenen sind.

7.2.2 Reinternalisierung des Verstorbenen über Identifizierungsprozesse

Auch die zahlreichen Identifzierungswünsche dienen der Reetablierung einer sicheren, nun aber inneren Bindung. Bei der Identifizierung geht der Trauernde über die Empathie in die Position des verstorbenen geliebten Menschen. Der Grad der Identifizierung kann unterschiedlich intensiv sein. Manche Trauernden bleiben bei einem Mitgefühl und Bedauern für den Verstorbenen, zum Beispiel, weil er vieles nicht mehr erleben darf. Hier kann sich der Trauernde noch in der Differenz zum Verstorbenen sehen. Andere Trauernde setzen sich an die Stelle und in die Position des Verstorbenen und vollziehen dies in symbolischen Handlungen. So legt sich zum Beispiel eine Mutter immer wieder in das Bett ihres verstorbenen Sohnes und ist mit ihm in der Identifizierung verschmolzen. Die Identifizierungsprozesse dienen der Reinternalisierung des Verstorbenen, bei der der geliebte Mensch per Übernahme nach innen genommen wird.

Folgende Identifizierungsphänomene sind zu beobachten:

- das Bedauern, dass der geliebte Mensch sterben musste und nicht die Trauernden selbst an seiner Stelle sterben durften

- der Wunsch, dem geliebten Menschen nachzusterben, um bei ihm zu sein, aber auch um dem Schmerz und dem Gefühl des Verlassenseins zu entkommen
- der Wunsch, dem geliebten Menschen nahe zu sein, zum Beispiel der Gedanke, auf immer am Grab zu sitzen oder sich ins Grab zu legen
- der Wunsch, symbolisch und imaginativ an die Stelle des Verstorbenen zu treten: zum Beispiel durch das Tragen der Kleider des Verstorbenen oder anderer Gegenstände wie des Rings des Verstorbenen; häufig setzen sich Trauernde in den vom Verstorbenen bevorzugten Sessel oder legen sich in sein Bett, um ganz seine Stelle einzunehmen und ihm so nahe zu sein.

7.2.3 Interventionen

Explorieren und Normalisieren von Nähe- und Identifikationserfahrungen

Insbesondere zu Beginn des Trauerprozesses ist es Aufgabe der Trauerbegleiter, aktiv nach Näheerfahrungen zu fragen, weil Trauernde sich aus Scham zurückhalten oder sie verschweigen. Sie befürchten oft, dass sie als nicht ganz normal gelten. Die Trauerbegleiter sollten die Näheerfahrungen als normal erklären und aufzeigen, dass sie die erste Brücke zu einer inneren Beziehung werden können. Wichtig ist dabei, dass die Näheerfahrungen als die ganz eigene Realität der Trauernden akzeptiert und gewürdigt werden.

Systemische Fragen

In den systemischen Fragen wird die Beziehungsdimension der Nähe- und Identitätserfahrungen herausgearbeitet:

- »Wenn Sie Ihren geliebten Menschen sehen, wie nahe ist er Ihnen dann? Nicken Sie sich zu, oder grüßen Sie sich? Wie weit, glauben Sie, mag Ihnen Ihr geliebter Mensch nahekommen? Was erleben Sie, wenn Ihr geliebter Mensch dann wieder verschwindet?«
- »Sie spüren Ihren geliebten Menschen immer wieder ganz nahe an Ihrer rechten Seite. Was spüren und denken Sie dabei? Wie sehr fühlen Sie dann Ihre Liebe zu ihm, und was ist Ihr Impuls, dann spontan zu tun?«

- »Sie beschreiben, dass Ihr geliebter Mensch Ihnen immer wieder etwas sagt. Wie hört sich seine Stimme dabei an? Aus welcher Richtung kommt die Stimme? Wie und wo berührt Sie die Stimme in Ihrem Körper? Und wenn Sie umgekehrt ihm etwas sagen wollten, wie würden Sie es ihm sagen?«

Imaginative Vertiefung einer Näheerfahrung

Berichten Trauernde von Näheerfahrungen, sollten sie eingeladen werden, diese Erfahrungen in der Trauerbegleitung zu aktualisieren und imaginativ zu erleben. Dabei können über das VAKOG-Modell die Erfahrungen über die verschiedenen Sinneskanäle mit ihren Submodalitäten (Schmidt 2005, S. 62 f.) intensiviert werden. Dann werden die Trauernden gebeten, diese Begegnungserfahrungen nach innen zu nehmen, dort zu verankern und zu bewahren. Danach sollen sie sehr bewusst in die äußere Realität, in der der geliebte Mensch abwesend ist und bleibt, zurückkehren. Die dann häufig auftretende Trauer unterstützt einerseits die Realisierungsarbeit, anderseits das Verstehen, dass die Nähe- und Identifizierungserfahrungen als innere Erfahrungen akzeptiert werden müssen.

7.3 Reinternalisierende Erinnerungsarbeit

Fallvignette

Eine Familie hat ihren zwölfjährigen Jungen nach kurzer, schwerer Erkrankung verloren. Die Eltern legen ein Diktafon auf den Familientisch. Sie und die Geschwister des verstorbenen Jungen können die spontan auftauchenden Erinnerungen aufsprechen. Jedes auch noch so kleine Bruchstück einer Erinnerung wird festgehalten. Es entsteht fast so etwas wie ein liebevoller »Wettbewerb«, wer die meisten, von den anderen schon vergessenen Erinnerungen hat. Dann werden die Erinnerungen abgeschrieben und zusammen mit Fotos in ein großes Erinnerungsbuch eingebracht. An besonderen Gedenktagen, wie dem Geburtstag des verstorbenen Jungen, setzt sich die Familie zusammen und schaut sich gemeinsam das Erinnerungsbuch an.

Im Verlust fehlt den Trauernden der geliebte Mensch im Äußeren, aber auch im Inneren erleben Trauernde häufig eine Leerstelle, die das Weggehen des geliebten Menschen hinterlässt. Das belegen Metaphern wie »Mein geliebter Mensch ist mir aus dem Herzen gerissen«

oder »Da, wo er war, ist jetzt ein großes Loch« oder »Mit ihm ist auch ein Teil von mir gestorben«.

Der Vernichtungsakt des Todes wird also nicht nur im Außen, sondern auch schmerzlich im Inneren als Zerstörung oder als Entfernen der internalen Repräsentanz des geliebten Menschen erlebt. Parallel zu dieser Erfahrung setzt bei Trauernden sofort das intensive Bemühen um eine Reinternalisierung des Verstorbenen ein. So werden beispielsweise fieberhaft die aktuellsten Fotos vom Verstorbenen gesucht und von anderen Angehörigen erbeten. Diese erinnernde Reinternalisierung nimmt über die externalen Erinnerungsstimuli die Erinnerungsspuren auf.

Zugleich vollzieht sich eine Reaktualisierung der Erinnerungen. Trauernde suchen intensiv in ihrem biografischen Gedächtnis (Markowitsch u. Welzer 2005) nach Erinnerungen. So erinnern sich Trauernde an die letzten Stunden oder Tage, die sie mit dem Verstorbenen verbracht haben. Oft entwickelt sich das Bedürfnis, die Erinnerungen an den Verstorbenen schriftlich festzuhalten.

Im Folgenden wird gezeigt, wie die Reaktualisierung und Reinternalisierung des Verstorbenen über die Erinnerungsarbeit gezielt unterstützt und angeleitet werden kann.

7.3.1 Erinnerungsarbeit als konstruktiver Prozess

Die Erinnerungen an das mit dem geliebten Menschen gemeinsam Erlebte nehmen in der Trauerarbeit einen zentralen Platz ein. Trauernde erleben ihre Erinnerungen als etwas, das ihnen nicht mehr genommen werden kann und in dem der Verstorbene bewahrt ist. Trauerbegleitung ist daher zu einem wesentlichen Teil Arbeit mit und an den Erinnerungen.

Der Prozess des Sicherinnerns hat verschiedene Funktionen:

- Aktivieren von Erinnerungen, auch von solchen, die vergessen schienen
- Vergegenwärtigung und Intensivierung von Erinnerungen und den dazugehörigen Gefühlen
- Begegnung mit dem geliebten Menschen im Erinnerungsraum und damit seine bewusste Reinternalisierung
- Erinnern als internale Beziehungserfahrung mit dem Verstorbenen

- Vertiefung der Beziehung zum geliebten Menschen und damit Stabilisierung der inneren Beziehung
- bewusste Gestaltung von Erinnerungen zu einem stimmigen Erinnerungsraum, der zu einem internalen Beziehungsraum wird
- Erinnerungen werden zu einem sicheren Ort (dazu mehr in Kap. 8).

Erinnerungen sind – das zeigt die Hirnforschung – Ergebnis von konstruktiven Prozessen des Gehirns. Von daher gibt es keine historisch objektiven, sondern nur subjektiv stimmige Erinnerungsbilder und -szenarien. Es ist auch bekannt, dass Erinnerungen immer wieder neu rekonstruiert und umgestaltet werden, nicht zuletzt entsprechend den aktuellen Bedürfnissen des Sicherinnernden. Erinnerungen werden auf den verschiedensten Sinneskanälen aktualisiert und häufig in Form von Erzählungen präsentiert und gestaltet. Dabei werden einzelne Episoden zu einer zusammenhängenden Erzählung gefügt, die für die Hinterbliebenen emotional evident sein muss. Sie muss für sie zu dem Bild vom Verstorbenen ebenso passen wie zu der Beziehung zu ihm und jeweils umgekehrt (Neimeyer 2006; Neimeyer et al. 2008a).

Auch die Arbeit mit den Erinnerungen ist zwischen Realisierungs- und Beziehungsarbeit angesiedelt. Einerseits vertiefen Erinnerungen die innere Beziehung zum geliebten Menschen, weil in der Erinnerung immer auch eine Begegnung mit ihm erlebt wird. Dann aber muss der Erinnerungsraum immer wieder verlassen werden. Dadurch wird deutlich, dass das im Sicherinnern Erlebte nicht mehr gelebt werden kann und dass der geliebte Mensch in der Realität, in die der Trauernde aus der Erinnerung zurückkehrt, nicht mehr anwesend ist. In der Trauerbegleitung ist der Trauernde hier immer wieder behutsam, aber klar mit dieser äußeren Realität zu konfrontieren. Bei Trauernden löst das Sicherinnern häufig auch Trauer aus, weil sie wissen, dass das Erinnerte nie mehr mit dem geliebten Menschen erlebt werden kann. Spätestens beim Verlassen der Erinnerung wird deutlich, dass nun in der äußeren Realität eine andere Wirklichkeit als in der Erinnerungsrealität gilt. Dies verhilft nicht nur zu einer immer wieder nötigen Realisierung der Abwesenheit des Verstorbenen, sondern auch zu der Einsicht, dass der Erinnerungsraum im Unterschied zum äußeren Wirklichkeitsraum einen inneren, psychischen Raum darstellt.

7.3.2 Erinnerungen als Beziehungserfahrung

Wenn Trauernde in ihre Erinnerungen gehen, erleben sie dies nicht nur als ein Abrufen von Bildern, sondern als internale Begegnung, in der ihnen der geliebte Mensch nahekommt. In den Momenten intensiver Erinnerung leben Hinterbliebene mit ihrem geliebten Menschen. Sie selbst tauchen in die Erinnerung ein und sind im Erleben intensiv mit ihr assoziiert. Dies wird subjektiv als eine »reale« Begegnung erlebt, die die Beziehung zum Verstorbenen aktualisiert.

Damit Erinnerungen zu einer Begegnungs- und Beziehungserfahrung für die Hinterbliebenen werden, sollten sie eingeladen werden:

- mit allen Sinneskanälen in die Erinnerung und damit auch in die Begegnung mit dem geliebten Menschen hineinzugehen
- die Erinnerungen jetzt zu intensivieren und dabei Liebe, Zuneigung und andere Beziehungsgefühle zu spüren
- die Erinnerungen jetzt bewusst zu gestalten, sodass aus der Erinnerung auch eine neue und aktuelle Begegnungsszene werden kann
- die Erinnerungserfahrung im Körper zu verankern und zu bewahren
- die Erinnerung wieder zu verlassen, also wieder in die Dissoziation zur erlebten Erinnerung zu gehen und sich wieder in der äußeren Realität einzufinden.

Erinnerungsarbeit hat deshalb, hypnosystemisch gesehen, die Funktion, die innere Beziehung der Hinterbliebenen zum geliebten Menschen zu stärken. Erinnerungen unterstützen in dieser beziehungsorientierten Erinnerungsarbeit das Wiederauffinden des Verstorbenen als inneres Objekt, sie stellen die Objektkonstanz wieder her und ermöglichen so eine innere Beziehung. Werden dann die Erinnerungen als Beziehungserfahrungen utilisiert, fundieren und stabilisieren sie die innere Beziehung zum Verstorbenen.

7.3.3 Interventionen zur Erinnerungsarbeit

Einladung zu narrativen Prozessen
Die Trauerbegleiter sollten so bald als möglich, oft schon im Erstgespräch, zum Erzählen von Erinnerungen einladen. Damit wird den

Trauernden signalisiert, dass auch der Verstorbene ein wesentliches Thema in der Trauerbegleitung ist. Ebenso wird den Trauernden bedeutet, dass Erinnerungsarbeit ein wichtiger Teil der Trauerarbeit ist (vgl. dazu auch den Traueransatz von Neimeyer 2006; Neimeyer et al. 2008a). Häufig werden Erinnerungen auch als tröstlicher Gegenpol zur Verzweiflung und zu der akuten Trauer erlebt, sodass Erinnerungen die Trauernden auch stabilisieren. Sie wirken als heilsame Gegenbilder (Reddemann 2001, S. 24) zu der Verlusterfahrung und der im Verlust erlebten Leere.

Die Trauerbegleiter können die Trauernden einladen, sich zu erinnern:

- an das letzte Zusammensein mit dem geliebten Menschen
- an die letzten Stunden und Tage mit ihm
- an die Phasen und die besonderen Höhepunkte der gemeinsamen Geschichte
- an gemeinsam bewältigte Lebensaufgaben
- an gemeinsam bewältigte kritische und schwierige Situationen in der gemeinsamen Geschichte
- an bestimmte Familienfeste oder Familienunternehmungen
- an den Beginn der Beziehung oder – bei verstorbenen Kindern – an die Schwangerschaft und Geburt des Kindes.

Beachte!

Traumatische Erinnerungen wie die an das unerwartete Auffinden des Leichnams sollten nicht durch die Einladung zum Erzählen emotional intensiviert werden, sondern müssen zunächst in einer guten Distanz zu den Trauernden gehalten werden. Die Erinnerungsbilder werden imaginativ an einen guten und zugleich heilsamen Ort gebracht, an dem sie sicher und liebevoll aufgehoben sind (vgl. ähnlich die Tresorübung in der Traumatherapie nach Reddemann). Dabei muss den Trauernden versichert werden, dass sie den Verstorbenen in dieser Situation nicht verraten oder alleinlassen, sondern dass er zum Beispiel gut in ihrem Herzen bewahrt ist.

Zunächst sollten nur emotional schöne und verbindende Erinnerungen abgerufen werden. Schwierige Erinnerungen werden imanativ an einen heilsamen Ort gebracht (vgl. die Methode der Tresor-übung, Reddemann 2001, S. 46). Erst später im Trauerprozess werden Trauernde eingeladen, sich auch an schwierige oder konfliktträchtige Situationen zu erinnern. Hier zeigt sich meist, dass eine Konflikt- und Klärungsarbeit (vgl. Abschn. 9.3) mit dem Verstorbenen nötig ist, damit auch diese schwierigen Erinnerungen in die biografische Gesamterzählung und das Gesamtbild vom Verstorbenen integriert werden können.

Die narrativen Prozesse in der Trauerarbeit können durch verschiedene Imaginationen unterstützt werden, indem die Trauernden eingeladen werden, zum Beispiel das letzte Weihnachtsfest in der Imagination jetzt zu erleben, zu erkunden, zu vertiefen und im Anschluss zu erzählen.

Eine zur Narration einladende Imagination ist hier am Beispiel eines verstorbenen Kindes ausgeführt.

Imagination

Den Verstorbenen in verschiedenen Altersabschnitten imaginieren
»Ich möchte Sie einladen, die Entwicklung Ihres Kindes und die wichtigsten gemeinsamen Zeiten und Phasen jetzt noch einmal sozusagen in einem Überblick, in einer Zusammenschau zu erleben. Wenn Sie möchten, können Sie dazu die Augen schließen und sich jetzt an Ihr Kind erinnern – und zwar an den ersten Moment, als Sie es nach der Geburt in den Armen hielten. [Pause.] Schauen Sie dieses Baby genau an, spüren Sie es auf Ihren Armen, und fühlen Sie, was Sie fühlen. Dann machen Sie von Ihrem Kind in diesem Alter ein Foto. Das stellen Sie als Anfangsbild einer Fotoreihe auf den Bildschirm Ihres Computers oder als Papierbild vor sich auf den Tisch. [Pause.]

Dann sehen Sie Ihr Kind im Alter von einem Jahr, vielleicht in dem Moment, in dem es das Gehen lernt. Schauen Sie die Situation genau an, spüren Sie, was Sie spüren, besonders auch Ihre Liebe und Ihren Stolz. Dann machen Sie wieder ein Foto, das Sie auf dem Bildschirm als zweites Foto neben das erste platzieren. [Pause.]

Nun sehen Sie Ihr Kind im Alter von drei Jahren, vielleicht wie es spielend auf dem Fußboden sitzt. Erinnern Sie sich genau, in allen Einzelheiten, in allen Farben – und natürlich an Ihre Gefühle, und machen Sie wieder ein Foto. Das stellen Sie auf dem Bildschirm in die Reihe der anderen Fotos. [Pause.] Nun gehen Sie in die nächsten Altersabschnitte, machen jeweils ein Digitalfoto, das Sie in die Bilderreihe auf Ihrem PC-Bildschirm stellen. Machen Sie das so lange, bis Sie Ihr Kind in seinem letzten Altersabschnitt fotografiert haben. Dann schauen Sie sich die ganze Fotoreihe an. Sie sehen, wie Ihr Kind sich entwickelt hat, welche Persönlichkeit sich herauskristallisiert hat. [Pause.] Mit Blick auf die Fotoreihe und das Leben Ihres Kindes spüren Sie noch einmal intensiv Ihre ganze Liebe und Zuneigung, vielleicht aber auch die Trauer darüber, dass dieses Leben zu Ende gehen musste. [Pause.] Jetzt sehen Sie das Leben Ihres geliebten Kindes vor sich. Sie oder Ihr Unbewusstes können in den nächsten Tagen noch mehr Bilder in diese Reihe der bisherigen Bilder einfügen. Wie zufällig werden Ihnen neue Bilder und Erinnerungen einfallen, die Sie dann innerlich fotografieren und in die Reihe der Fotos stellen. So wird diese Bildreihe vom Leben Ihres Kindes immer genauer, reicher und dichter. Mit der Sicherheit, dass dies geschehen wird, kommen Sie langsam hierher zurück.«

Diese Imagination kann auch bei dem Verlust eines erwachsenen Partners verwendet werden. Hier wählt man als Beginn den Zeitpunkt des Kennenlernens und schaut sich imaginativ verschiedene Phasen der gemeinsam erlebten Zeit an.

Gestaltung von Erinnerungen

Trauernde sollten immer wieder angeregt werden, ihre Erinnerungen konkret zu gestalten. Sie werden gebeten, die in der Sitzung besprochenen Erinnerungen zum Beispiel zu malen oder als Vorbereitung für die nächste Sitzung bestimmte Fotos auszuwählen und dann mitzubringen.

Am besten ist es, zusammen mit den Trauernden eigenständige Gestaltungsformen der Erinnerungen zu finden. Hierfür gibt es sehr viele Möglichkeiten. Einige sollen im Folgenden als Anregungen aufgeführt werden:

- Sammeln und Zusammenstellen von Fotos, bestimmte wichtige Fotos vergrößern lassen und sie an einer ausgewählten Stelle aufhängen oder aufstellen

- mit den Fotos den Lebensweg des Verstorbenen in einer Collage darstellen
- den gemeinsamen Lebensweg malen, zum Beispiel als Weg durch verschiedene Landschaften oder als verschiedene Stationen und Abschnitte
- eine Erinnerungsecke mit Fotos gestalten.

Eine für die Erinnerungsarbeit sehr wichtige Erinnerungsübung ist im Folgenden näher ausgeführt.

Erinnerungsübung

Erinnerungssätze finden und aufschreiben
»Ich möchte Sie bitten, sich ein leeres Heft oder eine Kladde zu besorgen. Dann schreiben Sie in die erste Zeile einen Einleitungssatz: ›Ich sehe dich, wie du ...‹, und ergänzen ihn mit einer einzelnen, konkreten Erinnerung. Das sieht dann so aus: ›Ich sehe dich, wie du an deinem Schreibtisch sitzt.‹

Dann schreiben Sie den ersten Teilsatz erneut und ergänzen ihn mit einer anderen Erinnerung. Wichtig ist dabei, dass Sie jede noch so kleine und unscheinbare Erinnerung in dieser Form festhalten. Jede Erinnerung wird andere, oft scheinbar vergessene Erinnerungen wachrufen.«

Die Trauernden werden gebeten, diese Erinnerungsübung über längere Zeit hinweg durchzuführen. So entsteht eine reiche Sammlung von episodischen Erinnerungen. Später werden folgende andere einleitende Sätze vorgegeben: »Ich höre dich, wie du ...« und »Ich spüre dich, wie du ...«.

Utilisieren von externalen Erinnerungsankern
Insbesondere Gegenstände werden von Trauernden als Erinnerungsbrücken benutzt. Sie stehen für bestimmte Situationen, die mit dem Verstorbenen erlebt wurden, aber auch für ihn selbst. Solche Gegenstände fungieren als Übergangsobjekte (Winnicott 1976), die den Verstorbenen so lange im Externalen repräsentieren, bis der Verstorbene sicher reinternalisiert ist und die Hinterbliebenen sich in einer sicheren Beziehung zu ihm erleben. Erst dann können Trauernde diese Objekte zu der für sie stimmigen Zeit weggeben.

Zunächst werden Trauernde ermutigt, die verbleibenden Dinge zu sichten, aus ihnen auszuwählen und bewusst damit umzugehen.

Manche Gegenstände können schon jetzt weggegeben werden, manche werden für eine gewisse Zeit wichtig sein, andere dagegen werden zu bleibenden Erinnerungsstücken.

Besonders wichtig sind folgende Gegenstände:

- Gegenstände, die der Verstorbene angefertigt hat, wie zum Beispiel selbst gemalte Bilder oder ein von ihm gepflanzter Baum
- gemeinsam benutzte Gegenstände wie Bücher, CDs, ein bestimmtes Geschirr und anderes
- Gegenstände, die an bestimmte besondere Situationen erinnern
- Kleidungsstücke und der damit verbundene Geruch des Verstorbenen
- Gegenstände, die bestimmte Aspekte des Verstorbenen symbolisieren, wie zum Beispiel ein Musikinstrument oder Werkzeug.

Diese Gegenstände können an besonderen Orten der Wohnung oder des Hauses aufgestellt werden, unter anderem in einer »Gedenk- und Erinnerungsecke«. Trauernde können auch eingeladen werden, ein Schatzkästchen mit den zehn wichtigsten Erinnerungsgegenständen zu gestalten.

Im Folgenden wird dies als Imagination angeboten.

Imagination

Eine Erinnerungsschatzkiste anlegen

»Ich möchte Sie gerne einladen, aus Ihrem Unbewussten das Bild eines besonderen Aufbewahrungsbehältnisses für wichtige Erinnerungsgegenstände aufsteigen zu lassen. Vielleicht macht Ihnen auch Ihr geliebter Mensch einen guten Vorschlag, worin Sie diese Erinnerungsstücke aufbewahren könnten. Das kann eine Schatztruhe, ein Schatzkästchen, eine Schatzhöhle oder etwas anderes sein – was immer für Sie, für Ihr Unbewusstes und für Ihren geliebten Menschen stimmt und passt. [Pause.]

Wenn Sie das Bild oder auch das Gefühl für solch eine besonderes Behältnis haben, dann lassen Sie aus Ihrem Unbewussten die wichtigsten Gegenstände aufsteigen, die Sie an Ihren geliebtten Menschen erinnern und die Sie gerne für lange Zeit dort in diesem Behältnis und damit in sich aufbewahren möchten. Das kann alles sein, was immer für Sie stimmt. Vielleicht etwas, das Ihr geliebter Mensch selbst hergestellt hat, vielleicht etwas, das ihm sehr wichtig war, vielleicht etwas, das er gerne angezogen und getragen hat, vielleicht etwas, das Sie gemeinsam gekauft oder benutzt haben – was immer es ist, das nehmen Sie jetzt behutsam in die Hand. [Pause.]

Sie berühren und spüren es und sind – sofern Sie das jetzt möchten – darüber Ihrem geliebten Menschen nahe. Dann legen Sie diesen Erinnerungsgegenstand behutsam in Ihr besonderes Erinnerungsbehältnis, in Ihren Schatz- und Erinnerungsraum. So verfahren Sie mit jedem Erinnerungsgegenstand, wie viele das jetzt auch sein mögen. Lassen Sie sich dazu alle Zeit der Welt. [Pause.]

Wenn Sie dann alle jetzt wichtigen Gegenstände gut aufbewahren konnten, dann zeigt mir das ein Kopfnicken – oder Heben des Zeigefingers – an. Wenn Sie nun möchten, können Sie Ihr Aufbewahrungsbehältnis mit einem goldenen Schlüssel abschließen. Sie werden ihn immer bei sich tragen, sodass Sie das Behältnis jederzeit öffnen können. Sie können dann jederzeit ein Erinnerungsstück herausnehmen – besonders in Zeiten, in denen Ihnen Ihr geliebter Mensch sehr fehlt –, und es behutsam in die Hand nehmen. Sie können auch jederzeit noch weitere Erinnerungsstücke dort hineinlegen und aufbewahren. Vielleicht möchten Sie irgendwann, wenn Sie Ihren geliebten Menschen ganz sicher in sich tragen, das eine oder andere Erinnerungsstück weggeben. Jetzt aber ist es wichtig, dass Sie wissen – und mit diesem Wissen kommen Sie nachher hierher zurück –, dass jedes dieser Erinnerungsstücke gut aufgehoben ist und Sie immer wieder in eine innere Verbindung mit Ihrem geliebten Menschen bringen kann.«

Imaginative Intensivierung von Erinnerungen
Einzelne erinnerte Episoden sollten wie die Näheerfahrungen (vgl. 7.2.3) immer wieder per Entspannung oder Trance im Erleben der Trauernden intensiviert werden. Das dient zum einen der stabilen Verankerung der Erinnerung, zum anderen der internalen Begegnungs- und Beziehungserfahrung in der Imagination der Trauernden.

Gestalterinnerung

Die Sorge von fast allen Trauernden, Erinnerungen zu verlieren oder zu vergessen, ist nicht ganz von der Hand zu weisen und sollte ernst genommen werden. Einzelne Episoden aus der gemeinsamen Zeit mit dem Verstorbenen können tatsächlich verloren gehen; auch können einzelne Episoden mit anderen Erinnerungen zu generellen Erinnerungsbildern verschmelzen. Um diese Angst ernst zu nehmen, sollte man Trauernden erklären, dass sie vielleicht Details vergessen werden, nie aber den geliebten Menschen und alles, was ihn als Person ausmacht.

Dies macht auch folgende Imagination erlebbar.

Imagination

Gestaltwahrnehmung des Verstorbenen

»Wie viele andere Menschen machen auch Sie sich Sorgen, vieles von Ihrem geliebten Menschen zu vergessen. Auch wenn Einzelheiten vergessen werden sollten, eines werden Sie nie vergessen, nämlich die besondere Gestalt Ihres geliebten Menschen, seinen Gang, seine Hände, sein Gesicht und vieles mehr – und natürlich seine ganz besondere Persönlichkeit. Ich möchte Sie nun einladen, all das intensiv jetzt zu erleben und gut in Ihnen zu verankern. [Pause.]

Vielleicht stellen Sie sich vor, wie Ihr geliebter Mensch aus einer größeren Entfernung auf Sie zukommt. Sofort erkennen Sie seine Statur, seine Körperhaltung, seinen Gang und seine Gesamterscheinung. Und Sie wissen ganz intuitiv – und Ihr Unbewusstes mag Sie in diesem Wissen und Erkennen unterstützen –, dass sich darin die ganze Persönlichkeit Ihres geliebten Menschen ausdrückt. Und Sie können die Person und – wenn Sie so wollen, das besondere Wesen – Ihres geliebten Menschen genau beschreiben, besser noch, jetzt genau spüren. Genau das entdecken Sie jetzt auch, indem Ihr geliebter Mensch näher kommt, in seinem Gesicht, in seinen Augen, in seiner Ihnen so bekannten Stimme, in seinen Ihnen so vertrauten Gesten – all das zeichnet sich jetzt in Ihnen als die besondere Person mit ihren ganz besonderen Charakterzügen ab. [Pause.]

Sie lassen all diese genauen Wahrnehmungen in sich wirken. Dabei sind Sie sich sicher, dass Ihnen dies nie verloren geht und

Sie sich immer, sofern Sie es wollen, an Ihren geliebten Mensch als Ganzes, in seiner Gestalt, in seiner Person erinnern können. Vielleicht sagt Ihnen Ihr geliebter Mensch jetzt auch: ›So bleibe ich immer in deinem Gedächtnis und in deinem Herzen.‹ Sie können das unterstützen, indem Sie jetzt die Person, die Gestalt Ihres geliebten Menschen gut in Ihrem Körper verankern und bewusst festmachen, in Ihrem Herzen vielleicht, in der Bauchregion oder in Ihrem Geist und Denken. So bleibt Ihr geliebter Mensch gut in Ihrem Unbewussten, in Ihrem unbewussten Körperwissen und in Ihrem Körper – kurz: in Ihnen – bewahrt und aufgehoben. Und mit dem Wissen, dass Sie sich das immer wieder bewusst oder unbewusst in Erinnerung rufen können, kommen Sie langsam hierher zurück.«

7.4 Zusammenfassung und Ausblick

Damit sind die ersten Prozessschritte der kreativen Beziehungsarbeit im Sinne einer Reinternalisierung des Verstorbenen, einer Reetablierung und ersten Fundierung der inneren Beziehung angesichts der akuten Verlusterfahrung abgeschlossen. Sie bestehen – zusammenfassend noch einmal aufgeführt – in:

- einer Aktivierung und Utilisierung der Beziehungsemotionen
- einer Reetablierung einer sicheren inneren Bindung durch die Reinternalisierung des Verstorbenen über die Anwesenheits- und Identifizierungserfahrungen
- einer reinternalisierenden Erinnerungsarbeit.

Weitere wichtige Schritte der kreativen Beziehungsarbeit werden in den Kapiteln 8, 9 und 11 beschrieben und umfassen:

- eine Implementierung und Fundierung eines sicheren Ortes für den Verstorbenen als wichtige Basis für die innere Beziehung zum Verstorbenen
- eine bewusste Gestaltung der Beziehung zum Verstorbenen
- einen Ego-State-Prozess, in dem der Verstorbene zu einem inneren Gegenüber in unterschiedlichen Formen wird
- eine Konflikt- und Klärungsarbeit, durch die Störungen und Blockaden in der Beziehung zum Verstorbenen bearbeitet werden

- eine Transformation der innern Bindung zu einer freien Beziehung zum Verstorbenen, sodass eine bezogene Individuation und eine individuierte Bezogenheit möglich werden
- eine Integration der inneren Beziehung in das Leben nach dem Verlust, sodass die Beziehung zu einem normalen und hilfreichen Aspekt in der Person und im Leben des Hinterbliebenen wird und bleiben kann.

8. Trauerarbeit als Suche nach dem sicheren Ort für den Verstorbenen

Fallvignette

Eine Familie verliert ihren 28-jährigen Sohn. Er hatte als begeisterter Segler und Taucher immer wieder von einer bestimmten Bucht auf einer Kanareninsel erzählt und Fotos von ihr gezeigt. Nach dem Tod des Sohnes ist den Eltern sofort klar, dass es diese Bucht ist, in der ihr Sohn weiterexistiert. Über komplizierte Umwege gelingt es ihnen, mit der Urne ihres verstorbenen Sohnes zu dieser Bucht zu fahren. Zusammen mit der Freundin des Verstorbenen zerstreuen sie seine Asche in der Bucht. Sie sind ihrem Sohn dabei ganz nahe und erleben umgekehrt ihren Sohn nahe. Die Familie macht Fotos von dieser Bucht und hängt sie dann nach der Rückkehr von dieser Reise zu Hause an prominenten Stellen auf.

8.1 Der sichere Ort für den Verstorbenen – ein Grundkonzept für die hypnosystemische Trauerarbeit

Ich habe bei vielen Trauerbegleitungen immer wieder erlebt, dass Trauernde fragen, wo der Verstorbene jetzt sei. Ganz ausgeprägt und wichtig ist diese Frage für Kinder in einer Verlustsituation. Man kann diese Frage als Ausdruck eines magischen Weltverständnisses der Kinder oder der Trauernden, die durch den Verlust in eine kindliche Regression gebracht werden, verstehen. Dann wird man allerdings weder den Gefühlen noch dem Wirklichkeitsverständnis von Trauernden gerecht.

Die Frage nach dem Aufenthaltsort des verstorbenen geliebten Menschen ist für Trauernde in der Regel eine existenzielle Frage. An ihr entscheidet sich auch, ob und wie eine innere Beziehung zum Verstorbenen weitergelebt werden kann. Ist der Verstorbene durch den Tod gänzlich vernichtet oder in einem Nichts verloren, gibt es zu ihm weder einen Zugang noch eine weiter gehende innere Beziehung. Deshalb ist das Konzept des sicheren Ortes für den Verstorbenen ein wesentlicher Teil eines beziehungsorientierten, systemischen Verständnisses der Trauer: Der sichere Ort für den Verstorbenen ermöglicht und sichert nicht nur die – freilich andere Art – der Existenz des Verstorbenen, sondern auch eine auf Dauer angelegte weiter gehende internale Beziehung zum Verstorbenen.

Die Suche nach einem sicheren Ort ist für Trauernde also eine Traueraufgabe (vgl. die vierte Traueraufgabe im Trauerkonzept von Worden 2009), die sich Trauernde selbst stellen. Damit sie diese Traueraufgabe lösen können, bedarf es psychischer Energie; hypno-therapeutisch gesprochen: der fokussierten Aufmerksamkeit.

In einem hypnosystemischen Verständnis von Trauerarbeit besteht diese Traueraufgabe darin:

- einen sicheren, bewahrenden Ort für den Verstorbenen zu suchen und zu finden
- diesen sicheren, bewahrenden Ort zu implementieren und zu verankern
- diesen sicheren, bewahrenden Ort so zu gestalten, dass es für den Trauernden und – aus Sicht des Trauernden auch für den Verstorbenen – stimmig ist
- und den Zugang zum sicheren, bewahrenden Ort offen zu halten.

Eine hypnosystemisch verstandene Trauerbegleitung begleitet also die Trauernden bei ihrer Suche nach einem sicheren Ort. Sie unterstützt die Trauernden, diesen sicheren Ort innerseelisch zu implementieren und auszugestalten. Hier gleicht die Trauerbegleitung der Traumatherapie. Auch dort sind die Implementierung und die Ausgestaltung eines sicheren Ortes eine Standardintervention, die in die Stabilisierungsphase gehört – allerdings mit einem wesentlichen Unterschied: Dort wird der sichere Ort für das traumatisierte Ich, in der Trauerbegleitung wird der sichere Ort für den Verstorbenen gesucht und eingerichtet. Versteht man allerdings auch den Verstorbenen als internales Beziehungsobjekt oder als Ego-State, dann gibt es kaum noch Unterschiede in der Arbeit am und mit dem sicheren Ort.

Für die Trauernden selbst – und das muss unbedingt berücksichtigt werden – ist der Verstorbene ein reales Gegenüber, das mit seinem Tod nicht aus der Wirklichkeit verschwindet, sondern das mit seinem Ableben an einen anderen Ort oder in eine andere Wirklichkeit geht oder transformiert wird.

Exkurs

Das Gehirn und die sicheren Orte

Die Suche nach einem sicheren Ort für den Verstorbenen lässt sich aus der Struktur unseres Gehirns verstehen (vgl. dazu auch den Exkurs in Kap. 3 »Das Gehirn und das Nicht«). Unser Gehirn und die ihm inhärente Erkenntnistheorie, die im Wesentlichen eine emotionale Erkenntnistheorie ist, sind evolutionsbiologisch zentral von den Kategorien des Raumes geprägt. Der Hippocampus ist im Gehirn die zentrale Verarbeitungsinstanz für die räumliche Orientierung und Verortung von raumzeitlichen Erfahrungen (Spitzer 2002, S. 22 ff.; Markowitsch u. Welzer 2005, S. 71 f.). So sind auch die Prozesse des Denkens und Fühlens eingeordnet in die Modalitäten des Raumes: oben und unten, rechts und links, vorne und hinten, hier und dort, diesseits und jenseits einer bestimmten Grenze. Philosophisch hat zunächst Kant gezeigt, dass die Raum-Zeit-Kategorien menschliche Konstrukte sind. Dann wies Einstein in seiner Relativitätstheorie nach, dass die Raum-Zeit-Kategorien relativ und vom jeweiligen physikalischen Bezugssystem abhängig sind. Die Raum-Zeit-Kategorien, wie unser Gehirn sie konstruiert, dienen dem biologischen Überleben im Raum der klassischen Physik. In diesem Raum ist unser Gehirn im langen Prozess der Evolution als »Raum-Zeit-Organ« entstanden.

In der Alltagsorientierung und in der Orientierung in einer emotionalen Extremsituation wie bei einem Verlust benutzt unser Gehirn ganz selbstverständlich die Strukturen des Raumes und der Zeit, um psychisch zu überleben.

Trauernde können und wollen sich nicht vorstellen, dass der Verstorbene überhaupt nicht mehr existent ist. Vielmehr legen die Strukturen unseres Denkens nahe, anzunehmen und zu fühlen, dass der Verstorbene in einer anderen Seinsweise an einem anderen Ort existiert. Diese Existenz wiederum ist an die Bedingungen des Raums geknüpft. Von daher stellt sich unausweichlich die Frage nach dem Ort für den Verstorbenen. Dies zeigt sich auch darin, dass die Frage nach dem sicheren Ort für die Verstorbenen in fast allen Religionen und Kulturen gestellt und mit archetypischen Bildern beantwortet wird.

Das Konzept des sicheren Ortes und eines guten Platzes hat neben dem systemischen, hypnotherapeutischen und hypnosystemischen Ansatz weitere theoretische Hintergründe und Grundlagen:

- Paläoanthropologisch: Seit der mittleren Steinzeit sind verschiedene Formen der Bestattung nachweisbar, die als Indiz für Vorstellungen von einer Fortdauer des Lebens nach dem Tode in einer anderen Seinsweise an einem anderen Ort gelten (Fansa 2000; Wahl 2006).
- Religionspsychologisch: In praktisch allen Religionen und Kulturen wird der Tod des Menschen als Übergang an einen anderen Ort und in eine andere Wirklichkeit verstanden (von Barlowen 2000).
- Tiefenpsychologisch: Die Tiefenpsychologie C. G. Jungs (Jung 1985) zeigt, dass sowohl die Todes- als auch Jenseitsvorstellungen der Religionen und Mythen als archetypische Symbole und Bilder zu verstehen sind. Sie sind nach jungianischem Verständnis im kollektiven Unbewussten gespeichert und werden zum Beispiel in Todesträumen sichtbar (Hark 1995).
- Familientherapeutisch: In den Wirklichkeitsraum einer Familie gehören wichtige Verstorbene und brauchen dort einen guten, gewürdigten Platz (Sparrer 2004).
- Traumatherapeutisch: Der sichere Ort ist ein Schutzort für einen traumatisierten Ich-Anteil (Reddemann 2001, 2004); die von Traumatisierten für ihren sicheren Ort gewählten Bilder und Symbole gleichen der Struktur nach den Bildern für die sicheren Orte für Verstorbene in den verschiedensten religiösen und mythologischen Überlieferungen.

Der Trauerprozess kann auch als Prozess des Suchens nach diesem sicheren Ort für den Verstorbenen verstanden werden. Für manche Trauernde ist der sichere Ort sehr rasch spontan und intuitiv klar. Andere Trauernde brauchen keine visuelle Vorstellung von diesem Ort, weil ihnen der Gedanke genügt, dass es ihrem geliebten Menschen an seinem Aufenthaltsort gut geht.

Für viele Trauernde ist der Suchprozess ein langer Weg, wieder andere können mit dem Gedanken eines sicheren Ortes zunächst wenig anfangen.

> *Beachte!*
> *Wenn Trauernde den Gedanken eines sicheren Ortes für den Verstorbenen ablehnen, ist das in der Trauerbegleitung ebenso zu akzeptieren wie die Haltung, dass mit dem Tod »alles aus« ist. Diese Position gilt es als realistische Haltung zu würdigen, aber dann sollte man fragen, was das für die Trauer und für eine mögliche innere Beziehung zum Verstorbenen bedeutet. Häufig können diese Trauernden akzeptieren, dass der Verstorbene in der Erinnerung und im Gedenken als inneres Bild »weiterlebt«.*

8.1.1 Interventionen

Systemische Fragen
Mithilfe der systemischen Fragen werden der Gedanke des sicheren Ortes eingeführt und bei den Trauernden ein innerer Suchprozess angeregt:

- »Hatte Ihr geliebter Mensch Vorstellungen davon, was mit ihm nach seinem Tod passieren wird, wo er im Sterben hingehen wird? Haben Sie selbst Vorstellungen, Bilder, aber vielleicht auch Wünsche und Sehnsüchte zu der Frage, wo Ihre geliebter Mensch jetzt sein könnte?«
- »Wenn Sie sich einen guten Ort für Ihren geliebten Menschen vorstellen, einen Ort, an dem er auf eine neue Weise sein kann, wie könnte dieser Ort aussehen? Wäre es eher ein schützender, umgrenzter Raum oder eher ein weiter, offener Raum? Wäre es dort eher warm oder eher angenehm kühl? Welchen Farbton müsste dieser Ort haben, an dem Ihr geliebter Mensch gut da sein könnte?«
- »Gäbe es einen Ort, über den Ihr geliebter Mensch sagen würde, dass er dort niemals sein wollte? Wie wird dieser Ort aussehen? Wenn Sie nun, von diesem Ort ausgehend, einen Alternativort für Ihren geliebten Menschen finden und gestalten würden, wie würde der nun aussehen können?«
- »Für Sie ist es schwierig, sich vorzustellen, dass Ihr geliebter Mensch an einem bestimmten Ort weiterexistieren soll. So geht es auch anderen Trauernden, und das ist aus meiner Sicht ganz in Ordnung. Für viele Trauernde existiert der Verstorbene

aber in der Erinnerung und im Gedenken weiter. Wie erleben Sie diese Idee? Könnte das für Sie so etwas Ähnliches wie ein sicherer Ort für Ihren geliebten Menschen sein, sozusagen ein innerer sicherer Ort?«

Imagination

Am Beginn der Trauerbegleitung kann man Trauernde in ihrem Suchprozess mit folgender Imagination anregen. Dabei kann das Unbewusste oder die Liebe zum Verstorbenen gebeten werden, den Trauernden in dieser Suche nach einem sicheren Ort für den Verstorbenen zu unterstützen.

Suchreise nach einem sicheren Ort für den Verstorbenen

»Ich möchte Sie einladen, für Ihren geliebten Menschen einen sicheren, bergenden Ort zu finden, an dem er gut und geschützt bewahrt bleibt. Bei dieser Suche kann Sie Ihr Unbewusstes oder Ihre Liebe zu Ihrem geliebten Menschen unterstützen. Fragen Sie also Ihr Unbewusstes oder Ihre Liebe, ob es Sie bei dieser Suchreise unterstützt oder ob es selbst auf die Suchreise geht und Ihnen Bilder von diesem sicheren, bewahrenden Ort schenkt. Wenn es bereit dazu ist, zeigt es mir ein Kopfnicken. [Pause.]

Ich möchte Sie und Ihr Unbewusstes bitten, achtsam zu spüren und zu prüfen, an welchem schützenden Ort Ihr geliebter Mensch sein mag, an welchem haltenden Ort er gut aufgehoben wäre und er dort bewahrt und gehalten wäre. Vielleicht wissen Sie es schon lange ganz intuitiv, dann steigen jetzt Bilder dazu auf. Vielleicht brauchen Sie auch noch längere Zeit, um wirklich genau zu wissen, welcher haltende und sichere Ort zu ihm passt. Dann kann Ihr Unbewusstes jetzt auf eine Reise gehen, eine Reise durch die ganze Welt und vielleicht darüber hinaus, um zu schauen, welcher Ort für Ihren geliebten Menschen stimmt. Lassen Sie sich für diese Reise jetzt Zeit, vielleicht brauchen Sie und Ihr Unbewusstes auch noch einige Tage und Wochen – das ist völlig in Ordnung, geht es doch um eine wichtige Frage. Dann wird Ihnen wie zufällig einfallen, welcher Ort es sein könnte.

Wenn Sie jetzt schon den sicheren, guten Ort für Ihren geliebten Menschen wissen, dann spüren Sie, wie sich dieser haltende, Ruhe gebende Ort anfühlt. Vielleicht begegnen Sie dort auch

Ihrem geliebten Menschen. Lassen sie geschehen, was geschieht. [Pause.]

Dann verabschieden Sie sich von diesem Ort oder von Ihrem geliebten Menschen an diesem Ort mit dem Wissen, dass Sie nun diesen Ort für Ihren geliebten Menschen gefunden haben und dass er Ihnen nicht mehr verloren geht – und vor allem: dass Ihr geliebter Mensch an diesem schützenden, heilsamen Ort gut und sicher gehalten und geborgen ist. Sie kommen dann allmählich mit Ihrem Bewusstsein hierher in diesen Raum und in diese Realität zurück, von der Sie auch wissen, dass hier Ihr geliebter Mensch nicht mehr lebt. Und so sind Sie jetzt bei Ihrem Zurückkommen einerseits von der Entdeckung des sicheren, haltenden Ortes getröstet, andererseits spüren Sie vielleicht jetzt wieder Ihre Trauer darüber, dass Ihr geliebter Mensch hier abwesend ist.«

8.2 Die Bedeutung des sicheren Ortes – Dortlassen statt »Loslassen«

Der »sichere Ort« hat ein weit breiteres Spektrum an Qualitäten, als es in diesem Begriff zu fassen ist. Der sichere Ort umfasst folgende Qualitäten, die jeder Trauernde entsprechend seiner besonderen Verlustsituation auch noch einmal differenziert und individuell färbt.

Der Ort für den Verstorbenen ist aus der Sicht und im Erleben der Trauernden:

- Ein bergender Ort: Der Verstorbene wird dort aus seinem Tod geholt und wird dorthin gerettet und geborgen.
- Ein haltender Ort: Der Verstorbene ist aufgefangen und gehalten und kann nicht mehr verloren gehen.
- Ein sicherer und schützender Ort: Der Verstorbene ist vor einer weiteren Vernichtung geschützt; an diesem Ort hat sozusagen auch der Tod keinen Zutritt mehr.
- Ein guter und heilsamer Ort: Der Verstorbene wird geheilt und kann dort ganz werden; der Verstorbene kommt dort zu Ruhe und findet seinen Frieden. Viele Trauernde sagen: »Dort, wo mein geliebter Mensch ist, dort geht es ihm gut.«
- Ein dauerhafter Ort: An diesem Ort gelten die Gesetze der Zeitlichkeit nicht mehr, hier ist der Verstorbene auf »ewig« bewahrt. Dies ist die besondere Qualität von transzendenten und spirituell verstandenen sicheren Orten für den Verstorbenen.

Entwicklungspsychologisch gesehen, liegt die emotionale Basis für einen sicheren Ort in der Erfahrung des Embryos im haltenden »Gefäß« des Uterus (vgl. Sloterdijk 1998, 1999). Die Bindung des Säuglings zu den Eltern verlängert dann diese Uteruserfahrung in eine psychologische Erfahrung des emotionalen Gehaltenwerdens. Winnicotts (1976) Konzept der haltenden Umgebung (»holding environment«) beschreibt anschaulich, dass der Säugling in der Bindung zu den Eltern – idealerweise – nicht nur einen physischen Halt, sondern emotionale Sicherheit erfährt.

Die Trauerbegleitung als Arbeit an der Implementierung des sicheren Ortes für den Verstorbenen knüpft an diese frühen Erfahrungen an. Auch wenn Trauernde diese Erfahrung in ihrer eigenen Biografie nur gebrochen oder kaum erlebt haben, können sie über die Symbole und Bilder des Gehaltenwerdens diesen sicheren Ort für ihren geliebten Menschen imaginativ finden und gestalten. Das ist die besondere Chance einer hypnotherapeutisch fundierten Arbeit mit Trauernden.

Ziel dieser Arbeit ist es nun, dass die Trauernden nicht nur diesen Ort für ihren Verstorbenen finden, sondern dass sie ihren geliebten Menschen sicher an diesem Ort wissen und dass der Ort selbst dauerhaft in ihnen verankert ist. Sehr häufig spüren Trauernde dies intuitiv, manchmal bedarf es einer vertieften Verankerung eines sicheren Ortes im Erleben der Trauernden.

Ist der sichere Ort für den Verstorbenen eingerichtet und verankert, dann kann er seine eigentliche Funktion im Trauerprozess entfalten.

Der sichere Ort für den Verstorbenen ist nun ein Ort:

- zu dem hin die Trauernden den Verstorbenen loslassen können
- zu dem die Trauernden den Verstorbenen gehen lassen können
- an dem die Trauernden den Verstorbenen dort *da* sein, also *existent* sein lassen können
- an den und an dem die Trauernden den Verstorbenen freilassen können
- und über den die Trauernden zum Verstorbenen ihre Beziehung weiterleben können

Das in bisherigen Traueransätzen so wichtige »Loslassen« und »Abschiednehmen« löst bei Trauernden Widerstände aus, weil es für sie ein Loslassen ins Nichts wäre. Mit der Installation eines sicheren Ortes wird nun das Ziel des Loslassens definiert. Es ist nun ein Loslassen *an den* oder *zum* sicheren Ort. Dort kommt der Verstorbene an und ist dort sicher aufgehoben. In der Trauerbegleitung kann nun statt des häufig aversiv besetzten Begriffes »Loslassen« der Begriff »Dortlassen« gebraucht werden. Der Verstorbene bleibt im Erleben der Hinterbliebenen dort in seiner – wie auch immer vorgestellten – Seinsweise existent und wird nach seinem Sterben nicht ein zweites Mal vernichtet. Nun kann auch die innere Beziehung zum Verstorbenen gelebt werden, soweit es der Trauernde wünscht. Der Hinterbliebene kann den Verstorbenen an seinem sicheren Ort imaginativ immer wieder aufsuchen, umgekehrt kann der Verstorbene von seinem sicheren Ort immer wieder im Bewusstsein der Hinterbliebenen aufsteigen.

Und schließlich können die Hinterbliebenen – und das sei hier ausdrücklich betont – wieder in ihr Leben zurückkehren (vgl. dazu Kap. 11), weil sie den Verstorbenen sicher geborgen wissen. Auch wenn die Hinterbliebenen wieder ihr Leben leben und der Verstorbene in den Hintergrund der Aufmerksamkeit und des Erlebens tritt, so geht er ihnen niemals verloren, weil die Hinterbliebenen – sofern sie es wünschen – den Verstorbenen am sicheren Ort immer wiederfinden und aufsuchen können.

> *Beachte!*
> *Für manche Trauernden ist die Vorstellung eines sicheren Ortes zu konkretistisch. Sie ziehen ein symbolisches Verständnis des sicheren Ortes vor und deuten die Präsenz des Verstorbenen psychologisch. Für diese Trauernden wird die Beziehung oder die Liebe zum Verstorbenen zu einem sicheren Ort. Manchmal erleben Trauernde auch einen Klang oder eine bestimmte Musik als sicheren Ort für den Verstorbenen.*

8.3 Die hypnosystemische Arbeit an und mit den verschiedenen sicheren Orten

In diesem Abschnitt werden die sicheren Orte beschrieben, die von Hinterbliebenen immer wieder gefunden und benutzt werden. Dieses

Material und die vorgeschlagenen Interventionen sind offene Möglichkeiten, zu denen die Trauernden eingeladen werden können. Ausgangspunkt sind dabei immer die Wünsche der Trauernden und die von ihnen eingebrachten Vorstellungen und Ideen. Dem hypnotherapeutischen Utilisationsprinzip entsprechend, ist es am günstigsten, wenn die sicheren Orte von den Trauernden selbst entwickelt beziehungsweise in der Trauerbegleitung gemeinsam entwickelt werden. Interventionen unterstützen dann diesen Prozess. Allerdings sind viele Trauernde in ihren Trauergefühlen sehr gebunden, sodass sie gerne auf Interventionsvorschläge und Anregungen für sichere Orte eingehen. Es muss dann im Prozess immer wieder achtsam geprüft werden, ob die vorgeschlagenen Anregungen wirklich von den Trauernden aufgegriffen und von ihnen als stimmig erlebt werden.

Sowohl das Material für sichere Orte als auch die möglichen Interventionen sind sehr zahlreich. Deshalb werde ich mich hier auf die wichtigsten Möglichkeiten beschränken und manches nur benennen. Weiteres Material und ausführliche Anregungen finden Sie in meinen beiden Trauerbüchern (Kachler 2007a, 2009b).

Bei der Arbeit an und mit den sicheren Orten für den Verstorbenen gilt es unbedingt zu beachten, dass die meisten Trauernden mehrere sichere Orte für ihren Verstorbenen haben. Der Raum der Seele und des Unbewussten scheint hierfür groß genug zu sein. Auch logische Widersprüchlichkeiten scheinen hier nicht zu gelten. So beschreibt eine Witwe, dass sie ihrem Mann am Grab sehr nahe ist, und zugleich erlebt sie ihren Mann auf einem bestimmten Stern, den sie am Abendhimmel immer wieder sucht. Im Verlaufe des Trauerprozesses lösen sich auch oft die verschiedenen sicheren Orte ab. Häufig – aber nicht als Regel und gar als Norm zu verstehen! – findet eine zunehmende Internalisierung und Symbolisierung der sicheren Orte statt. Meist wird im Laufe der Zeit die Erinnerung oder der eigene Körper gegenüber äußeren konkreten Orten wie dem Grab oder der Unfallstelle des Verstorbenen wichtiger.

8.3.1 Konkrete Orte in der äußeren Realität

Fallvignette

Ein Vater, dessen 30-jähriger Sohn an einer Überdosis Drogen gestorben war, geht immer wieder – vier Jahre nach dem Tod seines Sohnes – in die Bahnhofsgegend in ein Café, in dem sein Sohn häufig verkehrte und das auch jetzt noch von Drogenabhängigen besucht wird. Er bleibt dort eine Stunde, spürt die Präsenz seines Sohnes und fühlt sich ihm dort nahe. Wenn er das Café verlässt, ist er traurig und getröstet zugleich.

Am Beginn des Trauerprozesses sind die sicheren Orte meist konkrete Orte in der äußeren Realität. Hier wird jetzt der geliebte Mensch als anwesend erlebt. Die Orte sind verbunden mit seiner vergangenen und jetzt erneut erlebten Anwesenheit oder – wie beim Grab – mit konkreten Zeichen, die für die Anwesenheit des Verstorbenen stehen. Diese konkreten Orte können auch aufgesucht werden. Trauernde tun dies häufig ganz bewusst als Gang zu ihrem geliebten Menschen. Oft wird zum Beispiel der Besuch des Grabes zu einem eigenen Ritual, bei dem die Trauer zugelassen und zugleich die Nähe des Verstorbenen gesucht wird.

Für Trauernde sind folgende konkrete Orte wichtig:

- das Grab oder der Friedhof
- der Unfall- oder Sterbeort
- das Zimmer des Verstorbenen: bei verstorbenen Kindern ihr Jugendzimmer, bei Erwachsenen häufig ihr Arbeitszimmer
- Orte des früheren gemeinsamen Zusammenseins: wie der Garten, in dem gemeinsam gearbeitet wurde; ein bestimmter Weg, auf dem das Paar oft gemeinsam spazieren ging; ein bestimmter Urlaubsort oder das dortige Ferienhaus.

Exkurs
Das Grab als ältester sicherer Ort?

Vermutlich ist das Grab der älteste sichere Ort, an dem die Verstorbenen ihren guten, gewürdigten und sicheren Platz finden. Seit 100 000 Jahren sind bewusst angelegte Bestattungen nachweisbar. Die Toten wurden mit Steinplatten abgedeckt und geschützt (Fansa 2000, S. 14 ff.; Wahl 2006, S. 241). Der Stein scheint die Unverletzlichkeit dieses besonderen Ortes und die Ruhe des Toten zu schützen. In der Jungsteinzeit werden (seit 30 000 Jahren) Tote in der sogenannten Hockerstellung und in rot gefärbter Erde oder auf ausgestreutem Ocker bestattet. In der Jungsteinzeit finden sich auch Doppelgräber und ganze Gräberfelder, ebenso sind verschiedene Bestattungsriten wie die Schädelbestattung und mehrstufige Bestattungen (Fansa 2000; Wahl 2006) nachweisbar. Den Toten wurden Grabbeigaben wie Perlen, verzierte Kleidung, später auch Gefäße und Waffen beigelegt.

Diese Grabbeigaben weisen darauf hin, dass das Grab auch als Übergangsort und als Eingangstor zu einer Reise an einen spirituellen sicheren Ort verstanden wurde. Die Hinterbliebenen sind dabei mit dem Verstorbenen in Fürsorge und Mitgefühl über den Tod hinaus verbunden.

Das Grab ist für viele Trauernde zunächst der Ort, an dem der Verstorbenen seinen Platz, seine »Stätte« und Ruhestätte findet. Etymologisch bedeutet »Bestattung« nicht nur, dass der Verstorbene an seine »Statt«, also seinen Ort gebracht wird, sondern dort auch mit allem Nötigen versorgt wird. Dann ist das Grab für viele Trauernde auch der Präsenzort für den Verstorbenen, an dem sie sich als ihrem geliebten Menschen nahe erleben. Des Weiteren ist das Grab auch ein Kommunikationsort, an dem mit dem Verstorbenen geredet wird. Und schließlich wird das Grab für viele Hinterbliebene zu einem besonderen Trauerort, an dem getrauert werden kann.

Diese konkreten Orte und die Erfahrung der Trauernden an diesen Orten sind wieder in der Polarität der Realisierung der äußeren Abwesenheit einerseits und dem Erleben der inneren Beziehung andererseits angesiedelt:

- An den konkreten Orten werden die Präsenz und Nähe des Verstorbenen erlebt. Es ist der Ort, an dem eine Begegnung mit dem Verstorbenen erfahren wird. Zugleich tritt der Trauernde in den Raum früherer gemeinsamer Erfahrungen ein, die nun in der Erinnerung und im Erleben reaktiviert werden. Und schließlich wird an diesen Orten die Beziehung zum Verstorbenen gepflegt. Dies geschieht sehr konkret zum Beispiel mit der und über die Grabpflege oder in den am Grab laut oder leise gesprochenen Dialogen mit dem Verstorbenen.
  Die konkreten Orte sind also auch Begegnungs-, Kommunikations- und Beziehungsorte, die zu einem festen Bezugspunkt in der Beziehung zwischen Hinterbliebenen und Verstorbenem werden.

- An den konkreten sicheren Orten wird von Trauernden aber auch erlebt, dass der geliebte Mensch nicht mehr lebt, dass er gestorben und real nicht anwesend ist. Zunehmend wird an diesen Orten die bleibende Abwesenheit des Verstorbenen realisiert. Deshalb werden an diesen Orten auch der Schmerz und die Trauer erlebt und gelebt, zumal das gerade am Grab auch sozial erlaubt ist. Die Trauer kann dort ausgelebt und zunehmend an diesem konkreten Ort gelassen werden. Der Hinterbliebene kann dann mit »weniger« Trauer in seinen Alltag zurückkehren. Er kann zunehmend den Ort der Trauer differenzieren vom Alltagsleben als einem Raum, in dem er seine Trauer nicht mehr offen lebt.

  Konkrete Orte sind also auch Realisierungsorte und Trauerorte, an denen die äußere Abwesenheit des Verstorbenen zu einer konkret erlebbaren Realität wird.

Die Wichtigkeit der äußeren Orte für den Trauerprozess wird bei uneindeutigen Verlusten sichtbar (Boss 2000). Gibt es zum Beispiel wie bei den Opfern des Attentats auf das World Trade Center in New York am 11. September 2001 keine sterblichen Überreste und keinen Bestattungsort, verzögern sich sowohl die Realisierung des Todes als auch die Entwicklung einer inneren und doch freien Beziehung zum Verstorbenen. In solchen Fällen sollte mit dem Trauernden überlegt werden, ob er sich ersatzweise eine andere Gedenkstelle einrichtet, wie zum Beispiel, dass er einen Baum für den Verstorbenen an einem für ihn passenden Ort pflanzt. Darüber hinaus sollten Trauernde mit uneindeutigen Verlusten zur Suche nach anderen sicheren, im Wesentlichen inneren Orten – wie die Erinnerung oder der eigene Körper – angeregt werden. Gerade bei uneindeutigen Verlusten erweist sich die besondere Fruchtbarkeit des Konzeptes der sicheren Orte für den Verstorbenen.

Die Entwicklung eines äußeren Ortes für den Verstorbenen kann zwei Richtungen nehmen: Oft wird er durch die – zunehmend ritualisierten – Besuche zu einem bleibenden sicheren Ort für den Verstorbenen und zu einem Kommunikationsort, an dem die Beziehung über lange Zeit gelebt wird. Bei anderen Hinterbliebenen tritt dagegen die Bedeutung dieses äußeren Ortes allmählich zurück. Mit zunehmender Internalisierung des Verstorbenen werden andere sichere Orte, wie spirituelle Orte oder die Erinnerung als internaler sicherer Ort, wichtiger. Häufig erleben Trauernde dabei auch Schuldgefühle, wenn ein äußerer sicherer Ort aufgegeben wird. In solchen Fällen sollte man Trauernde auf den Prozess der Internalisierung des Verstorbenen aufmerksam machen. Nicht selten erzwingen zum Beispiel auch Umzüge oder andere Umstände das Räumen des Zimmers des Verstorbenen oder das Aufgeben der Besuche des Grabes oder der Unfallstelle.

Beachte!

Immer wieder erleben Trauernde – durchgehend oder phasenweise – an den beschriebenen konkreten Orten keine Präsenz des Verstorbenen, manchmal auch keine Trauer, sondern nur Leere, Betäubung oder große Distanz zu sich und zum Verstorbenen. Dies gilt es in der Trauerbegleitung aufzugreifen und als für die jetzige Phase des Trauerprozesses stimmig zu würdigen. Darüber hinaus sollten diese Erfahrungen als angemessener Ausdruck eines unendlich großen Verlustes anerkannt werden. Darüber kommen die Trauernden wieder in Kontakt mit sich. Dann kann auch – behutsam und vorsichtig – die Arbeit an einem anderen sicheren Ort, vorzugsweise in der Erinnerung als sicherem Ort, vorgeschlagen werden.

8.3.1.1 Interventionen

Systemische Fragen

Die systemischen Fragen laden die Trauernden ein, an den konkreten sicheren Orten ihre Gefühle zuzulassen, sie genau wahrzunehmen und so einen weiteren Teil der Realisierungs- und Beziehungsarbeit zu tun:

- »Gibt es einen Ort, an den Sie hingehen oder hinreisen könnten, von dem Sie sagen könnten, da spüre ich den Geist oder die Nähe meines geliebten Menschen? Gehen Sie einmal im Geiste verschiedene Orte durch, die für Sie beide zu Lebzeiten Ihres geliebten Menschen wichtig waren. Woran würden Sie merken, dass das ein sicherer Ort für Ihren geliebten Menschen werden könnte? Wenn Sie diesen Ort für sich gefunden haben, möchte ich Sie einladen, bis zu unserer nächsten Sitzung an diesen Ort zu gehen und genau zu spüren, was Sie dort erleben – welche traurigen Erfahrungen und welche tröstlichen Überraschungen.«

- »Wenn Sie an das Grab/in das Zimmer Ihres geliebten Menschen gehen, was erleben Sie dort? Wie nahe und wie weit entfernt ist hier für Sie Ihr geliebter Mensch? Was tun Sie, um mehr Nähe zu ermöglichen?«
- »Ich möchte Sie einladen, genauer zu spüren, was Sie dort an diesem konkreten Ort spüren. Ich möchte Sie einladen, jetzt innerlich in Ihren Gedanken dorthin zu gehen und zu spüren, was Sie dort an diesem Ort spüren. Was genau fühlen Sie da: Ist es eher warm oder kühl dort, eher offen oder eng, eher schwer oder leicht?«

Imaginative Vertiefung der Erfahrungen am konkreten sicheren Ort

Ausgehend von den Schilderungen dessen, was Trauernde am konkreten Ort erlebt haben, werden sie eingeladen, in der Sitzung imaginativ noch einmal diesen Ort aufzusuchen. In der Imagination werden die Beziehungserfahrungen hervorgehoben und vertieft. Zugleich werden die konkreten Erfahrungen nach innen genommen und eine Internalisierung unterstützt. Häufig berichten Trauernde dann auch, dass der nächste Besuch dieses konkreten Ortes intensiver oder bewusster erlebt wurde.

Rituale am konkreten sicheren Ort

Rituale können Trauernde unterstützen, den konkreten sicheren Ort sehr bewusst aufzusuchen und über das Ritual eine sichere Beziehung zum Verstorbenen aufzubauen. Auch hier gibt es zahlreiche Möglichkeiten, die zusammen mit den Trauernden erarbeitet werden sollten. So kann konkret überlegt werden, wie und mit welchen Pflanzen das Grab und die Unfallstelle gestaltet werden soll. Viele Trauernde bringen aus dem Urlaub einen Stein an das Grab. Eine Frau schreibt regelmäßig Briefe und liest sie ihrem verstorbenen Mann am Grab vor. Eine Mutter geht regelmäßig in das Zimmer ihrer verstorbenen Tochter, zündet dort eine Kerze an und ist ihr so nahe.

8.3.2 Die Erinnerung als sicherer Ort

Viele Trauernde kommen zur Trauerbegleitung mit der Sorge, manchmal mit der regelrechten Angst, den Verstorbenen zu vergessen. Für

Trauernde wäre das Vergessen ein zweiter Verlust, der für sie sehr bedrohlich und ängstigend ist. Dies wäre zugleich auch ein Verrat am geliebten Menschen, der dann der eigenen Nachlässigkeit, einer mangelnden Erinnerungsfähigkeit oder einer mangelnden Liebe zugeschrieben würde. Auch aus diesem Grunde ist der schnelle Einstieg in die Erinnerungsarbeit als Internalisierungsarbeit, wie sie im Kapitel 7 beschrieben wurde, so wichtig. Die Motivation und Bereitschaft, an der erinnernden und reaktualisierenden Internalisierung zu arbeiten, ist deshalb sehr hoch und sollte mit der konkreten Anleitung zum Erinnern aufgegriffen werden. Dies senkt die bei Trauerbegleitungen nicht selten zu beobachtende Abbruchquote.

Gelingt die Internalisierung über die Erinnerung, wird der Raum der Erinnerungen (vgl. dazu die Forschungen zum autobiografischen Gedächtnis von Markowitsch u. Welzer 2005) zu einem eigenen sicheren Ort, der verschiedene Funktionen erfüllt:

• Die Erinnerungen werden zu einem zusammenhängenden Erinnerungsraum, in den die Hinterbliebenen immer wieder gehen können, um den Verstorbenen zu finden.
• Der Erinnerungsraum ist ein internaler Raum im Unterschied zu externalen sicheren Orten. Die Trauernden lernen so, dass die Trauerarbeit im Wesentlichen eine Internalisierung des Verstorbenen und der Beziehung zu ihm darstellt.
• Der Erinnerungsraum wird zu einem haltenden und bergenden Ort für den Verstorbenen.
• Der Erinnerungsraum wird zu einem Begegnungs- und Beziehungsraum, in dem der geliebte Mensch als Gegenüber, also als eigener Ego-State, erlebt wird.

Beachte!
Bei manchen Trauernden scheinen die Erinnerungen einen Großteil des Lebens einzunehmen und das Leben in der äußeren Realität zu ersetzen. Im Falle hochbetagter Trauernder, meist Witwen, ist das in der Regel auch adaptiv. Die Erinnerungen werden bei einem kleiner werdenden externalen Lebensraum zu einem eigenen internalen Lebensraum. In anderen Fällen kann das intensive Verbleiben in Erinnerungen problematisch werden, zum Beispiel bei trauernden Eltern, die die Geschwister des verstorbenen Kin-

> *des emotional vernachlässigen. Hier gilt es, Trauernde behutsam zu konfrontieren und auf den psychischen Preis aufmerksam zu machen, den sie selbst oder andere nahe Menschen zu entrichten haben. Es sollte gemeinsam verstanden werden, wozu das intensive Verbleiben in der Erinnerung wichtig ist und ob diese wichtige Funktion nicht auf andere Weise erreicht werden kann. Es ist zum Beispiel hilfreich, den Körper als alternativen sicheren Ort anzubieten.*

8.3.2.1 Interventionen

Die wesentlichen Interventionen zur Erinnerungsarbeit wurden in Kapitel 7 dargestellt. Ich möchte hier noch eine Imagination vorschlagen, in der der Erinnerungsraum als eigenständiger internaler Raum zugänglich und erlebbar wird.

Imagination

Der Gang durch die Bildergalerie der eigenen Erinnerungen
»Ich möchte Sie einladen, einen Entdeckungsrundgang durch Ihre Erinnerungen an Ihren geliebten Menschen zu machen. Sie können sich Ihren Erinnerungsraum als eine große Bildergalerie vorstellen. In dieser Galerie befinden sich unendlich viele Bilder von Ihrem geliebten Menschen, Bilder von gemeinsamen Erfahrungen – Bilder, die Sie kennen, Bilder, die Sie schon lange vergessen hatten, Bilder, die in fernen Winkeln Ihres Gedächtnisses, Ihrer Bildgalerie verborgen sind und die der Entdeckung harren. [Pause.]

Bitten Sie nun Ihr Unbewusstes, dass es Sie in die Gänge und Räume Ihrer ganz besonderen, eigenen Bildgalerie führt. [Pause.] Wenn Sie ein Ja-Signal bekommen, können Sie losgehen in Ihre Bildergalerie, die sich vielleicht in einem Schloss, in einem Museum oder einem anderen Gebäude befindet. In den ersten Räumen werden Sie bekannte Bilder von Ihrem geliebten Menschen, von sich und ihm sehen. Wenn Sie möchten, können Sie sich diese Erinnerungsbilder genauer anschauen oder in die Bilder sozusagen hineinsteigen. [Pause.] Wenn Sie sich von Ihrem Unbewussten nun in Bilderräume mit jetzt noch unbekannten, aber bald schon bekannten Bildern führen lassen wollen, dann zeigt mir das ein Kopfnicken (oder das Heben des Zeigefingers). Neugierig, vielleicht auch ein wenig ängstlich schauen Sie sich um und lassen sich dabei alle Zeit der Welt. Jetzt sehen Sie Bilder, Erinnerungsbilder, die schon lange vergessen waren. Sie sind überrascht und berührt. ›Ja‹, sagen Sie sich, ›das habe ich mit dir erlebt. Wie schön, sich jetzt wieder daran zu erinnern.‹ Sie betrachten sich diese neue alte Erinnerung genau, gehen vielleicht näher an das Bild heran oder steigen in diese Erinnerung jetzt hinein. [Pause.] Jetzt wollen Sie noch mehr solcher Erinnerungsbilder sehen. Ganz aufgeregt führt sie jedes nun neu aufsteigende Bild in Ihrer Bildergalerie weiter – von einem zum nächsten neuen Erinnerungsbild. [Pause.]

Irgendwann kommen Sie in einen Raum, in dem es heute – aber vielleicht später – nicht weitergeht. Sie sehen schon die Tür zu neuen Erinnerungsräumen und neuen Bildern, und doch ist es für heute genug. Sie sind ganz glücklich über die neuen Erinnerungen und Erfahrungen mit Ihrem geliebten Menschen. Mit diesen neuen Erinnerungsschätzen kehren Sie um und gehen noch einmal die Bildergalerie zurück – zuerst an den neu entdeckten Bildern, dann an denn schon lange bekannten Erinnerungen vorbei. Dann verlassen Sie – reich an neuen Erinnerungen – Ihre Bildergalerie mit dem Wissen, dass Sie dort in der nächsten Zeit noch viele tröstliche und beglückende Erinnerungen haben werden, und kommen hierher zurück.«

Beachte!

Bilder von schwierigen, konfliktträchtigen Situationen aus der gemeinsamen Beziehungsgeschichte können in dieser Imagination zunächst in einen anderen Raum der Galerie gebracht werden. Sie werden dann später genauer angeschaut, bearbeitet und in die Reihe der anderen Bilder eingeordnet und integriert. Bilder von traumatischen Situationen müssen unter Berücksichtigung der Loyalität entsprechend den Methoden der Traumatherapie bearbeitet werden.

8.3.3 Der eigene Körper als sicherer Ort

Fallvignette

Eine 71-jährige Witwe, die ihren Mann vor etlichen Jahren verloren hat, berichtet, dass sie ihren Mann in ihrem Herzen trage. Dabei fasst sie sich spontan an die Herzgegend. Auf meine Frage, wie das für sie sei, antwortet sie: »Mein Mann ist überall mit dabei.« Dann hält sie kurz inne und ergänzt mit einem Schmunzeln im Gesicht: »Und nun muss er auch dorthin mitgehen, wo er früher nie gerne mit mir hinging.«

Es kann nicht genug betont werden, dass der Trauerprozess ganz zentral eine Körpererfahrung und die Trauerarbeit entsprechend auch eine körperliche Arbeit darstellen, die bei akut Trauernden eine massive Erschöpfung hinterlässt. Der Körper wird von Trauernden in dreifacher Weise als Erfahrungsort erlebt, nämlich:

- für die Schmerz- und die Trauergefühle
- für die Beziehungs- und Liebesgefühle für den Verstorbenen
- für die Repräsentanzen des Verstorbenen.

Viele Trauernde berichten ganz spontan, dass sie ihren geliebten Menschen im Körper spüren und dass er in ihrem Herzen geborgen ist. Auf Fragen nach dem Körperort für den Verstorbenen antworten Trauernde fast immer mit einer spontanen, meist unbewussten Geste, die auf die betreffende Körperstelle verweist. Dies zeigt, dass der geliebte Mensch bzw. seine Repräsentanzen sehr nachhaltig und intensiv im Unbewussten und im limbischen System des Gehirns verankert sind, was sich als Körpergefühl spüren lässt. Umgekehrt sind diese Körpergefühle nach Damasio (1997, 2002) somatische Marker, die dem Gehirn emotional wichtige Prozesse signalisieren. Auch die Körpergefühle, die mit dem Verstorbenen assoziiert sind, fungieren als somatische Marker. Sie führen im Gehirn zur spontanen Aktivierung der emotional aufgeladenen und verankerten Bilder vom Verstorbenen. Deshalb stellen die mit dem Verstorbenen verbundenen Körpergefühle starke und intensive Zugangswege zu ihm dar. Zugleich vertiefen die somatischen Marker die Verankerung der Repräsentanzen des Verstorbenen und der Gefühle für den Verstorbenen im limbischen System. Dieses komplexe psychosomatische System fungiert als ein emotional-somatisches Gedächtnis für biografische Erinnerungen und wird für Hinterbliebene so zu einem sicheren Ort für den geliebten Menschen.

Der Körper als sicherer Ort hat folgende besondere Qualitäten:

- Der Körper ist ein sehr verlässlicher, sicherer emotionaler Gedächtnisspeicher für die Gefühle für den Verstorbenen. Diese Gefühle wiederum aktivieren Erinnerungen und Bilder vom Verstorbenen und von gemeinsamen Erfahrungen.

- Der Körper ist ein sehr ich-nahes emotionales Gedächtnissystem. In ihm, meist an lokal umgrenzten Stellen des Körpers, ist der geliebte Mensch für Trauernde und Hinterbliebene sehr nahe und unmittelbar spürbar.
- Der Körper wird zu einer konkreten Erfahrungsebene und Bühne, auf der die Begegnung mit dem geliebten Menschen zu erleben ist.
- Im Körper kann der Hinterbliebene den verstorbenen Menschen überallhin mitnehmen. Der geliebte Mensch wird hier als innerer Begleiter erlebt, der die Hinterbliebenen auch im neu zu gestaltenden Leben nach dem Verlust begleitet. Damit kann das für viele Trauernde schwierige Problem der Loyalität eine erste Lösung finden.
- Der Verstorbene kann im alltäglichen Erleben in den Hintergrund treten, und zugleich geht er im Körper nicht verloren. Das ist für Trauernde unmittelbar nachvollziehbar, weil eine kurze Aufmerksamkeitsfokussierung auf den bekannten Körperort genügt, um den geliebten Menschen wieder zu spüren.

Nach meiner Erfahrung bleibt der Körper bis an das Lebensende von Hinterbliebenen ein sehr guter und sicherer Ort für den Verstorbenen. Auch Hinterbliebene, die Schwierigkeiten mit dem Konzept der sicheren Orte haben, können ihren Verstorbenen körperlich spüren und so eine verlässliche innere Beziehung aufbauen.

> *Beachte!*
> *Viele Trauernde erleben ihren geliebten Menschen im Nahbereich des Körpers, also nicht unmittelbar im Körper. Häufig ist der körperlich spürbare Ort dicht neben oder hinter dem Hinterbliebenen.*

8.3.3.1 Interventionen

Systemische Fragen

Die systemischen Fragen zielen darauf ab, die Achtsamkeit für die Körpergefühle für den Verstorbenen zu erhöhen, den bewussten Zugang zu ihnen zu ermöglichen und die Körpergefühle aktiv zu verankern:

- »Oft ist der Körper ein Ort, an dem wir unseren geliebten Menschen spüren. Welche Körpererfahrungen haben Sie, und wie sehen die aus? Auf welche Stelle, an der Ihr geliebter Mensch zu spüren ist, weist Ihr Körper selbst hin?«
- »Spüren Sie Ihren geliebten Menschen eher in der Nähe Ihres Körpers oder manchmal im ganzen Körper oder an einer bestimmten Stelle Ihres Körpers? Bleibt diese Stelle immer dieselbe, oder – was ganz normal wäre – verändert sie sich auch?«
- »Wie bei fast allen Trauernden gibt es also auch bei Ihnen diesen ganz besonderen Ort in Ihrem Körper, an dem Sie Ihren geliebten Menschen spüren. Ich möchte Sie nun einladen, einmal mit Ihrer bewussten Aufmerksamkeit intensiv an diese Stelle zu gehen. Sie können das auch mit Ihrem Atem unterstützen, indem Sie Ihren Atem an diese Stelle lenken. Was spüren Sie an diesem Körperort?«
- »Ist das körperliche Gefühl für Ihren geliebten Menschen eher leicht oder eher angenehm kühl, eher schwer oder eher warm (weitere Submodalitäten können erfragt werden)?«
- »Wenn Sie die Körpergefühle für Ihren geliebten Menschen jetzt wachsam wahrnehmen, wie nahe ist Ihnen dann Ihr geliebter Mensch?«
- »Wenn Sie so Ihren geliebten Menschen in Ihrem Körper mit in Ihr Leben nehmen, wie wird sich damit Ihr Leben verändern? In welchen Situationen werden Sie Ihren geliebten Menschen ganz bewusst im Körper spüren wollen? In welchen Situationen wäre es auch in Ordnung, wenn Ihr geliebter Mensch eher in den Hintergrund Ihrer Wahrnehmung treten würde?«

Imaginationen

Wie bei der Körperreise zu den Trauergefühlen in Abschn. 6.3.3 und zur Liebe in Abschn. 7.1.1 werden die Trauernden imaginativ und körpertherapeutisch eingeladen, den Körperort für ihren Verstorbenen zu finden, die mit diesem Ort verbundenen Körperwahrnehmungen genau zu explorieren, diesen Körperort und die mit dem geliebten Menschen verbundenen Körpergefühle zu verankern. Die meisten Trauernden wissen auf Nachfrage intuitiv, an welcher Stelle sich der spezifische Körperort für Ihren geliebten Menschen befindet. Häufig bedarf es nur einer einfachen Aufmerksamkeitsfokussierung auf den Körper. Für sehr viele Trauernde ist das Herz oder der Brustraum ein sicherer Körperort für den Verstorbenen.

> **Beachte!**
> Bei vielen Trauernden ist der Körperort für den Verstorbenen und für die Liebe zu ihm zugleich auch der Ort des Schmerzes und der Trauer. Deshalb steigen in der Arbeit mit dem Körper als sicherem Ort meist auch Trauergefühle auf. Sie sollten als eine Abreaktion zugelassen und im Sinne der Realisierungsarbeit utilisiert werden. Danach können die körperlichen Gefühle der Präsenz des Verstorbenen fokussiert werden mit dem Ziel, diesen Körperort als sicheren Ort für den geliebten Menschen zu verankern.

8.3.4 Das Familiensystem als sicherer Ort

Fallvignette
Der Vater eines fünfjährigen Jungen war vor etlichen Monaten gestorben. Dann findet ein schon lange geplantes großes Familientreffen statt. Beim Gang zum Gasthaus geht der Junge an der Hand seiner Großmutter. Beim Blick auf die Familie fragt der Junge seine Großmutter: »Oma, gehören die alle zu uns?« Die Großmutter antwortet: »Ja, die gehören alle zu unserer Familie.« Nach einem kurzen Moment des Besinnens erwidert der Junge: »Aber der Papa gehört da auch dazu!«

Wichtige Verstorbene gehören zum Familiensystem. Sie brauchen und beanspruchen ihren Platz im System, umgekehrt ist ein Familiensystem nur dann vollständig und zur Entwicklung fähig, wenn es die wichtigen Verstorbenen würdigt und ihnen einen guten Platz im System gibt. Dies zeigen die verschiedensten Ansätze der Familientherapie. Nicht nur in der Familienaufstellung nach Hellinger (Weber 1993; Hellinger 1994), sondern auch in der Weiterentwicklung von Sparrer werden wichtige verstorbene Familienmitglieder in das System gestellt (z. B. bei Sparrer 2004, exemplarisch auf S. 223 ff. die verstorbene Großmutter der Klientin). Nach einer Klärung der Konflikte, Delegationen, Loyalitäten und Schuldzuweisungen- und übernahmen findet nicht nur der Verstorbene seinen ihm angemessenen Platz, sondern auch das Familiensystem findet die Lösung seiner oft über Generationen weitergegebenen Probleme.

Trauernde geben dem Verstorbenen sehr früh im Trauerprozess einen Platz in der Familie, zumal viele Trauerrituale im Kontext der Familie verortet sind. Trauernde wissen intuitiv, dass die Familie ein wichtiger Raum für den Verstorbenen ist und dass die Familie den

Verstorbenen zum Beispiel im gemeinsamen Gedenken bewahren kann.

Die Präsenz des Verstorbenen in der Familie durchläuft in der Regel vier Phasen:

- *Übermächtige Präsenz des Verstorbenen in der Familie*
  Anfangs sind der Verstorbene und die Gefühle der Trauer in der Familie sehr präsent. Überall sind die Gegenwart des Verstorbenen, seine Präsenz und die Trauer um ihn mit Händen zu greifen. Alle Gespräche haben ihn zum Thema, Erinnerungen werden ausgetauscht und im gemeinsamen Erzählen gesichert. Dabei ist der Verstorbene im narrativen und emotionalen Raum der Familie allmächtig präsent. Andere Familienthemen und die anderen Familienmitglieder geraten an den Rand der familiären Aufmerksamkeit und Kommunikation.

- *Suche nach einer Balance zwischen dem Verstorbenen und den anderen Familienmitgliedern*
  Die Familie merkt, dass auch die verbleibenden Familienmitglieder wieder ihren eigenen Raum, die Aufmerksamkeit und Zuwendung brauchen. Dies ist beim Tod eines Kindes besonders für die verbleibenden Geschwister wichtig. Die aktuellen Familienthemen und die Themen der anderen Familienmitglieder treten nun wieder mehr in den Vordergrund. Die narrative und emotionale Präsenz des verstorbenen Familienmitgliedes wird begrenzt.

- *Der Verstorbene nimmt seinen gewürdigten und begrenzten (!) Platz in der Familie ein*
  Das verstorbene Familienmitglied erhält seinen besonderen, aber auch begrenzten Platz in der Familie. Es bleibt Teil der Familie, aber seine Bedeutung wird begrenzt. In der Alltagskommunikation der Familie tritt der Verstorbene als Thema und Bezugspunkt der Kommunikation häufig in den Hintergrund, ohne dass er vergessen wird.

- *Die Familie und das Familiengedächtnis werden zum sicheren Ort für den Verstorbenen*
  Die Familie findet Erinnerungs- und Gedenkrituale, in denen der Verstorbene präsent bleibt. An ausgewählten Punkten des

Familienlebens, wie zum Beispiel am Todestag des Verstorbenen, bezieht sich die Familie in ihren Gesprächen, Erzählungen und Entscheidungen auf den Verstorbenen.

Die Trauerbegleitung unterstützt trauernde Familienmitglieder oder die ganze Familie in diesem Prozess, für den Verstorbenen einen gewürdigten, sicheren und zugleich begrenzten Platz zu finden. Schwere Verluste lähmen den Entwicklungsprozess einer Familie eine gewisse Zeit. Das ist normal angesichts eines massiven Einschnittes in der Familiengeschichte. Gelingt es aber der Familie, dem Verstorbenen einen guten und immer auch begrenzten Platz so zu geben, dass auch die anderen Familienmitglieder wieder ihren Platz und ihre Bedeutung bekommen, kann die Familie allmählich auch die Trauer verabschieden. Sie findet eine veränderte Identität als Familie, in der sowohl die Erfahrung des Verlustes als auch der Verstorbene selbst Teil dieser Identität und Familiengeschichte sind. So kann die Familie sich wieder auf den Fluss familiärer Entwicklungen einlassen.

Familien entwickeln häufig ganz spontan Wege, um ihren Verstorbenen gut in der Familie zu verankern:

- Im gemeinsamen Erzählen konstruiert die Familie kommunikativ eine Familienerzählung, in der der Verlust und der Verstorbene einen besonderen Platz einnehmen.
- Bilder vom Verstorbenen werden zu Stellvertretern für das abwesende Familienmitglied und bezeichnen den Platz, den der Verstorbene weiterhin in der Familie einnimmt.
- Familienbilder, auf denen der Verstorbene als Teil der Familie zu sehen ist, zeigen, dass er weiterhin zur Familie gehört.
- Symbolische Stellvertreter machen die Position des Verstorbenen in der Familie sichtbar, wie z. B. eine Kerze oder ein anderer Gegenstand an dem Tischplatz, an dem der Verstorbene saß.
- Familiäre Gedenkrituale rufen den Verstorbenen in Erinnerung und lassen ihn in der Kommunikation präsent werden. Dies geschieht zum Beispiel beim gemeinsamen Grabgang der Familie am Volkstrauertag; bei einem gemeinsamen Essen, bei dem das Lieblingsessen des Verstorbenen gekocht wird; bei einem Familientreffen am Geburtstag des Verstorbenen.

Auch hier sei noch einmal darauf verwiesen, dass in der Kommunikation über den Verstorbenen die ganze Familie immer zugleich Realisierungs- und Beziehungsarbeit leistet. So wird mit jedem gemeinsam gelebten Gedenktag deutlicher, dass der Verstorbene nicht mehr lebt und abwesend bleibt, zugleich werden die inneren Beziehungen zum Verstorbenen aktualisiert und die Familie als sicherer Ort für den Verstorbenen stabilisiert.

Beachte!
Gab es massive Familienkonflikte oder ungelöste Konflikte mit dem Verstorbenen, dann müssen zuerst diese Konflikte in der Familie und von den Trauernden bearbeitet werden (vgl. Abschn. 9.3), bevor ein gewürdigter Platz für den Verstorbenen in der Familie gefunden und die Familie zum sicheren Ort für ihn werden kann.

8.3.4.1 Interventionen

Hier können die vielfältigen familientherapeutischen Methoden und Interventionen dafür genutzt werden, die beschriebenen familiären Prozesse anzustoßen und zu begleiten. Aus der Fülle der bekannten Methoden seien hier nur einige exemplarisch aufgeführt.

Systemische Fragen

Die systemischen Fragen zielen gewöhnlich auf die Verankerung des Verstorbenen in der Familie ab und laden die Trauernden ein, sich bewusst zu machen, wo der Platz des Verstorbenen und der der anderen Familienmitglieder ist:

- »Wie reden Sie im Augenblick in der Familie über Ihren geliebten Menschen? Wer von den Familienmitgliedern erzählt wie viel und was von ihm?«
- »Der Tod Ihres geliebten Menschen ist ein sehr schmerzlicher Einschnitt für Ihre Familie. Wie verändert dies Ihre Familie? Was denken Sie, wie verändern sich die Aufgaben, Rollen und Positionen der Familienmitglieder? Welche Position nimmt Ihr verstorbener geliebter Mensch weiterhin ein?«
- »Wir wissen, dass die Verstorbenen zur Familie gehören und dass sie auch für die Familie selbst wichtig sind. Wie sehr gehört

Ihr geliebter Mensch zu Ihrer Familie, und woran würden Sie das festmachen?«

- »Ich möchte Sie bitten, hier auf diesem Familienbrett Ihre Familie mit diesen Figuren aufzustellen. Wo steht in der Familie zurzeit die Gestalt, sozusagen die Person der Trauer, wo steht Ihr geliebter Mensch? Was glauben Sie, an welche Stelle würde sich Ihr geliebter Mensch selbst stellen?«

Impulse für familiäre Rituale

Die Trauernden werden angeregt, bisherige familiäre Rituale aufzugreifen und sie auf die Situation nach dem Verlust zu übertragen und entsprechend zu verändern. So kann mit den Trauernden besprochen werden, wie in der Familie der Geburtstag oder der Todestag des Verstorbenen begangen wird. Viele Trauernde und ihre Familien brauchen aufgrund fehlender Erfahrung oder familialer Traditionen auch Anregungen für die Entwicklung neuer Rituale. Diese Rituale sollten im Gespräch gemeinsam mit der Familie entwickelt werden. Viele konkrete Anregungen für Trauernde und ihre Familien finden sich anschaulich beschrieben in Schroeter-Rupieper (2009).

Gestaltung des Platzes des Verstorbenen im Familiensystem

Viele Familien gestalten einen Gedenkplatz für den Verstorbenen. Diese in anderen Kulturen wie in Japan üblichen Erinnerungsorte in der Wohnung oder im Haus der Familie werden auch bei uns zunehmend zur Selbstverständlichkeit. Der Gedenkplatz, wie eine Bilderecke mit einer Kerze oder der Gedenkstein im Garten, wird zum Präsenzort und zunehmend zum Präsenzsymbol für den Verstorbenen und seinen Platz in der Familie. In der Trauerbegleitung ist der Prozess, wie eine Familie diese Erinnerungsorte findet und gestaltet, der eigentliche Fokus. Hier wird nicht nur deutlich, welche Bedeutung der Verstorbene für die Familie hat und haben wird, sondern auch, welche möglichen Probleme im Trauerprozess einer Familie zu erwarten sind.

Imagination

In der Arbeit mit einzelnen Trauernden kann eine Familienaufstellung, in der dem Verstorbenen sein Platz gegeben wird, imaginativ durchgeführt werden. Ist die ganze Familie in der Beratung, kann die Familienaufstellung real vollzogen werden.

Die folgende Imagination nimmt die Metapher des Familienfotos auf, weil Familienfotos für trauernde Familien eine hohe Wichtigkeit besitzen.

Ein inneres Familienfoto machen

»Ich möchte Sie gerne einladen zu spüren, welchen Platz Ihr geliebter Mensch in Ihrer Familie findet oder schon hat. Wenn Sie möchten, können Sie Ihr Unbewusstes und Ihre Liebe zu Ihrem geliebten Menschen um Unterstützung für diese so wichtige Aufgabe bitten. [Pause.]

Stellen Sie sich nun vor, Sie und Ihre Familie möchte ein neues, ganz besonderes Familienfoto aufnehmen. Dazu haben Sie einen sehr guten Fotografen eingeladen. Die ganze Familie ist da – auch Ihr verstorbener geliebter Mensch. [Pause.] Sie sind alle versammelt an dem Aufnahmeort, der für Ihre Familie stimmt. Das kann Ihr Wohnzimmer, Ihr Garten, ein Park oder an einem See sein. Der Fotograf bittet Sie, Ihre Familienmitglieder und den verstorbenen geliebten Menschen, dass Sie sich alle für das Foto aufstellen. [Pause.]

Erstaunt sehen Sie nun, wer sich an welche Stelle für das Familienfoto positioniert. Auch Sie selbst stellen sich in die Familie an den Ort, der für Sie passt. Und nun stellt sich auch Ihr geliebter Mensch an die Stelle, die für ihn und für die ganze Familie stimmt. [Pause.]

Sie spüren, wie es Ihrem geliebten Menschen dabei gut geht und wie Ihre Familie ganz unversehens zu einer ganzen, zu einer vollständigen Familie wird. Während Sie das als Energie und Kraft Ihrer Familie erleben, blicken Sie zu Ihrem geliebten Menschen und nicken ihm lächelnd zu. Das erfüllt Sie mit einem Gefühl von guter Bindung und von Trost, zugleich spüren Sie auch wieder Ihre Trauer darüber, dass Ihr geliebter Mensch nicht mehr lebt. [Pause.]

Nun macht der Fotograf auf sich aufmerksam und drückt auf den Auslöser. Wenn Sie später das Familienfoto in der Hand haben, schauen Sie es aufmerksam an und denken: ›Ja, so ist es gut mit unserer Familie und meinem geliebten Menschen. Er gehört zu uns, und er wird in unserer Familie bleiben. Ja, so ist es gut, weil auch wir als Familie ihn brauchen.‹ Mit diesen Gedanken stellen Sie das neue Familienfoto bei Ihnen zu Hause an einer besonders schönen Stelle auf. Dann kommen Sie hierher zurück in die Realität in diesem Besprechungszimmer in dem Tempo, das für Sie jetzt stimmt.«

8.3.5 Natur und Natursymbole als sichere Orte

Fallvignette

Ein fünfjähriger Junge ist von Regenbogen begeistert. Immer wieder malt er Regenbogen. Nach der »Sendung mit der Maus« zum Thema Regenbogen, an deren Ende als Schlussbild ein Regenbogen über dem Meer erscheint, ertrinkt der Junge in einem See. Für die Eltern dieses Jungen ist der Regenbogen das Symbol, über das sie Zugang zu ihrem Sohn finden. Bei jedem Regenbogen fühlen sie sich ihrem Sohn nahe. Beim Verschwinden des Regenbogens erleben sie, wie abwesend er im Leben der Eltern ist.

Viele Trauernde erleben den Tod ihres nahen Menschen als einen Übergang in die Natur. Dies knüpft an die archaische Vorstellung an, dass der Mensch von der Erde kommt und in die Erde zurückkehrt, dass er also Teil der uns umgebenden Natur ist. Die uns umgebende Natur und ausgezeichnete Orte in ihr werden dann selbst zu sicheren Orten, an denen der Verstorbene gut aufgehoben ist. Die Konstanz der Naturelemente gewährt im Erleben der Trauernden auch die Sicherheit, dass der geliebte Mensch in der Natur aufgehoben und bewahrt bleibt. Zwar liegen diese sicheren Orte – wie der Himmel, ein Stern oder die Weite des Meeres – meist an den Rändern der uns umgebenden Realität, aber zugleich sind sie wahrnehmbar. So ist über sie der sicht- und fühlbare Kontakt zum Verstorbenen möglich. Eine Witwe verortet beispielsweise ihren verstorbenen Mann auf einem hellen Stern am Nachthimmel. Ist dieser klar, schaut sie zu dem Stern hoch, um mit ihrem verstorbenen Mann zu reden.

Folgende Orte in der Natur werden von Trauernden als sichere Orte für ihren Verstorbenen erlebt:

- Konkrete Landschaften, die der Verstorbene geliebt hat oder in denen er zusammen mit dem Trauernden gemeinsame Zeiten verbracht hat, wie zum Beispiel ein bestimmtes Tal oder ein bestimmter Berg in den Alpen.
- Landschaften, die eine besondere Naturerfahrung wie die Erfahrung der Weite oder der Tiefe auslösen, wie zum Beispiel das Meer. So fährt eine junge Frau, die ihren Freund verloren hat,

immer wieder bewusst ans Meer, weil sie ihm dort nahe sein kann.

- Einzelne Naturerscheinungen wie der Regenbogen, die auf- oder untergehende Sonne oder das Licht als besondere Naturerfahrung.
- Teile der Natur, meist angesiedelt an den Grenzen der Wahrnehmung wie der Himmel, der mit Sternen besäte Nachthimmel, einzelne Sterne; aber auch die Erde selbst als symbolisch verstandene Her- und Hinkunftsort des Menschen. Diese Naturerscheinungen haben meist auch eine symbolische Qualität und verweisen auf Transzendenzerfahrungen, die durch den Tod des geliebten Menschen aktiviert werden.

Am Beginn des Trauerprozesses ist für die Trauernden zunächst die konkrete Verortung an ausgewählten Orten der Natur wichtig. Diese werden dann oft auch aufgesucht, weil man dort dem geliebten Menschen nahe sein will. Häufig werden zugleich auch ferne Orte wie der Himmel oder die untergehende Abendsonne als Begegnungs- und Kommunikationsort gewählt. Mit zunehmender Dauer werden die sicheren Orte in der Natur von den Trauernden symbolisch verstanden. Der Himmel oder der Regenbogen wird zum Bild, zur Signatur und zum bildhaften Stellvertreter für den Verstorbenen, worin die – vergangene und gegenwärtige – Beziehung zum geliebten Menschen verdichtet ist. Sie werden so zu visuellen Ankern, die die Präsenz des Verstorbenen in den Hinterbliebenen und die Beziehung zu ihm reaktivieren. Manche Hinterbliebenen erleben über den sicheren Ort in der Natur auch eine spirituelle Dimension, wie das beim Licht, beim Regenbogen oder beim Himmel naheliegt.

Beachte!
Für viele Trauernde gibt es mehrere sichere Orte in der Natur. Zum Beispiel ist eine bestimmte Landschaft und zugleich ein auch symbolisch zu verstehender Ort wie der Himmel oder ein Stern ein sicherer Ort für den Verstorbenen.

8.3.5.1 Interventionen

Systemische Fragen

Haben die Trauernden noch keinen sicheren Ort in der Natur gefunden, laden systemische Fragen zu Suchprozessen ein. Des Weiteren dienen sie der stabilen Verankerung der Orte im inneren System der Trauernden:

- »Viele Menschen finden ihren Verstorbenen in der Natur oder in Symbolen der Natur. Welche Gedanken und Erfahrungen haben Sie dazu? Was sagt Ihr Unbewusstes dazu?«
- »Ich möchte Sie einladen, dass Sie sich einmal verschiedene Teile und Orte der Natur wie die Berge, den Himmel oder das Meer vor Augen führen. Und prüfen Sie nun für sich, an welchem Ort Sie sich Ihrem geliebten Menschen nahe fühlen. An welchem Ort in der Natur wäre für Sie Ihr geliebter Mensch zu finden? Welchen Ort in der Natur würde Ihr Unbewusstes für Ihren geliebten Menschen aussuchen? Welchen guten und bewahrenden Ort würde er für sich selbst wählen?«
- »Sie sagen, dass Ihr geliebter Mensch für Sie am intensivsten am Meer zu spüren ist. Ich möchte Sie einladen, jetzt in Gedanken an das Meer zu gehen, an das Sie seit dem Tod Ihres Partners fahren, was spüren Sie dort? Was tun Sie am Meer, und gäbe es ein kleine Geste oder ein Ritual, das für Ihre Erfahrung dort stimmt? Wenn Sie diese Näheerfahrung am Meer in Ihren Körper nach innen nehmen, an welcher Stelle Ihres Körpers ist diese Erfahrung am besten aufgehoben?«

Imaginationen

Die Imaginationen greifen die von den Betroffenen entwickelten sicheren Orte auf. In ihnen werden die Trauernden an diesen Ort geführt und zu einer Begegnung mit dem Verstorbenen eingeladen. Ein Beispiel für die Struktur solcher Imaginationen findet sich im nächsten Abschnitt (»Das Licht als sicherer Ort«).

8.3.6 Spirituelle Symbole und religiöse Bilder für transzendente sichere Orte

Fallvignette

Eine junge Frau ist seit Langem schwer an Krebs erkrankt. An einem der letzten Tage vor ihrem Tod sagt sie in einem Gespräch mit ihren Eltern: »Und dann werde ich ins Licht gehen.« Die Eltern wissen, dass ihre Tochter damit ihren baldigen Tod ankündigt. Bei allem Erschrecken fühlen sie sich von diesem Satz auch getröstet. Ihre Tochter beschreibt mit diesem Satz auch ihren Glauben, wohin sie im Sterben und wohin sie nach ihrem Tod gehen wird. Für die Eltern wird das Licht ein sicherer Ort. Sie verstehen das Licht – entsprechend ihrem christlichen Glauben – als Hinweis auf das ewige Licht, das wiederum Symbol für die Liebe Gottes ist. Sie stellen sich vor, wie ihre Tochter im ewigen Licht leuchtet und glänzt.

Wie wohl in keiner anderen beraterischen oder psychotherapeutischen Konstellation nehmen in der Trauerbegleitung die religiösen und spirituellen Fragen und Themen einen großen Raum ein. Der Tod, der im Verlust eines geliebten Menschen sehr nahe erlebt wird, stellt für viele Trauernde eine massive Grenzerfahrung dar. Sie fragen sich, ob es über die letzte Grenze des Todes hinaus noch eine andere Wirklichkeit gibt oder ob der Tod tatsächlich die letzte Grenze darstellt. Viele Menschen fragen und glauben über die Grenze des Todes hinaus – mit dem Wunsch und der Hoffnung, dass es einen jenseitig sicheren Ort für den Verstorbenen gibt. Für viele Trauernde bleiben die bisher beschriebenen sicheren Orte fraglich, da sie wie alle innerweltlichen Orte selbst der Vergänglichkeit unterworfen sind. Deshalb entsteht gerade in der Erfahrung der zeitlichen Endlichkeit die Sehnsucht nach einem transzendenten, ewig sicheren Ort für den Verstorbenen.

Aufgrund der religionssoziologischen Situation in Deutschland muss in einer Trauerbegleitung mit einer der folgenden spirituellen Positionen bei den Trauernden gerechnet werden:

- dem christlichen Glauben und den damit verbundenen Symbolen eines sicheren Ortes für den Verstorbenen
- einer offenen und eigenständig entwickelten Spiritualität, die sich häufig an mystischem, oft auch buddhistischem Gedankengut orientiert
- einer mehr oder weniger bewussten Distanz oder Indifferenz gegenüber religiösen und spirituellen Fragen; in diesem Fall gibt es kaum oder keinen religiösen und spirituellen Hintergrund, aus dem Bilder oder Symbole abrufbar wären; oft wird dies auch nicht gewünscht oder offen abgelehnt
- einer naturwissenschaftlichen Haltung, die religiösen Erfahrungen, Symbolen und Bildern skeptisch gegenübersteht oder sie rational begründet ganz ablehnt.

Für Trauerbegleiter bedeutet dies, behutsam die weltanschauliche Position zu erfragen und sie würdigend als die Entscheidung des Trauernden zu akzeptieren, um dann von dort aus die Frage nach einem transzendenten sicheren Ort zu bedenken. Dabei muss berücksichtigt werden, dass gerade der Tod eines nahen Menschen die weltanschauliche Position erschüttert und fraglich werden lässt. Trauernde sind deshalb offen und suchend, sodass sie auch hier in der Trauerbegleitung Anregungen brauchen. Angesichts der starken Verunsicherung bei den Trauernden bleibt natürlich die Wahl – oder eben auch Ablehnung – eines transzendenten Ortes für den Verstorbenen immer ganz und gar in der Entscheidungsfreiheit der Trauernden!

Diese Situation in der Trauerbegleitung bedarf nicht nur einer hohen Empathie, sondern auch der Zurücknahme der eigenen spirituellen oder auch areligiösen Haltung. Ob und wie die Trauerbegleiter auf Fragen der Trauernden nach ihrer weltanschaulichen Haltung eingehen wollen, lässt sich nicht allgemein beantworten. Manchmal möchten Trauernde bei einer zu großen Differenz der weltanschaulichen Positionen die Trauerbegleitung nicht weiterführen. Dann sollte dies als autonome Entscheidung der Trauernden verstanden und akzeptiert werden.

Gibt es bei Trauernden dagegen eine spirituelle oder religiöse Haltung, dann kann sie für die Trauerarbeit aufgegriffen und fruchtbar gemacht werden.

Folgende Bilder und Symbole für einen als transzendent verstandenen sicheren Ort werden von solchen Trauernden häufig genannt:

- Allgemeine spirituelle Symbole für einen transzendenten sicheren Ort: Hier ist zum Beispiel das Licht als Symbol zu nennen. Das ewige Licht ist in verschiedensten religiösen Überlieferungen wie zum Beispiel im tibetanischen Totenbuch oder im alten Ägypten das Ziel, in das die Toten hineingehen. Das ewige Licht nimmt die Verstorbenen auf und wandelt sie.
- Christliche Symbole für einen transzendenten sicheren Ort: Die Toten kehren in das Haus Gottes, in die Hände oder den Schoß Gottes zurück. Dort werden sie nach christlichem Verständnis bis zur Auferstehung der Toten bewahrt.
- Aus mystischen Traditionen stammende Symbole für einen transzendenten sicheren Ort: Im mystischen und östlichen Denken kehrt der Mensch mit seinem Ich und Bewusstsein im Sterben zurück in die große eine Wirklichkeit, die je nach religiöser Tradition als Atman oder Brahman, als Tao oder als

Nirwana verstanden wird. In diesem Zustand löst sich die hier erlebte Dualität auf in das Eine. Dies wird oft mit dem Bild illustriert, dass der Einzelne im Sterben ins Ganze und Eine eingeht wie die Welle in das große Meer.

Es sei noch einmal ausdrücklich darauf hingewiesen, dass Trauernde keine spirituellen oder religiös begründeten sicheren Orte finden müssen. Deshalb sind Interventionen in Richtung eines transzendenten sicheren Ortes besonders achtsam und mit ständiger Rückmeldung der Trauernden durchzuführen.

Es ist immer der Trauernde selbst, der autonom bestimmt, welche sicheren Orte für ihn und seinen Trauerprozess stimmig sind. Es gibt viele Trauernde, denen die Erinnerung und der eigene Körper als sicherer Ort für den Verstorbenen genügen.

8.3.6.1 Interventionen

Systemische Fragen

Die systemischen Fragen sollen zuerst den weltanschaulichen Hintergrund der Trauernden klären und einbeziehen. Bei einer Bereitschaft, einen spirituellen sicheren Ort zu suchen, unterstützen die systemischen Fragen diesen Suchprozess:

- »Wie würden Sie Ihre religiöse Haltung beschreiben? Wie wichtig ist sie für das Verständnis dessen, was Ihnen mit dem Tod Ihres geliebten Menschen geschehen ist? Wie wichtig waren religiöse Fragen und Themen für Ihren geliebten Menschen? Welche Vorstellungen hatte er davon, was mit ihm nach dem Tod geschieht?«
- »Für manche Trauernden ist es wichtig, für Ihren geliebten Menschen einen sicheren Ort zu finden, der sozusagen ewig sicher ist – also einen transzendenten Ort zu finden. Wie würden Sie Ihre Einstellung, aber auch vielleicht Ihre Wünsche und Bedürfnisse dazu beschreiben? Hatte Ihr geliebter Mensch selbst den Gedanken eines solchen transzendenten sicheren Ortes?«
- »Wenn es so etwas gäbe wie einen transzendenten Ort für Ihren geliebten Menschen, was glauben Sie, welchen transzendenten Ort würde Ihr geliebter Mensch für sich suchen? Welchen würden Sie oder Ihr Unbewusstes ihm wünschen, auch wenn Sie

sich nicht sicher sind, ob es solch einen religiös verankerten Ort gibt?«

- »Wenn Sie jetzt diesen transzendenten sicheren Ort für Ihren geliebten Menschen gefunden haben, welche Auswirkungen hat das für Ihre Beziehung zu Ihrem geliebten Menschen? Welche Auswirkungen hat das für Ihre Trauer und Ihr alltägliches Leben?«

Imagination

In der folgenden Imagination wird das religiöse Symbol des Lichtes aufgegriffen. Weitere Imaginationen zu transzendenten sicheren Orten finden sich in meinen beiden Trauerbüchern (Kachler 2007a, 2009b).

Das Licht als sicherer Ort

»Sie haben erzählt, dass Sie sich vorstellen, dass Ihr geliebter Mensch für Sie in ein helles Licht getaucht ist. Vielleicht wissen Sie, dass das Licht in vielen religiösen Traditionen der Ort ist, an dem die Toten weilen. Wenn Sie möchten, können Sie das jetzt in einer Imagination in sich erleben. [Pause.]

Ich möchte Sie einladen, sich vorzustellen, dass Sie einen hohen Berg besteigen. Auf dem Berggipfel sehen Sie schon jetzt ein helles und warmes, fast überirdisch anmutendes Licht leuchten. Je näher Sie kommen, umso kräftiger wird dieses Licht. Wenn Sie jetzt genauer hinsehen, sieht dieses Licht vielleicht wie ein Schloss aus Licht oder wie eine Kugel aus Licht aus. Wie immer Sie sich das jetzt vorstellen, der Anblick ist überwältigend schön. Sie kommen langsam dort oben an, an der Schwelle zu diesem unendlichen Licht. Sie spüren die Kraft des Lichtes, das sich Ihnen nun öffnet. Sie treten in den Lichtraum ein. [Pause.] Noch sind Sie geblendet. Dann sehen Sie die Gestalt Ihres geliebten Menschen im Licht. Er ist ganz in Licht getaucht. Sie wissen ganz intuitiv, dass Ihr geliebter Mensch in diesem Licht unendlich gut aufgehoben ist. Sie spüren vielleicht ein Gefühl der Ruhe und des Trostes, und Sie flüstern leise: ›Ja, so ist es gut. Ja, so bist du in diesem ganz besonderen Licht für immer aufgehoben, für immer da.‹ Vielleicht gehen Sie im Licht aufeinander zu und begrüßen sich, vielleicht bleiben Sie aber auch in respektvoller Distanz stehen. Lassen Sie jetzt im Lichtglanz geschehen, was jetzt geschieht. [Pause.]

Dann verabschieden Sie sich allmählich von Ihrem geliebten Menschen und dem Licht, in dem er gut und sicher aufgehoben ist. Sie drehen sich langsam um, spüren das Licht jetzt noch im Rücken und beginnen, den Berg hinabzusteigen mit dem Wissen, dass Ihr geliebter Mensch dort im Licht gut aufgehoben ist. Sie kommen dann unten in diesem Beratungszimmer und in dieser Wirklichkeit wieder an.«

8.3.7 Der hypnosystemisch verstandene »sichere« Ort: Die Beziehung zum Verstorbenen als internaler sicherer Ort

In dieser Darstellung der möglichen sicheren Orte für die Verstorbenen wurde auch deutlich, dass der Such- und Arbeitsprozess bezüglich der sicheren Orte ein internaler, psychischer Prozess ist. Über die Gestaltung eines sicheren Ortes setzen sich die Hinterbliebenen in Beziehung zu ihrem Verstorbenen und konstituieren und gestalten diese Beziehung zugleich.

Der sichere Ort kann deshalb hypnosystemisch in der internal-imaginativen Beziehung zum Verstorben verstanden werden:

- als innere Bühne, auf der die Begegnung, die Kommunikation mit dem Verstorbenen und die Beziehung zu ihm erlebt, inszeniert und gestaltet werden
- als Teil des inneren imaginativen Beziehungssystems, weil die sicheren Orte emotional sehr eng mit den Repräsentanzen für den Verstorbenen assoziiert sind
- als ein im Gehirn physiologisch verankertes Netzwerk, das insbesondere in den visuellen Systemen des Cortex, den emotionalen Systemen des limbischen Systems und – sofern handlungsorientierte Rituale mit den sicheren Orten verknüpft sind – in den motorischen Zentren des Gehirns verortet ist.

Alle sicheren Orte, auch die konkreten äußeren sicheren Orte, sind also immer auch innerpsychisch repräsentiert und letztendlich nur als imaginative Repräsentanzen im Hinterbliebenen wirksam. Der Ort, an dem die sicheren Orte ihren Sitz haben, ist der Trauernde selbst, und zwar der Trauernde, der die innere Beziehung zu den Repräsentanzen des Verstorbenen findet, konstruiert und gestaltet. Abgekürzt könnte man sagen: Der sichere Ort ist der Trauernde selbst. Genauer gesagt: Die innere Beziehung »ist« der sichere Ort für den Verstorbenen.

Die sicheren Orte »sind« also »nur« innerpsychische Repräsentanzen im inneren Beziehungssystem des Hinterbliebenen, das im eigentlichen Sinne selbst den sicheren Ort darstellt. Dies gilt aus psychologisch-wissenschaftlicher Sicht auch für transzendente Orte, auch wenn Hinterbliebene sie als eigene, transzendente Realität erleben, erhoffen und an sie glauben. Dazu haben sie ein aus ihrem Verlust her verstehbares Recht – wissen und objektiv feststellen kann dies jedoch niemand.

9. Trauerarbeit als Gestaltung der Beziehung zum Verstorbenen

Fallvignette

Eine Mutter hat vor 30 Jahren ihre einzige Tochter verloren. Nach mehreren Jahren der Trauer konnte sie ihr Leben wieder aktiv gestalten. Sie selbst sagt, dass es ihr schon lange wieder gut gehe. Als Beleg führt sie ihre häufigen Reisen, eine neue Partnerschaft und ihre Zufriedenheit mit dem Leben an. Dennoch geht sie einmal monatlich zum Friedhof an die Stelle, an der sich das Grab ihrer Tochter befand. Inzwischen ist das Grab aufgelassen. Auf die Frage, warum sie nach so langer Zeit die regelmäßigen Friedhofsbesuche macht, antwortet sie: »Das gehört ganz normal zu meinem Leben. Irgendwie ist das nichts Besonderes, und doch muss ich es tun. Ich bin dann bei meiner Tochter und rede ein bisschen mit ihr. Und dann gehe ich wieder und mache wie gewohnt meine Dinge.«

9.1 Die Beziehung zum Verstorbenen leben lernen – Die Integration der Beziehung zum Verstorbenen in das Leben nach dem Verlust

Die bisher beschriebene Beziehungsarbeit hat ihre Aufgabe darin, Trauernde beim Installieren der inneren Beziehung zum Verstorbenen und beim Etablieren und Verankern des Verstorbenen als innere Repräsentanz zu unterstützen. Nach dem ersten Trauerjahr, bei schwersten Verlusten oft erst am Ende des zweiten oder am Beginn des dritten Trauerjahres, geht es nun darum, diese Beziehung unter den Bedingungen des Alltags zu leben und in das Leben nach dem Verlust zu integrieren. Die innere Beziehung kann zunehmend zu einem normalen, integrierten Bestandteil eines Lebens werden, das für die Hinterbliebenen wieder als lebenswert und als in sich sinnvoll verstanden werden kann.

Diese Integration der Beziehung zum Verstorbenen in das Leben nach dem Verlust ist in der Regel durch zwei Prozesse bestimmt:

- Weitere Internalisierung des geliebten Menschen, der Kommunikation und der Beziehung mit ihm. Dies darf jedoch nicht als Norm verstanden werden. Oft gibt es auch weiterhin sehr·

konkrete Formen der Kommunikation wie zum Beispiel das Reden »mit dem Bild« des Verstorbenen.

• Weitere Ritualisierung der Kommunikation und Beziehung mit dem Verstorbenen. Die Rituale werden zunehmend automatisiert und so Teil des Lebens, das seinerseits aus vielen Alltags- und Gewohnheitsritualen besteht.

Exkurs

Trauerarbeit und die sogenannte Ahnenverehrung

Die Idee, wonach die Verstorbenen aus dem Leben verschwinden, ist Ergebnis eines Prozesses der Moderne. Eingeleitet wurde dieser Prozess der Verdrängung des Todes und der Toten in Europa durch die Reformation und hat dann durch Freuds populär gewordenen psychoanalytischen Traueransatz allgemeine Anerkennung gefunden. Dagegen sind fast alle alten Kulturen ebenso wie noch zahlreiche heutige Kulturen, ganz prominent zum Beispiel in Japan oder Afrika (vgl. Eliade 2002; Barlowen 2000), von der sogenannten Ahnenverehrung geprägt.

Die Toten erhalten in der Gemeinschaft der Nachlebenden einen gewürdigten und wichtigen Platz – in Japan etwa in Form eines Gedenkaltars in der Wohnung. Dabei bleiben vielfach die Toten präsent und sind Teil der Sippe und Familie. Hier wirken sie weiter, häufig intensiver als zu ihren Lebzeiten. Dies kann durchaus auch bedrohlich für die Lebenden sein. Die Gemeinschaft lebt mit den Toten in Ritualen, wie in den Riten von Erinnerungs- und Gedenkfesten, weiter.

Sicherlich lassen sich die Formen der sogenannten Ahnenverehrung nicht mehr ungebrochen in eine moderne, weitgehend säkularisierte Gesellschaft übertragen. Dennoch ergeben sich aus der Analyse dieser Gesellschaften Hinweise darauf, wie wir heute bewusster und würdiger mit den Toten leben können. Es ist zu vermuten, dass der bewusste Bezug auf die Verstorbenen einer Gesellschaft auch eine tiefer gegründete Identität und Geschichtlichkeit geben kann, als sie derzeit in modernen westlichen Gesellschaften zu beobachten sind.

Trauernde finden in der Regel bei der Integration ihrer inneren Beziehung zum geliebten Menschen in ihr alltägliches Leben häufig autonom eigene Formen. Sie brauchen hierzu meist nur die Erlaubnis und Ermutigung, sich auf ihre Intuition und ihre Entwicklung im Trauerprozess zu verlassen und einzulassen. Systemische Fragen, die den Verstorbenen als Ratgeber für die Gestaltung der Beziehungsrituale mit einbeziehen, helfen Trauernden, eigene Formen der Beziehungsrituale zu kreieren (vgl. Kachler 2009b, S. 77 ff., 98 ff.). Hier spielen auch die Anregungen, die Hinterbliebene über Trauer- und andere Selbsthilfegruppen (wie etwa der *Bundesverband Verwaiste Eltern in Deutschland e. V.*) erhalten, eine wichtige Rolle.

Folgende Themen sollten in der Trauerbegleitung nun angesprochen werden:

- *Integration des internalen Dialogs mit dem Verstorbenen in den Alltag*
  Anfangs ist dies häufig ein laut gesprochener Dialog, später wird daraus ein leiser, manchmal nur gedachter oder angedeuteter Dialog. Dieser Dialog wird zunächst sehr intensiv als Austausch mit dem Verstorbenen geführt. So berichten Trauernde beispielsweise dem geliebten Menschen alle Alltagserfahrungen und besprechen sie mit ihm. Später werden nur sehr wichtige Dinge besprochen, und der Verstorbene wird nun in existenziell bedeutsamen Situationen angesprochen. Manchmal ist der Dialog an feste Zeiten und feste Rituale gebunden, wie zum Beispiel dass Eltern vor dem Zu-Bett-Gehen mit ihrer verstorbenen Tochter sprechen; für viele andere ist der innere Dialog dagegen eher ein sich spontan ergebendes inneres Gespräch. Dieser internale Dialog in seinen unterschiedlichsten Formen gehört zu einer ganz normalen Trauerverarbeitung und bleibt oft lebenslang Teil der inneren Beziehung zum Verstorbenen.

- *Gestalten und Integration von Beziehungsritualen*
  In diesen Ritualen wird die Beziehung zum geliebten Menschen auf der Handlungsebene gelebt und weitergeführt. Ein eher traditionelles, meist von Frauen ausgeübtes Ritual ist die Grabpflege, bei der die Hinterbliebenen liebevoll etwas für den Verstorbenen tun und ihm dabei nahe sind. Bei Verlusten durch Verkehrsunfälle wird häufig an der Unfallstelle ein Erinnerungskreuz errichtet und die Stelle über lange Zeit gepflegt. Heute richten viele Hinterbliebene eine »Erinnerungsstätte«

oder einen »Gedenkaltar« für den Verstorbenen in der Wohnung ein. Bilder und wichtige Erinnerungsgegenstände werden sorgfältig arrangiert. Immer wieder wird dann hier eine Kerze angezündet oder ein Blumenstrauß aufgestellt. Bei manchen Hinterbliebenen brennt ständig eine Kerze oder ein Licht, das den Verstorbenen symbolisch und stellvertretend präsent sein lässt. Viele Hinterbliebene bringen dem Verstorbenen aus dem Urlaub einen Stein oder eine Muschel mit ans Grab oder an die Erinnerungsstätte. Manche Trauernden schreiben regelmäßig Briefe an ihren geliebten Menschen oder ein Tagebuch für ihn.

- *Gestalten von Erinnerungs- und Gedenktagen*
Da die traditionellen Erinnerungsrituale wie die katholische Gedenkmesse oder die evangelische Totenerinnerung am Totensonntag an Bedeutung verlieren, besteht bei vielen Hinterbliebenen eine Verunsicherung, oft auch mangelndes Wissen darüber, wie die immer wiederkehrenden Gedenktage, wie der Todestag, der Hochzeitstag oder der Geburtstag des Verstorbenen, aber auch Zeiten wie Weihnachten, bewusst und rituell begangen werden können. Solche Tage können als Erinnerungstage gestaltet werden, die aus verschiedenen rituellen Elementen bestehen können. So kann an einem solchen Tag ein Grabbesuch, ein gemeinsames Essen oder ein gemeinsamer Spaziergang, der früher zu Lebzeiten des Verstorbenen unternommen wurde, die Hinterbliebenen zusammenführen. Das gemeinsame Anschauen von Fotos oder Videos, der Austausch von Erinnerungen an den Verstorbenen oder das Gespräch über ihn sind an solchen Tagen ein Chance, die gemeinsame oder familiäre Narration zu stärken (vgl. Neimeyer 2005, 2006). Bei alleinstehenden Hinterbliebenen ist die rituelle Gestaltung der Gedenktage ungleich schwieriger, doch sollte auch hier nicht darauf verzichtet werden.

Später werden die zunächst gemeinsam familiär gestalteten Erinnerungstage häufig nur noch von direkt Betroffenen wie dem Ehepartner oder den verwaisten Eltern begangen. Dabei erhalten sich kleine Erinnerungsrituale, die diese Tage ins Bewusstsein der Hinterbliebenen heben. So geht ein Vater an jedem Todestag seiner Tochter an den See, an dem er mit seiner Tochter seit ihrer frühen Kindheit spazieren ging.

Noch einmal soll betont werden, dass sich auch die Normalisierung und Integration der inneren Beziehung zum Verstorbenen in das Leben der Hinterbliebenen zwischen den Polen der Realisierung seiner Abwesenheit und der Beziehung zu ihm bewegen. Mit jedem der beschriebenen, nun zum Leben gehörenden Beziehungsrituale werden zugleich die Abwesenheit des Verstorbenen und die innere Beziehung zu ihm erlebt.

9.2 Ego-State-Prozesse

Wenn im hypnosystemischen Ansatz der Verstorbene, hier oft auch als »geliebter Mensch« bezeichnet, als internale Ressource und innere Gestalt utilisiert wird, lässt sich dies über die Ego-State-Theorie, die psychoanalytischen Objektbeziehungstheorien und über die Ergebnisse der Forschung zu den Spiegelneuronen nun noch näher konzeptualisieren und theoretisch einordnen.

Ohne dass wir hier auf theoretische Differenzierungen einzugehen brauchen, lässt sich festhalten, dass wir unter einem Ego-State oder einem internalen Beziehungsobjekt ein zusammenhängendes System von Erfahrungs- und Verhaltenselementen verstehen können, das sich wie eine Teilpersönlichkeit anfühlt und verhält (vgl. Watkins u. Watkins 2003, S. 45 ff.). Diese Sicht wird auch durch die Ergebnisse der Forschungen zu den Spiegelneuronen bestätigt.

Exkurs

Spiegelneuronen und die innere Beziehung

Spiegelneuronen sind Nervenzellen, die im Gehirn während der Betrachtung eines externen Vorgangs die gleichen Potenziale auslösen, wie sie entstünden, wenn dieser Vorgang nicht nur passiv betrachtet, sondern aktiv durchgeführt würde. Dies gilt nicht nur für einfache Handlungsabläufe, sondern auch für das emotionale Nachvollziehen der Gefühle von beobachteten Menschen. Deshalb sind die Spiegelneuronen die neuronale Basis für die Fähigkeit der Empathie. Auch emotional bedeutsame Andere rufen Resonanzmuster über die Spiegelneuronen hervor (Bauer 2005, S. 86). Es entsteht dabei eine dynamische innere Abbildung dieser wichtigen anderen, die aus ihren lebendigen Eigenschaften komponiert ist: seinen Vorstellungen, Empfindungen, Körpergefühlen, Sehnsüchten und Emotionen. Bauer schreibt in seinem bekannten Buch über die Spiegelneurone (ebd.):

»Über eine solche innere Repräsentation einer nahe stehenden Person zu verfügen heißt, so etwas wie einen weiteren Menschen in sich zu haben.«

Genau dies ist die Definition eines Ego-State oder internalen Beziehungsobjektes, das in den Spiegelneuronen seine neurophysiologische Basis hat.

Beachte!

Viele Trauernde erleben und verstehen den Verstorbenen als reale Person, die sie zwar als internal erfahren, aber der sie doch eine reale Existenz, wie zum Beispiel eine transzendente oder spirituelle Realität, zusprechen. Auch wenn dies in unserer – freilich begrenzten – wissenschaftlichen Sicht so nicht haltbar ist, muss in der Trauerbegleitung eine solche Sichtweise der Trauernden als die für sie gültige Realität akzeptiert werden. Manche Trauernden konzeptualisieren den Verstorbenen als eine internale Repräsentanz, was der hier vertretenen psychologischen Sichtweise entspricht. Die Arbeit mit dem Verstorbenen als innere Repräsentanz im Sinne einer Utilisierung bleibt in beiden Fällen dieselbe.

Trauernde erleben die innere neuronale Repräsentanz des Verstorbenen oder – anders beschrieben – den Ego-State als ein Du, als eine Person und als visualisierbare und spürbare Gestalt, mit der sie sich in einer intensiven Beziehung erleben. Für diese Beziehung gelten alle systemischen Kommunikationsregeln bzw. die systemischen Regeln, die die Trauernden in der Beziehung zu ihrem geliebten Menschen finden (siehe Schmidt 2005, S. 50 ff.). So gilt es auch in dieser Beziehung, zum Beispiel Konflikte, die zugleich als internale Konflikte des Hinterbliebenen verstehbar sind, zu klären (vgl. Schmidt 1993; Schwartz 1997; Schulz von Thun 1999; Watkins u. Watkins 2003).

Wie jedes Beziehungssystem verändert sich auch dieses internale Beziehungssystem des Trauernden ebenso wie die Teile des Beziehungssystems, also der Trauernde in seiner Peron, seine Trauer und die Repräsentanzen des Verstorbenen.

9.2.1 Die Entwicklung des Ego-State des Verstorbenen in der Beziehung zum Trauernden

Hinterbliebene erleben und konzeptualisieren den Ego-State des Verstorbenen gleichzeitig in unterschiedlichen, manchmal sich auch widersprechenden Formen. So kann der Verstorbene als konkreter Ratgeber und als Kraftquelle erlebt werden. Man müsste also von mehreren Ego-States des Verstorbenen sprechen. Am Beginn des Trauerweges wird die Repräsentanz des geliebten Menschen meist sehr konkret, oft auch noch in der äußeren Realität erlebt. Diese konkretistische Erlebensweise wird häufig beibehalten, obwohl der Ego-State des Verstorbenen parallel dazu auch eine weitere Entwicklung durchläuft.

Der Ego-State des Verstorbenen entwickelt sich oft in Richtung einer zunehmenden:

- Internalisierung: Der geliebte Mensch wird nach innen genommen und als Teil der eigenen Person erlebt – bis dahin, dass er zu einem integrierten Aspekt der eigenen Person wird.
- Transzendentalisierung: Der geliebte Mensch rückt im Erleben weiter weg, oft auch in transzendente Bereiche wie den Himmel (vgl. transzendente sichere Orte) oder an einen nicht näher definierten Ort, an dem es dem Verstorbenen gut geht.
- Spiritualisierung: Der geliebte Mensch wird als Wesen gesehen, das zunehmend als vergeistigt, sozusagen leicht und transparent erlebt wird.

> *Beachte!*
> *Die hier beschriebene Entwicklung der inneren Repräsentanz des Verstorbenen ist keine normative Vorgabe und deshalb auch kein anzustrebendes Ziel in der Trauerbegleitung. Wohl aber sollten Trauernde in dem ganz individuellen Entwicklungsprozess der Repräsentanz des Verstorbenen begleitet und unterstützt werden.*

Die Repräsentanz des Verstorbenen kann also zugleich verschiedene Gestalten annehmen und sich auch in die genannten Richtungen entwickeln; dabei zeigt sie sich in folgenden Formen, nämlich als:

- Personales Gegenüber und geliebtes Du, das als Gesprächs- und Dialogpartner, als Berater, als Helfer und Begleiter fungieren

kann: Hier wird der geliebte Mensch als konkreter Beziehungs-
partner in einer dialogischen und interaktiven Beziehung erlebt.
In dieser Beziehung »antwortet« der geliebte Mensch entweder
über äußere Zeichen oder über internal gehörte und gefühlte
Antworten.

- Ich-Aspekt der Hinterbliebenen: Der geliebte Mensch wird in
  seinen Fähigkeiten und »Charaktereigenschaften« so weit in
  der Internalisierung transformiert, dass er Teil der Person des
  Hinterbliebenen wird. So übernehmen Hinterbliebene häufig
  Fähigkeiten des Verstorbenen als eigene Fähigkeiten. Auf diesen
  Vorgang hat schon Kast in ihrem Trauerbuch (1977, S. 72 f.)
  aufmerksam gemacht.
- Innere Kraft und Energie: Hier wird der geliebte Mensch nicht
  mehr als konkret beschreibbare Person, sondern als Energie-
  quelle verstanden, die den Hinterbliebenen die Kraft verleiht,
  trotz des Schmerzes weiterzuleben oder im Leben nach dem
  Verlust etwas Neues zu entwickeln.
- Transzendente Gestalt: Je nach religiösem und weltanschau-
  lichem Hintergrund wird der Verstorbene verstanden als ein
  geistiges Wesen, eine Art Engel oder Bodhisattwa.

Nicht alle Trauernden erleben in ihrem Prozess den Verstorbenen als
einen relevanten anderen. Für manche ist mit dem Tod »alles aus«, für
andere bleibt der geliebte Mensch unbegreiflich ferne. Dann sollte mit
den Trauernden geklärt werden, ob das für sie und ihr Unbewusstes so
stimmt bzw. welchen Sinn ein solches Verständnis für sie hat.

Manchmal sind Trauernde mit der inneren Repräsentanz sehr
identifiziert oder verschmolzen. Sie leiden zum Beispiel dauerhaft
für den und anstelle des Verstorbenen. Dann gilt es, auf eine bessere
Differenzierung und Dissoziation zwischen den Hinterbliebenen und
dem Ego-State des Verstorbenen hinzuarbeiten.

9.3 Internale Klärungsarbeit an den Beziehungsstörungen

Wie in jeder Beziehung gibt es auch in der internalen Beziehung zum
geliebten Menschen ungeklärte Fragen und Themen, widerstreitende
Positionen, ungeklärte Aufträge und häufig auch massive Konflikte.
Diese Beziehungsthemen konnten entweder schon vor dem Ableben

des geliebten Menschen offen oder latent da sein, oder aber das Sterben und der Tod selbst brachten neue konfliktträchtige Fragen auf.

Sind diese Beziehungsstörungen emotional hoch besetzt oder werden sie durch den Verlust erst wieder reaktualisiert, dann blockieren sie die Beziehung zum Verstorbenen. Erinnerungen, aber auch die Beziehung zum Verstorbenen werden dann immer wieder kontaminiert von Emotionen wie Wut, Ärger oder Hass. Deshalb drängt sich die Konflikt- und Klärungsarbeit emotional in den Vordergrund und muss dann in Richtung einer Lösung bearbeitet werden.

Von ungeklärten Konflikten ist auszugehen, wenn:

- der Verstorbene durch Suizid aus dem Leben schied oder wenn die Hinterbliebenen schuldhaft für den Tod des Angehörigen mitverantwortlich waren
- die Beziehung insgesamt offen oder verdeckt konfliktträchtig war, siehe zum Beispiel die zahlreichen verletzenden Auseinandersetzungen zwischen hoch rivalisierenden Geschwistern oder die häufigen Enttäuschungen in einer ambivalenten Paarbeziehung
- eine ausbeutende, missbrauchende, vernachlässigende oder gewalttätige Beziehung des Verstorbenen zum Hinterbliebenen bestand.

Die internalisierende Erinnerungs- und Beziehungsarbeit, wie zum Beispiel auch die Suche nach einem sicheren Ort für den Verstorbenen, muss zunächst zurückgestellt werden. Erst eine geklärte Beziehung ermöglicht eine gute Integration des Verstorbenen und der Beziehung zu ihm. Natürlich setzt die Konflikt- und Klärungsarbeit die Aktivierung von Erinnerungen, zum Beispiel an einzelne Streit- oder Konfliktsituationen, voraus. Insofern ist die Konflikt- und Klärungsarbeit selbst schon Beziehungsarbeit, bei der allerdings nicht die Internalisierung, sondern die Klärung von Konflikten zunächst im Vordergrund der Trauerbegleitung steht.

Beachte!
Bei komplizierten oder chronifizierten Trauerverläufen liegen häufig ungeklärte Beziehungsprobleme mit dem Verstorbenen zugrunde. Auch nachholende Trauerarbeit hat häufig ihren Schwerpunkt in der Klärung zurückliegender unaufgearbeiteter Konflikte mit dem Verstorbenen.

9.3.1 Internale Arbeit an Delegationen und Aufträgen

Fallvignette

Ein 50-jähriger Vater, Besitzer einer Firma, final krebskrank, ruft seine drei erwachsenen Kinder zu sich. Er überträgt die Weiterführung der Firma an sie; jedes Kind erhält bestimmte Aufgaben. Bei der Beauftragung der ältesten Tochter ergänzt der Vater: »Und du bist verantwortlich, dass ihr euch nicht zerstreitet.« Obwohl die Tochter spürt, dass dieser Auftrag für sie unerfüllbar ist, kann sie ihn angesichts der schweren Erkrankung ihres Vaters nicht ablehnen. Als es ein Jahr nach dem Tod des Vaters zu Konflikten unter den Geschwistern kommt, prüft sie in einem inneren Prozess diese Delegation ihres Vaters und gibt erleichtert den unerfüllbaren Auftrag zurück.

In fast allen Beziehungen zum Verstorbenen gibt es Delegationen, also die Übertragung von Aufträgen des Verstorbenen an die Hinterbliebenen. Die Hinterbliebenen müssen mit diesen Aufträgen umgehen, weil sie zum einen die Beziehung zum Verstorbenen, zum anderen aber auch das eigene Weiterleben prägen können. Blockierende, überfordernde und nicht mehr stimmige Aufträge können für die Beziehung und für das Weiterleben des Hinterbliebenen zu einer schweren Belastung werden.

Es lassen sich folgende verschiedene Delegationen und Aufträge differenzieren:

- Vom Verstorbenen zu seinen Lebzeiten aufgegebene Aufträge, offen oder verdeckt kommuniziert (vgl. Fallvignette oben).
- Vom Hinterbliebenen zu Lebzeiten des Verstorbenen selbst entwickelte Aufträge; oft als Überlebensversuch in einer schwierigen Beziehung zum Verstorbenen und oft in Reaktion auf die Botschaften des Verstorbenen. So hat ein 25-jähriger Sohn, der seine Mutter nach einer langen Phase des Alkoholismus durch Suizid verloren hatte, für sich den Auftrag entwickelt, seine Mutter gegen jede Missbilligung aus der Familie zu schützen.
- Vom Hinterbliebenen nach dem Tod des Angehörigen entwickelte Aufträge, häufig in Reaktion auf das Sterben und die Umstände des Todes.

So will ein Ingenieur, dessen Sohn durch einen Autounfall umkam, bestimmte Warnsysteme für das Auto entwickeln.

> **Beachte!**
>
> *Es gibt auch hilfreiche, produktive und angemessene Aufträge, die an die Hinterbliebenen delegiert oder von den Hinterbliebenen selbst entwickelt wurden. Solche Aufträge sind als Ressourcen zu nutzen, die dem Leben nach dem Verlust einen wichtigen Sinn verleihen können.*

Delegationen in der Beziehung zum Verstorbenen sind für viele Trauernde aufgrund der Loyalität besonders verpflichtend und werden sehr oft nicht hinterfragt. Deshalb sollte in der Trauerbegleitung nach solchen Aufträgen gefragt werden, und sie sollten dann im folgenden Prozess bearbeitet werden:

- Distanz zu Aufträgen vom Verstorbenen einnehmen und prüfen, ob sie von den Hinterbliebenen als stimmig und berechtigt erlebt werden. Dabei sollten Trauernde ermutigt werden, ihr Unbewusstes zu befragen, ob die Aufträge noch oder nicht mehr stimmen.
- Stimmige und passende Aufträge bewusst annehmen und erfüllen. Wichtig dabei ist, durch das Erfüllen eines Auftrages ihn auch abzuschließen. Besonders Aufträge, die bis ans Lebensende der Hinterbliebenen währen, sollten später immer wieder daraufhin geprüft werden, ob sie noch als bindend und gültig erlebt werden.
- Überfordernde, einengende oder blockierende Aufträge hinterfragen und ihren Sinn für den Verstorbenen zu verstehen versuchen. Oft kann dann der vielleicht berechtigte Wunsch, der hinter diesem Auftrag steht, auf andere Weise erfüllt werden. Bleibt es allerdings dabei, dass weder der direkte Auftrag noch der dahinter stehende Wunsch erfüllbar sind, darf dieser Wunsch abgelegt oder an den Verstorbenen zurückgegeben werden.
- Nicht stimmige Aufträge eindeutig und in Respekt gegenüber dem Verstorbenen zurückgeben. Sehr häufig werden die Aufträge vom Verstorbenen auch zurückgenommen, weil sie für ihn nach dem Tod nicht mehr wichtig sind. Lehnt der Verstorbene die Rücknahme der Delegationen ab, muss vor der Rückgabe eine Konflikt- und Klärungsarbeit (vgl. Abschn. 9.3.2) durchgeführt werden.

Hinterbliebene tun sich oft schwer, die Aufträge zurückzugeben. Hier ist das internale Gespräch mit dem geliebten Menschen sehr hilfreich. Auch der Hinweis, dass ein Auftrag zum Verstorbenen gehört und dass der Auftrag als solcher respektiert werden kann, hilft Trauernden, den Auftrag an den Verstorbenen zurückzugeben. Sollte die Rückgabe eines Auftrages nicht möglich sein, steht hinter dem Auftrag in der Regel ein Konflikt, der vor der Rückgabe zu klären ist.

9.3.2 Internale Arbeit an den Konflikten mit dem Verstorbenen

Unausgesprochene oder ungelöste Konflikte blockieren häufig die Beziehung zum Verstorbenen oder binden den Hinterbliebenen in einengender Weise an den Verstorbenen. Damit die Beziehung zum geliebten Menschen frei und leicht werden kann, sollten die Konflikte mit ihm geklärt werden. Trauernde brauchen die Ermutigung und die Erklärung der Gründe für diese Klärungsarbeit, damit sie sich auf diesen für sie nicht selten ängstigenden Prozess einlassen können.

Dazu sind folgende Schritte nötig:

- Begegnung mit dem geliebten Menschen auf der inneren Bühne oder im inneren Dialog.
- Die Hinterbliebenen formulieren ihren Wunsch nach Konfliktklärung, begründen diesen Wunsch und fragen, ob der geliebte Mensch dazu bereit ist.
- Die Hinterbliebenen benennen den zu lösenden Konflikt und bitten den geliebten Menschen, dass er seine Sichtweise und die dazugehörigen Gefühle beschreibt.
- Die Hinterbliebenen hören im inneren Dialog mit Respekt die Sicht des geliebten Menschen und versuchen, ihn auf der Gefühlsebene zu verstehen.
- Dann beschreiben die Hinterbliebenen ihre eigenen Gefühle und die dadurch verletzten Bedürfnisse. Sie formulieren, was sie brauchen, damit für sie der Konflikt geklärt werden kann. Häufig ist dies der Wunsch, verstanden oder gesehen zu werden.
- Im weiter gehenden Dialog, vorzugsweise auf der emotionalen Ebene, werden Verstehens- und Lösungsmöglichkeiten und die Möglichkeiten des Verzeihens ausgelotet.

Nach meiner Erfahrung gelingt es in einem solchen internalen Gespräch in den allermeisten Fällen, den Konflikt sehr rasch und nachhaltig zu klären. Angesichts des Todes und der Todeserfahrung sind die früher verhärteten Konfliktfronten in der Regel weich geworden und für eine Veränderung offen. Man sollte in der Trauerbegleitung eher darauf achten, dass die Konflikte mit dem Verstorbenen nicht bagatellisiert, oberflächlich angegangen oder vorschnell ausgeräumt werden.

Beachte!
Wenn in der Trauerbegleitung deutlich wird, dass es eine traumatisierende – missbrauchende oder gewaltförmige – Beziehung zum Verstorbenen gab, dann müssen unbedingt die Prozessschritte einer Traumatherapie (Reddemann 2001, 2004) berücksichtigt werden. In solchen Fällen ist eine Stabilisierungsarbeit, die sich auf die traumatisierenden Beziehungserfahrungen und auf die destabilisierende Verlusterfahrung bezieht, besonders wichtig.

9.3.3 Versöhnungsarbeit

Stehen die Hinterbliebenen und die Verstorbenen in einer schuldhaften Beziehung zueinander, sollte aus denselben Gründen wie bei der Konfliktarbeit eine Klärungs- oder besser Versöhnungsarbeit angestrebt werden.

Dabei sind folgende Prozessschritte hilfreich:

- Der Hinterbliebene prüft, wo er den Verstorbenen enttäuscht, verletzt oder gekränkt hat und damit bei ihm in – vermuteter oder realer – Schuld steht. In einem zweiten Schritt überlegt er umgekehrt, wo er vom Verstorbenen enttäuscht, verletzt oder gekränkt wurde. Das ist am besten auf zwei getrennten Blättern schriftlich festzuhalten.
- Dann geht der Hinterbliebene mit dem Verstorbenen auf der inneren Bühne in einen Dialog. Dabei beginnt der Hinterbliebene, das Ziel dieses Dialoges zu formulieren: »Ich möchte mich gerne bei dir entschuldigen für das, von dem ich glaube, dass ich damit bei dir in der Schuld stehe.« Der Hinterbliebene formuliert dies und schließt mit der Bitte ab: »Und dafür möchte ich dich um Verzeihung bitten.«

- Der Hinterbliebene lässt nun den Prozess auf der inneren Bühne geschehen und achtet darauf, wie der Verstorbene reagiert und was er ihm mitteilt. Fast immer verzeiht der Verstorbene dem Hinterbliebenen.
- Dann beschreibt der Hinterbliebene, wo er gekränkt und verletzt ist, wo also der Verstorbene ihm gegenüber in einer – vermuteten oder realen – Schuld steht. Er bittet den Verstorbenen, dass er dies sieht, zu seiner Verantwortung steht und sich dann entschuldigt. Auch in diesem Prozess entschuldigt sich der Verstorbene praktisch immer.

> *Beachte!*
> *Es gibt immer wieder Beziehungskonstellationen mit dem Verstorbenen, in denen ein Konflikt nicht lösbar oder – bei einer sehr destruktiven Beziehung zum Verstorbenen – eine Versöhnung ausgeschlossen erscheint. Dann sollte im internalen Dialog mit dem Verstorbenen benannt werden, dass dieser Konflikt oder diese Schuld jetzt nicht auflösbar ist. Der Hinterbliebene kann seine Bereitschaft für eine spätere Lösung ausdrücklich anbieten und eine allmähliche Lösung dem eigenen Unbewussten oder dem Verstorbenen überlassen.*

9.3.4 Interventionen

Die Interventionen für die Klärung von Delegationen, Konflikten und schuldhaften Verstrickungen sind strukturell identisch. Deshalb sind sie in diesem Abschnitt zusammengefasst und können entsprechend den je besonderen Beziehungsstörungen von Trauernden angepasst werden.

Systemische Fragen

Mit den systemischen Fragen sollte zunächst abgeklärt werden, welche Aufträge, Konflikte und schuldhaften Verstrickungen bestehen. Sie dienen der bewussten und unbewussten Vorbereitung der Klärungs- und Versöhnungsarbeit. Je besser diese über die systemischen Fragen vorbereitet ist, desto leichter gelingt sie zum Beispiel in einer Imagination oder in der schriftlichen Form eines Konflikt- und Klärungsbriefes. Darüber hinaus können mit den systemischen Fragen auch mögliche Lösungsideen gestreut und angeboten werden.

- »Ich höre von Ihnen immer wieder ein Unbehagen in der Beziehung zu Ihrem geliebten Menschen und habe so die Idee, dass es hier noch ungeklärte Aufträge/Konflikte/Schuld gibt. Wenn dem so wäre, wie würde es Ihnen damit gehen, und wie würde es wohl Ihrem geliebten Menschen gehen? Welche Auswirkungen hätte dies auf die Beziehung zu Ihrem geliebten Menschen?«

- »Wenn Sie das Thema Aufträge/Konflikte/Schuld angehen würden, was wäre wohl der Gewinn für Sie, für Ihren geliebten Menschen und für Ihrer beider Beziehung? Was müssten Sie tun, was müsste Ihr geliebter Mensch tun, um diese ungeklärten Themen gut zu klären, sodass die Liebe zwischen Ihnen ohne Spannung fließen könnte?«

- »Angenommen, Sie könnten die Sache mit den Aufträgen/dem Konflikt/der Schuld so klären, dass es für Sie und für Ihren geliebten Menschen stimmt, wie würde sich die Beziehung in eine gute Richtung ändern können? Wie sehr wollten Sie, wie sehr wollte Ihr geliebter Mensch eine solche Beziehungsklärung?«

- »Wenn eine Klärung nicht möglich wäre – was immer wieder vorkommt –, wie würde sich das auf Sie und Ihr Leben nach dem Tod Ihres geliebten Menschen auswirken? Wenn Sie das Ungeklärte einmal so lassen mit der Hoffnung einer zukünftigen Klärung, was glauben Sie, wie könnte es sich im Unbewussten dann doch so ganz langsam verändern? Woran würden Sie dann unversehens merken, dass sich im Unbewussten mit der Zeit doch etwas zwischen Ihnen und Ihrem verstorbenen Angehörigen geklärt hat?«

Imaginationen

Die Klärungsarbeit in der Beziehung zum Verstorbenen lässt sich oft ganz leicht auf der inneren Bühne im direkten Dialog zwischen dem Trauernden und dem Verstorbenen in Gang bringen. Je nach Beziehungsstörung und Klärungsbedarf muss die Imagination verändert werden. Dabei werden die Trauernden eingeladen, sich auf den unbewussten Prozess einzulassen, weil das Unbewusste des Trauernden und der Verstorbene selbst sehr genau wissen, welche Schritte zu einer Klärung und Lösung der Beziehungsstörung führen.

Imagination zur Rückgabe von Aufträgen

»Sie haben erzählt, dass Sie den Auftrag Ihres verstorbenen Angehörigen als belastend empfinden und dass Sie ihn gerne abgeben möchten. Ich möchte Sie zu einer Imagination einladen, in der dieses Abgeben jetzt auf der unbewussten und bewussten Ebene geschehen kann. [Pause.]

Dazu möchte ich Sie bitten, jetzt Kontakt zu dem aufzunehmen, was Sie als belastenden Auftrag empfinden. Vielleicht hören Sie, wie und mit welchen Worten Ihr geliebter Mensch diesen Auftrag ausspricht, oder Sie spüren, wie er Ihnen diesen Auftrag ohne Worte vermittelt hat. Vielleicht hören Sie sich, wie Sie selbst – aus guten Gründen – einen solchen Auftrag für sich formulieren, weil Sie dachten, das will Ihr geliebter Mensch. Wie immer dieser Auftrag zustande gekommen ist – spüren Sie jetzt, wie Sie ihn empfinden: als schwer und lastend, einengend und beschränkend, bedrohlich und ängstigend oder noch ganz anders? Was immer Sie da jetzt fühlen, es wird auf seine Weise angemessen und passend sein. [Pause.]

Dann bitten Sie Ihr Unbewusstes, Ihnen ein Bild für diesen Auftrag zur Verfügung zu stellen. Das könnte ein Paket, ein Gewicht, ein Rucksack oder ein ganz anderer Gegenstand sein. Spüren Sie noch einmal das Belastende dieses Gegenstandes, und prüfen Sie, ob Sie und Ihr Unbewusstes bereit sind, diesen Gegenstand jetzt abzugeben und wegzulegen. Wenn Sie und Ihr Unbewusstes dazu bereit sind, dann nehmen Sie das Paket oder Gewicht oder Ihren besonderen Gegenstand und legen ihn ab. Nehmen Sie dabei wahr, was Sie spüren – Aufatmen, Erleichterung, etwas Freudiges, vielleicht aber auch ein leises Bedauern oder eine Unsicherheit. [Pause.]

Sie können nun den Auftrag an einen Ort bringen, an dem er gut verwahrt ist. Sie können den Auftrag sich auflösen lassen, so wie Eis schmilzt oder sich etwas in Luft auflöst. Sie können den Auftrag auch Ihrem geliebten Menschen zurückgeben. Spüren Sie und Ihr Unbewusstes, was für Sie und Ihre Beziehung zu Ihrem geliebten Menschen am besten stimmt. [Pause.] Wenn Sie den Auftrag an einem Ort ablegen oder ihn sich auflösen lassen, dann könnten Sie sich und Ihrem geliebten Menschen sagen: ›Ich respektiere den Auftrag als Auftrag – und trotzdem stimmt er nicht mehr für mich. Ich möchte ihn endgültig dort weglegen/ihn sich auflösen lassen. Ich wünsche mir, dass ich selbst und unsere Beziehung leichter und freier werden.‹

Wenn Sie den Auftrag Ihrem geliebten Menschen zurückgeben wollen, dann könnten Sie ihm sagen: ›Ich respektiere den Auftrag als deinen Auftrag – er gehört zu dir und nicht zu mir. Ich möchte ihn dir zurückgeben, er ist deiner. Ich wünsche mir, dass damit unsere Beziehung freier und leichter wird.‹

Dann lassen Sie geschehen, was geschieht, und bringen den Prozess des Ablegens, Weglegens und Zurückgebens zu einem guten Ende, sodass es für Sie und Ihr Unbewusstes, für Sie und Ihren geliebten Menschen stimmt. Und dann kommen Sie zurück und sind gespannt, welche Auswirkungen dieser Prozess für Sie und Ihre Beziehung zu Ihrem geliebten Menschen in den nächsten Tagen hat.«

Gibt es beim Weglegen oder Zurückgeben des Auftrages Schwierigkeiten, dann ist häufig ein intensiver Dialog mit dem Unbewussten, der Trauer oder dem Verstorbenen notwendig. Dabei können Elemente aus der nun folgenden Imagination verwendet werden.

Imagination zur Konfliktklärung

»Wie wir besprochen haben, möchten Sie diesen Konflikt mit Ihrem geliebten Menschen klären. Dazu möchte ich Sie bitten, sich auf Ihre innere Bühne zu begeben und Ihren geliebten Menschen dazuzubitten. [Pause.]

Nun begrüßen Sie ihn und erklären ihm: ›Ich möchte mit dir klären, was als Problem/Konflikt zwischen uns steht. Bist du auch dazu bereit?‹ Bei einem Ja benennen Sie jetzt den Konflikt und bitten Ihren geliebten Menschen, dazu etwas zu sagen. [Pause.] Ich möchte Sie bitten, genau zuzuhören, und versuchen Sie, Ihren geliebten Menschen in seinen Gefühlen zu verstehen. Bleiben Sie gut bei sich und Ihren Empfindungen. Dann bedanken Sie sich bei Ihrem geliebten Menschen und beschreiben Ihre Gefühle, die Sie in diesem Konflikt haben. Bleiben Sie ganz bei Ihren Gefühlen, und schauen Sie, wie Ihr geliebter Mensch reagiert, und lassen Sie geschehen, was geschieht. [Pause.]

Dann sagen Sie Ihrem geliebten Menschen: ›Ich möchte den Konflikt lösen, meine Sichtweise und Position verändern und auf dich zugehen. Ich tue es aus Liebe zu dir. Ich möchte das jetzt erproben und spüren, wie es mir dabei geht.‹ Dann tun Sie jetzt genau dieses. Sagen Sie Ihrem geliebten Menschen dabei: ›Ich lade dich ein, ebenfalls ein Stück auf mich zuzugehen. Lass uns schauen, ob unsere Schritte reichen, uns die Hand zu geben oder uns in die Arme zu nehmen, um den Streit zwischen uns zu beenden.‹ [Pause.]

Lassen Sie nun auf Ihrer inneren Bühne bei diesem Näherkommen geschehen, was geschieht. Schauen Sie, was Ihr geliebter Mensch tut und was das ganz spontan bei Ihnen bewirkt – und umgekehrt, was Sie jetzt tun wollen und was das bei Ihrem geliebten Menschen auslöst. Und so geschieht Klärung, Lösung und vielleicht so etwas wie Verzeihen. Spüren Sie, was dabei in Ihnen geschieht. Dann kommen Sie mit der Neugier, wie sich diese Klärung in den nächsten Tagen und Wochen auswirkt, hierher zurück.«

Bei dieser Arbeit an den Beziehungsstörungen können auch andere Methoden aus der Gestalt- oder Familientherapie verwendet werden. So können die Hinterbliebenen gebeten werden, den Konflikt, ihre Gefühle und erste Lösungsschritte oder Versöhnungsangebote in einem Brief an den Verstorbenen zu schreiben. Viele Trauernde legen diesen Brief auf das Grab oder an die »Gedenkstätte« zu Hause. Fast alle Trauernden berichten, dass nach einer Zeit der Konflikt in ihnen weicher wird und sich dann ganz automatisch löst.

Die Klärung von Beziehungsstörungen unterstützt den weiteren Verlauf des Trauerprozesses. Die Beziehung zum Verstorbenen kann freier und leichter, zugleich aber auch sicherer werden. Das hilft Trauernden, ihre Trauer noch einmal in einen intensiveren Veränderungsprozess (Kap. 10) gehen zu lassen und die innere Beziehung zu einem selbstverständlichen und wichtigen Teil des Lebens nach dem Verlust zu integrieren (Kap. 11).

10. Trauerarbeit als Transformation der Trauer und als Abschied von der Trauer

Fallvignette

Eine Frau, die vor drei Jahren ihre Tochter verloren hat, beschreibt die Veränderungen ihrer Trauer so:»Manchmal mag ich meine Trauer überhaupt nicht mehr, sie ist mir richtig lästig. Dann erschrecke ich und denke: ›Was passiert dann, wenn ich meine Trauer nicht mehr habe? Darf ich das überhaupt? Und werde ich ohne meine Trauer nicht mehr an meine Tochter denken?‹ Aber dann bin ich wieder richtig wütend auf meine Trauer und denke: ›Sie soll einfach endlich verschwinden.‹ Und irgendwie geht es mir bei diesem Gedanken gut.«

10.1 Veränderungsprozesse in Bezug auf Trauergefühle

Mit Fortdauer der Realisierungsarbeit und den parallelen Prozessen in der Beziehungsarbeit verändert sich das Erleben der Trauer allmählich. Die Phasenmodelle der Trauer nach Bowlby (1983), Parkes (1972) und Kast (1977) beschreiben dies durchaus richtig. Hier liegt auch das Verdienst dieser Modelle. Sie sind hilfreich, wenn sie nicht als normative Vorschrift für den Verlauf des Trauererlebens verstanden werden. Sie dienen sowohl den Trauerbegleitern als auch den Trauernden als grober Orientierungsrahmen für den Verlauf der emotionalen Reaktionen im Trauerprozess.

Die Trauer wird von Trauernden am Beginn des Trauerprozesses wie folgt erlebt:

- Trauer als allmächtige Anfangstrauer, die alles überwältigend das Leben beherrscht
- Trauer als massive Körperreaktion, die unwillkürlich den ganzen Körper des Trauernden erfüllt
- Trauer als mächtige Person im Trauernden, mit der er oft gänzlich verschmolzen und identifiziert ist
- Trauer als feindlicher Eindringling, der nur Schmerzen verursacht und den es demzufolge zu bekämpfen oder wegzuschieben gilt.

Anfangs erleben sich Trauernde vielfach als von der Trauer überflutet, oft auch gelähmt oder – bis ins Körperliche erlebbar – von der Schwere der Trauer nach unten gedrückt oder in die Tiefe gezogen. Trauernde beschreiben dies so, dass sie anfangs ganz die Trauer »sind« oder nur aus Trauer bestehen.

Hypnotherapeutisch verstanden, herrscht am Beginn des Trauerprozesses die intensive Assoziation mit der Trauer als unwillkürlicher, autonomer Reaktion vor. Erst allmählich stellt sich eine zunehmende Dissoziierung von der Trauer ein. Die Impulse und Imaginationen dieses Kapitels dienen der Dissoziation von der Trauer (vgl. dazu auch Kachler 2009a). Trauernde können diese Abschieds- und Ablösungsarbeit bezüglich der Trauer nur – und das kann nicht oft genug betont werden – mit Rücksichtsnahme auf die Loyalität zum Verstorbenen und zur Trauer selbst leisten.

10.2 Günstige Bedingungen für die Veränderung der Trauergefühle

Die bisher gängigen Traueransätze gehen bewusst oder implizit davon aus, dass Trauernde zuerst den Verstorbenen loslassen müssen, damit sich dann die Trauer lösen kann.

Im hypnosystemischen Ansatz wird nicht nur diese Reihenfolge umgekehrt, sondern auch das Objekt des Loslassens ist im Wesentlichen ein anderes: Erst – oder besser parallel – sollten Trauernde die innere Beziehung zu ihrem verstorbenen Angehörigen finden, dann können sie die Trauer loslassen. Wenn es in der Trauerarbeit ein Loslassen gibt, dann vor allem ein Loslassen der Trauer. Dabei wird auch hier wieder systemisch gedacht: Der Trauernde hat im Laufe des Trauerprozesses eine Beziehung auch zu seinen Trauergefühlen entwickelt. Es gibt eine oft intensive Loyalität der Trauer gegenüber. Deshalb verändert sich die Trauer in der Beziehung zum Trauernden und in der Beziehung des Trauernden zum Verstorbenen.

Es seien noch einmal die günstigen Voraussetzungen für das Loslassen der Trauer genannt:

- Trauernde haben einen sicheren Ort für den Verstorbenen gefunden.
- Trauernde haben den Tod und die Abwesenheit des geliebten Menschen – zu einem guten Stück – realisiert, anerkannt und zu achten gelernt.
- Trauernde erleben und verstehen, dass statt der Trauer die Liebe die bessere Beziehungsbrücke zum Verstorbenen darstellt.

- Trauernde haben die wesentlichen Blockaden und Störungen in der Beziehung zu ihrem geliebten Menschen weitgehend geklärt und gelöst.
- Trauernde erleben, dass die innere Beziehung und Liebe zu ihrem geliebten Menschen zunehmend sicher und frei wird.

Da der gesamte Trauerprozess ein zirkulärer, selbstbezüglicher und dynamischer Selbstorganisationsprozess ist, sei noch einmal darauf verwiesen, dass die genannten Punkte keine strengen Voraussetzungen für die Veränderungsprozesse der Trauer darstellen, sondern so etwas wie Meilen- und Bausteine im Fluss dieses komplexen Prozesses. Die Trauer, die mit ihr verbundenen Gefühle wie Schuld-, Verzweiflungs- und Wutgefühle und die Beziehung des Hinterbliebenen zu seiner Trauer verändern sich ständig. Dabei gibt es durchaus immer wieder Phasen, in denen es zu einer Intensivierung der Trauer kommt. Aber auch dies ist funktional, wenn es eine Reaktion auf die zunehmende Realisierung des Verlustes und der dauerhaften Abwesenheit des geliebten Menschen darstellt.

Die Veränderungen der Trauer lassen sich auf eine doppelte Weise beschreiben:

- *Transformation der Trauer*
  Die Trauer verändert sich zum Beispiel in der Intensität und Mächtigkeit, aber sie bleibt als Grundgefühl oder als immer wiederkehrende Erfahrung erhalten. Die Transformation der Trauer ist meist ein sehr langer und langsam verlaufender Prozess, der oft unbewusst und unwillkürlich geschieht. Am Ende dieses Prozesses hat sich die Trauer oft in ein Gefühl von Wehmut, von Missen und in eine feine Sehnsucht gewandelt.

- *Dissoziation von der Trauer*
  Die Trauer kann sich selbst, also unwillkürlich, zurückziehen und verabschieden. Gegen Ende dieses Prozesses entsteht bei den Trauernden der Wunsch, sich auch bewusst und aktiv von der Trauer zu verabschieden. Für schwere Verluste ist es aber ganz normal, dass die Trauer auch nach langer Zeit bei bestimmten Anlässen wie dem Todestag des geliebten Menschen wieder da ist, dann aber meist zeitlich klar begrenzt und in milderer Form.

10.3 Die Transformation der Trauergefühle begleiten

Die Transformation der Trauerreaktionen setzt früh, jedoch mit kleinsten Veränderungsschritten ein. Allerdings bemerken Trauernde häufig die Transformation der Trauer nicht. Deshalb gehört es zur Aufgabe der Trauerbegleitung, Trauernde behutsam und einfühlsam auf erste Anzeichen einer Trauertransformation aufmerksam zu machen und sie zu ermutigen, diesen Prozess, den die Trauer auf unbewusster Ebene begonnen hat, nun bewusst zu unterstützen. Dieser Transformationsprozess gilt auch für Gefühle wie Leere, Verzweiflung, Wut oder Scham, sofern dem nicht die in Kapitel 9 beschriebenen Beziehungsstörungen entgegenstehen.

Die Trauer wandelt sich:

- von der allmächtigen Anfangstrauer zu einer begrenzten Trauer. Anfangs ist die Trauer grenzenlos. Erst allmählich findet die Trauer ihre eigenen Grenzen, und die Trauernden können zunehmend bewusst und aktiv ihrer Trauer gute Grenzen setzen;
- von der alles besetzenden Trauer zu einer bezogenen Trauer. Anfangs ist die Trauer ständig und überall präsent, allmählich wird sie nur noch von spezifischen Assoziationen mit dem Verlust und dem geliebten Menschen ausgelöst. Deshalb nenne ich diese Trauer eine bezogene Trauer;
- von der gefürchteten Belastung zur Begleiterin. Wird anfangs die Trauer aversiv gemieden oder bekämpft, wird sie häufig gerade dadurch mächtig. Die Trauernden können allmählich davon ablassen, sich gegen die Trauer zu wehren und gegen sie zu kämpfen, und ihr so die Bedeutung als Begleiterin geben;
- von der Trauer zur Wehmut. Dieser Wandlungsprozess setzt erst sehr spät ein. Die mit dem Verlust und dem geliebten Mensch verbundenen Gefühle werden dann von den Trauernden nicht mehr als Trauer bezeichnet. Sie erleben die Trauer zeitlich begrenzt als einen Anflug von Traurigkeit oder von Wehmut;
- vom Trauern zum bleibenden Missen. Die bedrohliche Leere und das schmerzende Vermissen am Anfang wandeln sich in ein Wissen darüber, dass der geliebte Mensch auf immer fehlen wird. Dies wird als ein Gefühl des Missens und des Fehlens erlebt;

- von der Trauer zum hoffnungsvollen Sehnen. Das schmerzliche Vermissen und die intensive Sehnsucht am Anfang wandeln sich in ein Sehnen, das häufig mit der Hoffnung verbunden ist, dem geliebten Menschen nach dem eigenen Tod wiederzubegegnen;
- von der Trauer zur Dankbarkeit. Wenn aus der Trauer Dankbarkeit erwächst (vgl. unten stehenden Exkurs), dann ist der Trauerprozess als Transformation der Trauer so gut wie zum Abschluss gekommen. Hier steht im Erleben nicht mehr das durch den Tod Verhinderte im Vordergrund, sondern das, was mit dem Verstorbenen an Wichtigem und Schönem erlebt wurde.

Diese Wandlungsprozesse werden häufig zuerst durch äußere, zunächst unbewusst bleibende Signale deutlich: Die Trauernden lachen in den Gesprächen häufiger, ihr Gesicht ist heller und lebendiger, die Farbe der Kleidung wird heller, oder die Trauernden erzählen zunehmend von Erfahrungen, die nicht auf den Verlust bezogen sind.

Erst wenn sie darauf aufmerksam gemacht werden, bemerken Trauernde, dass ihre Trauer milder, sanfter und freundlicher geworden ist.

Exkurs
Dankbarkeit in der Trauerbegleitung

Trauernde fokussieren in der akuten Trauer ihre ganze Aufmerksamkeit auf das, was mit dem geliebten Menschen nicht mehr zu realisieren ist. Die Trauer ist hier auch die angemessene Reaktion auf den Verlust der gemeinsam erhofften, gedachten und oft konkret geplanten Zukunft. Trauernde müssen sich von dieser Zukunft verabschieden. Sie – nicht der geliebte Mensch als innere Repräsentanz – ist tatsächlich auch »loszulassen«. Weil der Fokus von akut Trauernden auf die zu verabschiedende Zukunft gerichtet ist, ist die Empfehlung, für die gemeinsame Zeit mit dem geliebten Menschen dankbar zu sein, eine schwere Kränkung.

Dankbarkeit als wichtiger Teil der Salutogenese im Trauerprozess stellt sich erst langsam über die Erinnerungsarbeit ein. In einer sorgfältigen und nachhaltigen Erinnerungsarbeit (vgl. Abschn. 7.1) machen sich Trauernde bewusst, was sie mit dem geliebten Menschen an Wichtigem und Schönem erlebt haben. Die Erinnerungsarbeit lenkt also einen wertschätzenden Blick auf die gemeinsam erlebte Vergangenheit, die so zunehmend als Reichtum und Schatz gewürdigt werden kann. Erst daraus entsteht eine spontane und von innen her kommende Dankbarkeit, die Trauernde dann auch als wirklichen Trost erleben können. Es sei nochmals betont, dass dies erst das Ergebnis eines langen, immer auch schmerzlichen Prozesses der Erinnerungsarbeit darstellt.

Beachte!
Bei allen Interventionen zur Transformation der Trauer werden die internalen Trauerbegleiter wie das Unbewusste, die Liebe zum Verstorbenen und der geliebte Mensch – und natürlich die Trauer selbst! – zurate gezogen und um Zustimmung für weitere Transformationsprozesse der Trauer gebeten.

10.3.1 Interventionen

Systemische Fragen
Die systemischen Fragen sollen den Veränderungsprozess der Trauer im zeitlichen Verlauf bewusst machen und zu einem bewussten Gestalten dieses Veränderungsprozesses einladen:

- »Wenn Sie einen Augenblick zurückschauen zu Ihrer Anfangstrauer und sie mit Ihrer jetzigen Trauer vergleichen, wie unterscheiden sich die beiden? Wenn Sie die Intensität damals und heute jeweils auf einer Skala von eins bis zehn einschätzen, wie intensiv war Ihre Trauer damals, wie intensiv ist sie heute?«
- »Ich möchte Sie bitten, sich noch einmal das Bild von Ihrer Anfangstrauer in Erinnerung zu rufen. Wie hat sich dieses Bild von Ihrer Trauer verändert? Ist die Gestalt Ihrer Trauer kleiner, leichter oder heller geworden? Ist Ihre Trauer ein wenig kühler geworden? Ist Ihre Trauer jetzt zur Ruhe gekommen, oder bewegt und verändert sie sich noch?«
- »Wenn Ihre Trauer gleichbleiben wollte, wie würde es Ihnen damit gehen? Haben Sie eine Idee, wozu das gut sein könnte?

Würden Sie sich damit eher abfinden, oder wollten Sie Ihre Trauer zu einer Veränderung einladen?«

- »Wenn Sie Ihr Unbewusstes (oder die Trauer selbst oder den Verstorbenen) befragen, wie es Ihre Trauer heute im Vergleich zum Anfang sieht, welche Einschätzung gibt dann Ihr Unbewusstes ab?«

- »Was glauben Sie, wie würde es Ihnen gehen, wenn sich Ihre Trauer vollends zu einer leisen Wehmut oder Dankbarkeit verändern würde? Wie würde es dann Ihrer inneren Beziehung zu Ihrem geliebten Menschen gehen? Welche Auswirkungen hätte das für Ihr konkretes Leben jetzt? Welche Auswirkungen hätte es für Ihre Zukunft in den nächsten Monaten?«

Imagination

Die Transformation der Trauer wahrnehmen und unterstützen

»Ich möchte Sie und Ihr Unbewusstes einladen wahrzunehmen, wie sich Ihre Trauer seit dem Tod Ihres geliebten Menschen verändert hat. Sie können dabei prüfen, ob die Veränderungen Ihrer Trauer für Sie und Ihr Unbewusstes in Ordnung sind oder ob Sie diese Transformation der Trauer intensiver und anders gestalten wollen. [Pause.]

Dazu möchte ich Sie bitten, sich noch einmal an die Anfangszeiten Ihrer Trauer zu erinnern. Vielleicht fällt Ihnen auch noch einmal das Bild von Ihrer Anfangstrauer ein – vielleicht ein schwarzer Stein, ein dunkler Schatten oder ein tiefer Abgrund.

Dann schauen Sie sich Ihre Trauer in diesem Bild ein halbes Jahr später an. [Pause.] Wenn Sie die Trauer zu dieser Zeit klar vor sich haben, dann zeigt es mir ein Kopfnicken an. [Pause.] Dann begegnen Sie Ihrer Trauer ein Jahr nach dem Tod Ihres geliebten Menschen. [Pause. Je nach bisher vergangener Trauerzeit wird die Begegnung mit der Trauer in Halbjahresschritten fortgesetzt.]

Wenn Sie nun Ihre Trauer zu den verschiedenen Zeitpunkten – bis zu der Trauer von heute – sehen und vergleichen, dann sehen Sie auch, wie sich Ihre Trauer verändert hat. [Pause.] Vielleicht wurde Ihre Trauergestalt kleiner und heller, vielleicht durchdringt Licht das Dunkle der Trauer, vielleicht wird in der Tiefe der Trauer ein haltender Boden sichtbar. Und spüren Sie jetzt, während Sie zugleich die Veränderung Ihres Trauerbildes wahrnehmen, was Sie dabei empfinden. [Pause.]

Das kann ein Aufatmen sein, eine Erleichterung oder ein Stück Befreiung. Sie können dieser veränderten Trauer sagen: ›Erst jetzt sehe ich, wie du dich verändert hast. Wir sind einen langen Weg gegangen. Wir haben uns beide entwickelt, ich in der inneren Beziehung zu meinem geliebten Menschen und du, liebe Trauer, die du Ausdruck meiner Liebe bist.‹

Spüren Sie nun auch, wie die Veränderung der Trauer sich auch auswirkt auf die Beziehung zu Ihrem geliebten Menschen. Vielleicht bekommen Sie ihn nun besser in den Blick, vielleicht kann die Liebe zu ihm noch freier fließen, vielleicht wird Ihre Beziehung zugleich leichter und sicherer. Und genießen Sie jetzt, wie sich die Beziehung zu Ihrem geliebten Menschen auf eine gute Weise entwickelt. [Pause.]

Dann schauen Sie sich noch einmal ganz bewusst das Bild Ihrer Trauer von heute im Unterschied zu Ihrer Trauer von damals an. Dann fragen Sie Ihre Trauer, ob sie sich noch weiter verändern will und wie viel Zeit sie dafür braucht. Erlauben Sie Ihrer Trauer, dass sie sich dafür alle Zeit der Welt lassen soll. Bitten Sie sie aber auch, dass Sie Ihnen signalisieren soll, wann ihre Wandlung so weit ist, dass am Ende vielleicht nur noch ein leichtes Gefühl der Wehmut oder sogar Dankbarkeit stehen kann. Dann verabschieden Sie sich von Ihrer heutigen Trauer mit dem sicheren Wissen, dass Ihre Trauer sich noch ganz überraschend und gut wandeln, verändern und entwickeln wird. Und Sie sind gespannt, wie sich das in den nächsten Tagen und Wochen zeigen wird und woran Sie das ganz überrascht merken werden.«

10.4 Den Abschiedsprozesses bezüglich der Trauergefühle gestalten

Dieser Prozess der inneren Dissoziation von der Trauer und die Distanzierung beginnen meist später als die beschriebene Transformation der Trauer. Auch hier merken Trauernde häufig nicht, dass sie sich von der Trauer dissoziieren. Trauernde erlauben sich »Pausen« von der Trauer zum Beispiel im Urlaub, oft gibt es auch trauerfreie Momente, später dann größere trauerfreie Zeiten und Phasen. Hier besteht die Kunst darin – unter Berücksichtigung der Loyalitäten –, auch nach kurzen trauerfreien Zeiten zu fragen und sie ins Bewusstsein der Trauernden zu heben.

In der Trauerbegleitung gilt es, im Rahmen der Realisierungsarbeit den Prozess der Dissoziation von der Trauer behutsam anzuregen und zu fördern. Gibt es an dieser Stelle »Widerstand«, muss dies als Rückmeldung an die Trauerbegleiter verstanden werden. Häufig sind die Trauerbegleiter zu schnell oder drängen einseitig auf eine Distanzierung von der Trauer. Häufig aber ist er auch ein Hinweis, im Trauerprozess noch einmal stärker auf die Beziehungsseite zu gehen, weil Trauernde vielleicht noch unsicher in ihrer inneren Beziehung zum Verstorbenen sind oder sie die Trauer noch als Beziehungsbrücke zu ihm brauchen.

In der Trauerbegleitung sollten Trauernde zu folgenden Prozessschritten in der Beziehung zu ihrer Trauer eingeladen werden und dabei lernen:

- ihre Trauer als »Person« wahrzunehmen und ihr gegenüberzutreten. Das kann anfangs durchaus eine aversive oder auch »feindliche« Beziehung sein. Dann aber sollte in der Trauerbegleitung erarbeitet werden, dass die Trauer eine wichtige Begleiterin im Trauerprozess werden kann;
- ihre Trauer in ihren Aufgaben zu achten, zu würdigen und anzuerkennen, dass sie Ausdruck der Liebe zum Verstorbenen ist;
- genau wahrzunehmen, wie die Trauer sich allmählich zurückzieht, wie sie sich Pausen und Auszeiten nimmt und wann die Trauer gehen will;
- ihre Trauer gehen zu lassen, wenn es für alle Prozessbeteiligten, also für den Trauernden selbst, für sein Unbewusstes, für die Liebe zum Verstorbenen, für den geliebten Menschen und nicht zuletzt für die Trauer, stimmt;
- ihre Trauer bewusst und ausdrücklich in einem Ritual zu verabschieden;
- zu prüfen, wie sich der Abschied der Trauer auf die innere Beziehung zum geliebten Menschen auswirkt;
- ihrer Trauer zuzusichern, dass sie auch später – wenn nötig – als Gast willkommen sein wird.

Beachte!
Bei allen Interventionen zur Dissoziierung und Verabschiedung der Trauer werden die internalen Trauerbegleiter wie das Unbe-

wusste, die Liebe zum Verstorbenen und der geliebte Mensch – und natürlich die Trauer selbst! – zurate gezogen und um Zustimmung gebeten. Gibt es diese Zustimmung von einem der Prozessbeteiligten nicht, gilt es, den Sinn hierfür zu klären. Häufig ist dann eine Konflikt- und Klärungsarbeit nötig.

10.4.1 Interventionen

Systemische Fragen

Mit den systemischen Fragen kann geklärt werden, wie bereit die Trauernden sind, ihre Trauer zu verabschieden, und wie weit die Trauer auf der unwillkürlichen Ebene schon in die Dissoziation gegangen ist. Die systemischen Fragen regen auch an, die Auswirkungen dieses Prozesses auf die Beziehung zum Verstorbenen und auf das Leben der Hinterbliebenen zu reflektieren und weiterwirken zu lassen:

- »Woran würden Sie es merken, wenn Ihre Trauer bereit ist, sich zu verabschieden? Woran würden Sie es in der Beziehung zu Ihrem geliebten Menschen und in der Beziehung zu anderen Menschen merken, dass Ihre Trauer nun gehen darf?«
- »Ich möchte Sie bitten, diesen Stuhl als Stellvertreter für Ihre Trauer zu nehmen und ihn in die Entfernung zu Ihnen zu stellen, in der Sie Ihre Trauer heute erleben. Wie nahe und wo stand dieser Stuhl als Vertreter Ihrer Trauer kurz nach dem Tod Ihres geliebten Menschen? Wie weit darf sich Ihre Trauer im nächsten halben Jahr entfernen?«
- »Wenn Sie Ihre Trauer befragen würden, wann sie zu gehen bereit ist, was würde sie sagen? Und was würde Ihr geliebter Mensch dazu sagen, wenn die Trauer tatsächlich gehen wollte?«
- »Stellen Sie sich einmal vor, Ihre Trauer würde sich verabschieden und gehen, wie würde es Ihnen damit gehen? Und wie würde es Ihrer Beziehung zu Ihrem geliebten Mensch gehen? Würde Ihre Beziehung zu Ihrem geliebten Menschen noch einmal intensiver oder leichter und freier? Hatten Sie Sorge, dass Sie ohne den schmerzlichen Stachel der Trauer die Beziehung zu Ihrem geliebten Menschen verlieren könnten? Käme nun ohne die Trauer die Liebe in Ihrer Beziehung stärker zur Geltung, und wie würde sich die Liebe zu Ihrem geliebten Menschen ohne die Trauer anfühlen?«

- »Wenn Sie spüren, dass Sie sich oder umgekehrt Ihre Trauer noch nicht verabschieden wollen, was müssten Sie und was müsste Ihre Trauer noch tun oder erledigen, damit Sie sich beide voneinander verabschieden wollen und dann auch können? Wie ist Ihr geliebter Mensch daran beteiligt, dass sich Ihre Trauer nicht verabschieden will? Was könnte er tun, Sie und Ihre Trauer im Abschiednehmen zu unterstützen?«
- »Welche Auswirkungen auf Ihren Alltag hätte es, wenn sich Ihre Trauer verabschieden oder Sie umgekehrt Ihre Trauer verabschieden würden? Wären Sie paradoxerweise darüber eher traurig oder eher befreit? Hätten Sie Schuldgefühle gegenüber Ihrer Trauer, manchmal sogar so etwas wie Heimweh nach ihr, oder hätten Sie eher das Gefühl einer neuen Freiheit? Woran würden es Außenstehende merken, dass sich die Trauer verabschiedet hätte? Woran würden Sie es selbst merken? Wie würde Ihre Körperhaltung, Ihre Gestik und Mimik anders, wenn die Trauer gegangen wäre? Wie würden Sie ohne die Trauer Ihr Leben anders angehen und in die Hand nehmen?«

Rituale für den Abschied von der Trauer

Die Trauernden werden gebeten, einen symbolischen Stellvertreter für ihren Schmerz und ihre Trauer – eventuell auch für andere Gefühle im Rahmen der Trauerreaktion wie Wut, Verbitterung oder Schuldgefühle – zu finden. Wichtig dabei ist, dass der Abschied von der Trauer ganz bewusst als explizites Ritual inszeniert wird:

- Trauernde malen ihre Trauer. Dann werden Sie eingeladen zu überlegen, was sie mit diesem Bild tun möchten. Dabei wird die Zustimmung der Prozessbegleiter wie des Unbewussten, der Trauer selbst und des geliebten Mensch eingeholt.

  Manche Trauernden möchten das Bild Ihrer Trauer an einem bestimmten Ort aufbewahren, um es später noch zu verändern. Manche Trauernden möchten dieses Bild zerreißen, wegwerfen oder verbrennen. Für viele Trauernde ist dieses Ritual zu massiv. Sie brauchen die Trauer oft noch als Rückhalt. Dann wird das Bild zusammengefaltet, in einen Umschlag gesteckt und vorübergehend weggeräumt. Manche Trauernden bringen das Bild Ihrer Trauer auch ans Grab oder an einen anderen konkreten sicheren Ort für den Verstorbenen.

- Trauernde suchen sich ein stimmiges Symbol für ihre Trauer, wie einen Stein oder ein Stück verbranntes Holz. Der Prozess wird ganz analog dem Umgang mit dem Bild der Trauer gestaltet. Manche Trauernden begraben dieses Symbol wie bei einer kleinen Bestattung, andere versenken es in einem See oder Fluss. Viele Trauernde möchten das Symbol noch eine gewisse Zeit aufbewahren, bis sie oder ihre Prozessbegleiter bereit sind, es wegzugeben. Manche Trauernden entscheiden sich, das Symbol auf Dauer behalten zu wollen. Sowohl beim Weggeben des Trauersymbols als auch beim Behalten sollte mit den Trauernden reflektiert werden, welche Auswirkungen dies auf die Beziehungen zum Verstorbenen und auf das konkrete Leben des Hinterbliebenen haben wird.

Imagination

Die eben beschriebenen Abschiedsrituale für die Trauer können auch in einer Imagination durchgeführt werden.

Verabschiedung der Trauer

»Sie haben mit Ihrem Unbewussten, mit Ihrem geliebten Menschen und mit Ihrer Trauer selbst geklärt, dass nun die Zeit des Abschiedes von Ihrer Trauer gekommen ist, und dafür ist die folgende Imagination eine gute Möglichkeit, Ihre Trauer würdig zu verabschieden. Ich möchte Sie einladen, noch einmal Kontakt zu Ihrer Trauer aufzunehmen. [Pause.]

Ihre Trauer hat sich im Laufe der Zeit verändert, und immer wieder hat sie sich schon stückweise und eine Zeit lang von Ihnen entfernt. Fragen Sie Ihre Trauer noch einmal, ob auch sie sich verabschieden möchte. Wenn Sie ein Ja von Ihrer Trauer erhalten, dann können Sie ihr sagen: ›Auch ich möchte mich von dir verabschieden. Wir sind einen langen Weg seit dem Tod meines geliebten Menschen gegangen. Du, meine Trauer, hast mich begleitet. Oft habe ich mit dir gekämpft und gehadert. Und erst jetzt sehe ich, was du für mich in dieser schlimmen Zeit getan hast und dass du Zeichen meiner Liebe zu meinem geliebten Menschen warst. Dafür danke ich dir.‹ [Pause.]

Wenn Sie möchten, können Sie sich vor Ihrer Trauer ganz leicht verneigen. Dann umarmen Sie Ihre Trauer, halten sie noch einmal fest und öffnen dann Ihre Arme, um Ihre Trauer jetzt freizulassen. Schauen Sie sie noch einmal an und sagen ihr: ›Jetzt lasse ich dich gehen und ich weiß, dass auch du bereit bist, zu gehen. Vielleicht werde ich dich manchmal noch einmal brauchen. Dann werde ich dich rufen.‹ Achten Sie darauf, wie Ihre Trauer reagiert, was sie jetzt tut und was sie Ihnen noch zum Abschied sagen möchte. [Pause.]

Vielleicht möchten Sie Ihrer Trauer zum Abschied ein kleines Geschenk überreichen, oder die Trauer möchte Ihnen zum Abschied noch etwas geben. Es könnte auch sehr wichtig sein, dass Sie Ihrer Trauer den Schlüssel zu sich, also zum Haus Ihrer Person, mitgeben. Ihre Trauer kann Sie dann, wenn sie es für wichtig hält, besuchen und Ihnen noch etwas Wichtiges sagen. Geben Sie Ihr also jetzt den Schlüssel. Wenn das geschehen ist, können Sie sich jetzt von Ihrer Trauer verabschieden und Ihr etwa Folgendes sagen: ›Und jetzt verabschiede ich mich von dir. Wenn du manchmal wiederkommen willst, hast du den Schlüssel zu mir. Danke für alles und lebe wohl.‹

Dann sehen Sie, wie sich Ihre Trauer umdreht und sich von Ihnen abwendet, um sich zu entfernen und zu gehen. Vielleicht winken Sie ihr zum Abschied noch einmal nach, während Sie sehen, wie Ihre Trauer im Weggehen kleiner und kleiner wird, bis sie ganz verschwindet. [Pause.]

Sie spüren vermutlich jetzt eine Leere, die die Trauer hinterlässt; vielleicht ein leises Bedauern, dass sie gegangen ist. Doch mehr und mehr stellt sich auch eine Leichtigkeit in Ihrem Körper ein, die sie froh macht. Und spüren Sie, wie sich das Gehen der Trauer auf Ihre Beziehung zu Ihrem geliebten Menschen auswirkt. Sie können nun – wenn Sie möchten – den Raum, den Ihre Trauer im Gehen hinterlassen hat, ganz von der Liebe zu Ihrem geliebten Menschen erfüllen lassen. Vielleicht spüren Sie, dass nun die Begegnung mit Ihrem geliebten Menschen in diesem Raum leicht und frei wird. Vielleicht spüren Sie, dass Ihre Beziehung einerseits vielleicht intensiver, andererseits vielleicht auch freier und gelassener wird. Vielleicht spüren Sie auch den Impuls, sich innerlich zu lockern, sich zu dehnen und in einem inneren Hüpfen Ihre Leichtigkeit, die jetzt sein darf, zu spüren. Dann kommen Sie hierher zurück mit der Neugier, wie sich der Abschied Ihrer Trauer für Sie in den nächsten Tagen und Wochen auswirken wird.«

10.5 Trauerbegleitung bei einem Verharren in den Trauergefühlen

Bei manchen Trauernden bleiben die Trauergefühle sehr massiv bestehen, oft ohne ein wahrnehmbares Zeichen von Veränderung oder Entwicklung. Häufig stellen sich dann auch dauerhafte Somatisierungen ein, die medizinisch zu beachten und zu untersuchen sind. Dies sind deutliche Hinweise für einen komplizierten oder chronifizierten Trauerverlauf.

Dann sollten Trauernde zu folgenden Prozessschritten eingeladen werden:

- Behutsam und einfühlsam Rückmeldung geben über die Stabilität und bleibende Massivität der Trauergefühle mit der Frage, ob die Trauernden dies selbst wahrnehmen, ob sie darunter leiden oder ob es für sie so stimmig ist.
- Prüfung, welchen Sinn ein mögliches Festhalten an der Trauer und umgekehrt das Bleiben der Trauer hat. Dies ist über internale Dialoge mit der Trauer selbst, dem Unbewussten und dem Verstorbenen zu klären. Häufig steht hinter dem Festhalten an der Trauer die Angst, mit dem Gehen der Trauer auch den geliebten Menschen zu verlieren. Dann sollte noch einmal in eine intensive Beziehungsarbeit gegangen werden mit dem Ziel, die Beziehung zum Verstorbenen einerseits sicher, aber andererseits zunehmend freier werden zu lassen.
- Würdigung des Bleibens der Trauer: Gibt es gute Gründe, die Trauer beizubehalten, sollten sie und das Bleiben der Trauer gewürdigt werden. Gleichzeitig kann behutsam der Preis dafür genannt und mit den Trauernden überlegt werden, wann dieser Preis zu hoch wird.
- Verhandlungen mit der Trauer: Gibt es den Wunsch der Trauernden, die Trauer doch zu verabschieden, wird mit der Trauer verhandelt, was für diesen Schritt noch getan werden muss. In diese Verhandlung mit der Trauer sind wie immer das Unbewusste und der verstorbene Angehörige mit einzubeziehen.
- Hilfreich sind Anleitungen zur Beobachtung kleinster Anzeichen, wie sich die Trauer transformiert oder wie sie gleichbleibt. Dies wird verbunden mit der Botschaft, dass die Trauernden

jetzt noch nichts für eine Veränderung oder einen Abschied der Trauer tun sollten.

Es sei hier noch einmal betont, dass die Arbeit an einem chronifizierten Trauerverlauf in den Kontext einer professionellen Psychotherapie gehört.

Die Arbeit an der Transformation und am Abschied von der Trauer ermöglicht es nun dem Trauernden, die Fokussierung seiner Aufmerksamkeit freier zu wählen. Er kann sich nun zunehmend auf das Leben so fokussieren, dass es nicht mehr nur ein Leben in und mit der Trauer ist, sondern dass es wieder zu seinem eigenen, selbst gestaltbaren Leben werden kann, in dem auch Erfahrungen von Freude, Zuversicht und Glück gelebt werden dürfen.

11. Trauerarbeit als Arbeit an einem Leben nach dem Verlust

Fallvignette

Eine 50-jährige Frau hat vor fast 25 Jahren ihren damals 20-jährigen Bruder verloren. Sie ist beruflich sehr erfolgreich und hat wenig Zeit für persönliche Belange. Sie nimmt schmerzlich wahr, dass auch ihre Beziehung zu ihrem Bruder darunter leidet und sie nur noch selten an ihn denkt. Aus diesem Anlass sucht sie Beratung auf. Meine erste Frage an sie ist, wie schmerzlich das Zurücktreten und Verblassen ihrer inneren Beziehung zu ihrem Bruder für sie sei. Der Klientin treten Tränen in die Augen. Die zweite Frage lautet, wie sehr sie bereit ist, etwas für die Beziehung zu tun. In den folgenden Beratungsgesprächen erarbeiten wir gemeinsam Wege, um ihre innere Beziehung zu ihrem Bruder wieder zu intensivieren.

11.1 Die Transformation der inneren Beziehung zum Verstorbenen

Nach den bahnbrechenden Arbeiten von Klass et al. (1996) entstand in der amerikanischen Trauerforschung eine kritische Diskussion zu der Frage, ob eine weitergehende Bindung zum Verstorbenen (»Continuing Bonds«) in jedem Fall zu einer adaptiven, konstruktiven Trauerarbeit führt. Dabei hat sich gezeigt, dass es auch weiter gehende Bindungen gibt, die für die Hinterbliebenen einschränkend sein oder zu einem komplizierten Trauerverlauf führen können (ausführlich dazu Field 2008).

Es ist inzwischen unstrittig, dass die Continuing Bonds ein zentraler Teil eines gelingenden Trauerprozesses darstellen. Damit sie aber tatsächlich zur Trauerbewältigung beitragen, sind folgende Bedingungen (ebd.) nötig:

- Die Realisierung des Todes des geliebten Menschen und seiner bleibenden äußeren Abwesenheit: Beides wird im und über das Erleben des Schmerzes und der Trauer auch internal gültig.
- Der Abschied von der gemeinsam erhofften und geplanten Zukunft mit dem geliebten Menschen: Auch wenn es eine weiter gehende Beziehung gibt, so gibt es doch Aspekte, von denen

sich die Trauernden verabschieden müssen, insbesondere von der nicht mehr realisierbaren gemeinsamen Zukunft.

- Eine Differenzierung zwischen der vormalig physisch realisierten Beziehung und der nun psychisch internalen Beziehung: Die innere Beziehung ist nicht einfach eine Fortsetzung der physisch gelebten Beziehung, sondern hat eine andere, nämlich eine psychische Qualität.
- Die Continuing Bonds sollen die Adaption an das Leben nach dem Verlust unterstützen, zum Beispiel indem die Trauernden den Verstorbenen als inneren Ratgeber befragen.
- Eine fortlaufende Entwicklung der Continuing Bonds entsprechend dem weiter gehenden Leben nach dem Verlust: Wie jede andere Beziehung muss auch die weiter gehende innere Beziehung entwicklungsoffen und -fähig bleiben.

Die ersten drei Punkte sind in meinem hypnosystemischen Ansatz in der Realisierungsarbeit zu leisten. In der kreativen Beziehungsarbeit wird im hypnosystemischen Sinne der Verstorbene als innere Ressource installiert und utilisiert. Die Beziehungsarbeit ist mit der Installation einer inneren sicheren Beziehung nicht abgeschlossen, sondern geht mit einer laufenden Entwicklung der inneren Beziehung weiter. Diese Entwicklung vollzieht sich teils unbewusst und spontan, teils ist sie Ergebnis eines aktiven Arbeitsprozesses, der bei schweren Verlusten am Ende des zweiten oder zu Beginn des dritten Trauerjahres einsetzt.

Die Trauerbegleitung hat die Aufgabe, diesen Entwicklungsprozess bezüglich der inneren Beziehung zum Verstorbenen als eine Transformation von der intensiven, meist sehr gebundenen Anfangsbeziehung zu einer freieren, aber doch sicheren inneren Beziehung zu unterstützen.

Die Entwicklung verläuft in der Regel von einer:

- prekären, immer wieder bedrohten zu einer sicheren Beziehung zum Verstorbenen;
- identifikatorischen, oft auch verschmolzenen Beziehung zu einer Beziehung, die einen größeren und guten Abstand zum Verstorbenen findet. Die anfängliche Identifikation in einem intensiven Mitgefühl mit dem Verstorbenen wandelt sich zu einer Empathie, die zwischen dem Hinterbliebenen und Verstorbenen differenzieren kann;

- emotional intensiven, dichten zu einer wohlwollend leichten Beziehung. Die intensiven, häufig schmerzenden, oft auch verzweifelten Liebes- und Sehnsuchtsgefühle gehen in eine liebevolle Zuneigung über, in der die Beziehung weiterbesteht;
- gebundenen, engen, manchmal auch einengenden zu einer freieren inneren Beziehung, in der die Hinterbliebenen eine verbundene Autonomie und bezogene Individuation (Stierlin 1994) leben.

Es ist zu vermuten, dass eine immer wieder unsichere und zugleich identifikatorische, emotional dichte und sehr gebundene Beziehung zum Verstorbenen keine produktive weiter gehende innere Beziehung darstellt. Wehren Trauernde zugleich die Realität des Todes und die Abwesenheit des geliebten Menschen ab, führt dies sehr wahrscheinlich zu einem komplizierten Trauerverlauf. Wesentliche mitwirkende Variablen dabei sind sicherlich frühe Verlusterfahrungen und unsicher-vermeidende, unsicher-ambivalente oder auch unsicher-desorganisierte Bindungsstile (Brisch 2009; Mikulincer a. Shaver 2008) und eine zur Abhängigkeit tendierende Beziehung zum Verstorbenen.

Manche Trauernden blockieren die Entwicklung in Richtung einer freieren und emotional leichteren Beziehung aus der Angst heraus, den Verstorbenen damit zu verlieren. Hier ist immer wieder an der Bindungssicherheit zu arbeiten, indem zum Beispiel noch einmal geklärt wird, wie eindeutig der sichere Ort installiert ist. Erst wenn die Bindung als emotionale Basis ganz sicher ist, können sich Trauernde auf mehr Abstand und mehr Autonomie in der inneren Beziehung zu ihrem geliebten Menschen einlassen. Dies ist natürlich immer im internalen Dialog mit dem Unbewussten und dem Verstorbenen zu erarbeiten.

Es gibt allerdings auch den gegenteiligen Prozess: Die Beziehung zum Verstorbenen tritt immer weiter in den Hintergrund und ist für die Hinterbliebenen kaum noch bewusst. Auch in der Beziehung zum Verstorbenen tritt immer stärker eine Distanzierung auf, sodass der Verstorbene seine Bedeutung als inneres Gegenüber allmählich verliert. Viele Hinterbliebene lassen diese Entwicklung so zu und können damit gut leben. Andere Hinterbliebene versuchen in einer Gegenreaktion, die Beziehung zu ihrem geliebten Menschen zu reaktivieren (vgl. Fallvignette oben).

Beachte!
Der Trauerprozess muss nicht zu einer dauerhaft weiter gehenden inneren Beziehung zum Verstorbenen führen. Ob eine innere Beziehung für die Hinterbliebenen so weit in den Hintergrund tritt, dass sie unbedeutend wird oder damit in einer gewissen Weise auch endet, entscheiden die Hinterbliebenen. Auch das »Ausklingen« einer inneren Beziehung kann ein stimmiges und produktives Ergebnis eines Trauerprozesses sein.

11.1.1 Interventionen

Systemische Fragen
Die Fragen zielen darauf ab, die Entwicklung der Beziehungsgefühle zum Verstorbenen und der Beziehung selbst ins Bewusstsein zu heben oder eine solche Entwicklung in Richtung einer sicheren und freien inneren Beziehung auf der bewussten und unbewussten Ebene anzustoßen:

- »Wenn Sie jetzt Ihre intensiven Liebesgefühle kurz nach dem Tod Ihres geliebten Menschen innerlich noch einmal herholen und mit Ihren heutigen Gefühlen vergleichen, was ist der Unterschied?«
- »Ich möchte Sie bitten, stellvertretend für Ihren geliebten Menschen diesen Stuhl zu nehmen und ihn in der Entfernung zu Ihnen zu stellen, in der Sie zurzeit Ihren geliebten Menschen sehen und fühlen. An welche Stelle und wie nahe oder weit möchten Sie den Stuhl jetzt stellen? Wo und wie nahe oder weit stand der Stuhl kurz nach dem Tod Ihres geliebten Menschen?«
- »Sie haben beschrieben, dass Ihre Liebe und die Beziehung zu Ihrem geliebten Menschen, verglichen mit dem Anfang, nicht mehr so intensiv ist. Wie sehr macht Ihnen der Unterschied Sorge, oder wie könnte darin auch ein Gewinn für Sie und Ihren geliebten Menschen liegen?«
- »Wenn Ihr geliebter Mensch und Ihre Beziehung zu ihm ganz in den Hintergrund treten würden, wie würde es Ihnen damit gehen? Wie wäre es für Sie, wenn sich Ihre Beziehung zu Ihrem geliebten Menschen ganz verlieren würde? Würden Sie es so

lassen wollen oder etwas dagegen tun? Und was wäre es, was Sie dann tun würden?«

- »Wie sehr möchten Sie Ihren geliebten Menschen an seinen sicheren Ort freilassen, damit er sozusagen dort sein eigenes Leben führt? Wie könnte das für Sie und Ihre Beziehung zu ihm auch bedrohlich sein? Wie könnte es Ihnen und Ihrem geliebten Menschen auch eine heitere Freiheit und zugleich eine gelassene sichere Bindung ermöglichen?«
- »Stellen Sie sich bitte einmal probehalber vor, die Beziehung zu Ihrem geliebten Menschen würde frei und leicht, welche Auswirkungen hätte das für Sie und Ihr Leben? Stellen Sie sich vor, Ihr geliebter Mensch würde Ihnen von seinem sicheren Ort her freundlich und wohlwollend bei dem, wie Sie Ihr Leben leben, zulächeln, wie würden Sie Ihr Leben anpacken und gestalten?«

Imagination

Imagination einer heiteren und leichten Liebe zum Verstorbenen
»Ich möchte Sie einladen, in dieser Imagination zu erfahren, wie schön und doch ein weniger leichter, wie gut und doch ein Stück freier Ihre Liebe zu Ihrem geliebten Menschen werden kann. Manchmal haben Sie das ja schon erlebt, dann vielleicht mit der Sorge, dass sich die Beziehung zu Ihrem geliebten Menschen verlieren könnte. [Pause.]

Vielleicht machen Sie sich zunächst bewusst, dass Sie immer wieder in die intensiven Liebesgefühle vom Anfang zurückkehren können, so wie jetzt, wenn Sie noch einmal diese Gefühle spüren. Rufen Sie Ihre intensive, ja schmerzende Liebe zu Ihrem geliebten Menschen wach, die damals angesichts seines Todes aufbrach und die damals so wichtig dafür war, eine weiter gehende Beziehung, die Sie jetzt ganz sicher in sich tragen, zu finden und zu gestalten. Wenn Sie jetzt die intensive, heiße und dichte Liebe spüren, dann fällt Ihnen vielleicht ein Bild dazu ein, vielleicht das Bild einer glühenden Lava, eines dunkelrot brennenden Feuers oder eines verbindenden Bandes, vielleicht das Bild von einer innigen Umarmung oder ein ganz anderes Bild für die intensive Anfangsliebe. [Pause.]

Wenn Sie dieses Bild vor Ihrem inneren Auge haben, dann lassen Sie dieses Bild und die Gefühle ein wenig wegrücken, nur so weit, wie es für Sie und Ihren geliebten Menschen stimmt. Sie spüren dabei, wie das Liebesgefühl leichter, vielleicht heller, vielleicht kühler wird. Sie bemerken, dass dies Ihnen beiden auch gut tut. Und achten Sie darauf, wie sich das Bild von den Liebesgefühlen des Anfangs verändert. Lassen Sie das so weit zu, wie es für Sie und Ihren geliebten Menschen stimmt. Vielleicht wird aus der glühenden Lava ein Stück Glut, vielleicht aus dem Feuer eine Kerze, vielleicht wird aus dem engen Band so etwas wie ein Girlande, aus der engen Umarmung wird ein Sich-an-der-Hand-Halten. [Pause.]

Lassen Sie geschehen, was jetzt geschieht, und spüren Sie dabei, wie sich jetzt – Jahre nach dem Tod Ihres geliebten Menschen – die innere Beziehung anfühlt. Vielleicht frei und doch sicher, vielleicht gelöster und doch verbunden, vielleicht nahe und zugleich mit gutem Abstand. Und während Sie und Ihr geliebter Mensch das spüren und vielleicht genießen, können Sie sich sicher sein, dass Sie jederzeit die Beziehung wieder ein Stück intensiver werden lassen können, wie Sie sie umgekehrt immer wieder auch freier, gelöster und heiterer werden lassen können. Spüren Sie diese freie, heitere Beziehung noch einmal intensiv, und verankern Sie sie in Ihrem Körper. Wenn Sie jetzt zurückkommen, sind Sie gespannt, wie sich diese Art der Beziehung auf Ihr Leben und Ihr Lebensgefühl in den nächsten Tagen und Wochen auswirken wird.«

11.2 Die Arbeit an einer bezogenen Individuation in der inneren Beziehung

Eine weiter gehende innere Beziehung zum Verstorbenen hat für das weiter gehende Leben der Hinterbliebenen produktiven Charakter, wenn in ihr die Trauernden allmählich wieder ihre Autonomie gegenüber dem Verstorbenen gewinnen. Auch in der inneren Beziehung zum Verstorbenen geht es um eine freie und sichere Beziehung zwischen den Polen der bezogenen Individuation und der individuierten Bezogenheit (Stierlin 1994).

Die Hinterbliebenen können sich in der Beziehung zum Verstorbenen zunehmend frei fühlen und wieder mehr eigene Bedürfnisse leben und eigene Ziele verfolgen. Damit stellt sich für die Trauernden oft automatisch auch die Klärung des Loyalitätsthemas ein (vgl. unten stehenden Exkurs). Diese Klärung ist ein wichtiges Anzeichen für eine sichere Autonomie in der Beziehung zum Verstorbenen.

Verbundene Autonomie heißt aber auch, dass ich den anderen freilasse und ihm sein eigenes Leben ermögliche, ohne ihn zu verlieren.

Hier bekommt nun der sichere Ort noch einmal eine weitere wichtige Funktion. Er ist nicht nur der Ort, an dem der Verstorbene geborgen und gehalten ist und über den eine Kommunikation mit ihm möglich ist, sondern er ist auch der Ort, an dem der Verstorbene sozusagen seine eigene Existenz auf seine Weise lebt.

Hinterbliebene können ihren geliebten Menschen nicht nur dort!-lassen, sondern an seinen und an seinem sicheren Ort frei!-lassen. Der sichere Ort gewährt also die Möglichkeit eines guten Abstandes und der Freiheit des Hinterbliebenen gegenüber dem Verstorbenen. Dies ist besonders evident zum Beispiel bei transzendenten, spirituell verankerten sicheren Orten. Viele Hinterbliebene wissen, dass ihr geliebter Mensch an seinem jenseitig anderen Ort wie dem Himmel oder dem ewigen Licht ganz frei ist. Und zugleich ist der geliebte Mensch dort nicht verloren und dem Hinterbliebenen entzogen, sondern er wird weiterhin in einer Verbindung zum Hinterbliebenen gesehen und erlebt.

Nun können und dürfen der Verstorbene und die Beziehung zu ihm immer mehr in den Hintergrund der Aufmerksamkeit und des Erlebens treten, ohne dass beides verloren geht. Vielmehr können die Hinterbliebenen durch bewusste Aufmerksamkeitsfokussierung die inneren Repräsentanzen des Verstorbenen und die Beziehung zu ihm aktivieren und so in die Beziehung zu ihm treten. Diese Freiheit der Aufmerksamkeitsfokussierung ist ein weiteres Zeichen einer zunehmenden Autonomie der Hinterbliebenen.

Exkurs

Die Lösung des Loyalitätsproblems im Trauerprozess

Hier sei noch einmal betont, dass die Lösung des Loyalitätsthemas erst Ergebnis des Trauerweges ist und in der Trauerbegleitung nicht als eigenes, vorrangiges Ziel anzustreben ist. Erst wenn die Hinterbliebenen eine sichere innere Bindung zum Verstorbenen entwickelt haben, können sie vorsichtig ihre Verpflichtungen und ihre Bindung gegenüber dem Verstorbenen lockern, so weit, wie es für sie und den Verstorbenen stimmt. Die Lösung der Loyalität ist wieder in einem Klärungsprozess zwischen den Hinterbliebenen und dem Verstorbenen zu finden, zum Beispiel in der Rückgabe von verpflichtenden Delegationen. Selten wird es dabei zu einem vollständigen Lösen der Loyalität kommen. Viele Hinterbliebene fühlen sich ihrem Verstorbenen immer ein Stück verpflichtet, zum Beispiel dazu, ihn in gutem Gedenken zu bewahren. Deshalb geht es darum, dass die Hinterbliebenen eine Balance zwischen der Loyalität sich selbst und dem Verstorbenen gegenüber finden. Dies kann sehr unterschiedlich aussehen und in zwei Richtungen gehen.

Eine Lösungsrichtung liegt darin, dass sich die Hinterbliebenen trotz weiterbestehender Loyalität zum Verstorbenen frei fühlen. So machen sich viele Hinterbliebene die Lebensthemen des Verstorbenen zu eigen und leben für ihn diese Themen aus einer eigenen Entscheidung weiter oder engagieren sich im Sinne des Verstorbenen für andere.

Die andere Lösungsrichtung für die Loyalitätsfrage liegt in einer großen Autonomie der Hinterbliebenen gegenüber dem Verstorbenen. So leben viele Hinterbliebene sehr intensiv wieder die eigenen Bedürfnisse, weil sie dafür die Erlaubnis vom Verstorbenen – oft noch zu Lebzeiten – erhalten haben.

Auch die gefundenen Lösungen für das Loyalitätsthema sind nicht statisch, sondern entwickeln sich auch lange Zeit nach dem Tod des geliebten Menschen weiter, meist in Richtung einer größeren Autonomie der Hinterbliebenen. Sie können dann zunehmend das Eigene leben, ohne dies als Verrat zu empfinden. Wenn die Hinterbliebenen nicht mehr das Gefühl des Verrates dem Verstorbenen und sich selbst gegenüber haben, dann kann von einer stimmigen Lösung des Loyalitätsthemas ausgegangen werden.

Die zunehmende Autonomie der Hinterbliebenen gegenüber dem Verstorbenen kann sich nun in einer Aufmerksamkeitsfokussierung auf die Gestaltung des Lebens nach dem Verlust aktualisieren. Die Hinterbliebenen dürfen und können nun wieder zunehmend eigene Bedürfnisse leben und eigene Ziele verfolgen. Dabei bleibt der Verstorbene zwar integraler Bestandteil dieses Lebens nach dem Verlust, aber die Hinterbliebenen fühlen sich frei für eine eigene Lebensgestaltung, zu der zum Beispiel nach dem Tod eines Partners auch wieder eine neue Partnerschaft gehören kann.

11.2.1 Interventionen

Systemische Fragen
Die systemischen Fragen sollen die Hinterbliebenen einladen, dem Verstorbenen gegenüber eine größere Autonomie zu finden, ohne dabei die Bindung zu gefährden:

- »Wenn Sie einmal einschätzen würden, wie frei Sie sich Ihrem geliebten Menschen gegenüber fühlen, als wie groß würden Sie Ihre Freiheit auf einer Skala von eins bis zehn einschätzen? Als wie groß würde Ihr geliebter Mensch seine Freiheit Ihnen gegenüber einschätzen? Und als wie groß würden Sie bzw. Ihr geliebter Mensch die Sicherheit einschätzen, dass Sie gut mit einander verbunden sind?«
- »Wenn Sie sich ein bisschen mehr Freiheit und Selbstständigkeit gegenüber Ihrem geliebten Menschen nehmen würden, wie groß wäre Ihre eigene Sorge, Ihren geliebten Menschen zu verlieren? Wie groß wäre diese Sorge bei Ihrem geliebten Menschen? Wenn Sie die Bindung wieder verstärken würden, wie sehr würde das Sie selbst und vielleicht auch Ihren geliebten Menschen einschränken?«
- »Stellen Sie sich einmal vor, Sie und Ihr geliebter Mensch hätten die beste Balance zwischen Freiheit und guter Verbundenheit, zwischen gutem Abstand und Nähe gefunden, wie würde das aussehen, und wie würde sich das für Sie beide anfühlen? Welche Auswirkungen hätte das für Ihr Lebensgefühl und Ihre Lebensgestaltung?«

Imagination

Freilassen an den sicheren Ort
»Wir hatten besprochen, dass eine verbundene Freiheit und eine freie Verbundenheit zwischen Ihnen und Ihrem geliebten Menschen für Sie beide wohl das Schönste wäre. Ich möchte Sie einladen, diese Balance von verbundener Freiheit und freier Verbundenheit jetzt in inneren Bildern zu erleben und dieser guten Balance dann nachzuspüren. Wenn Sie bitte auf Ihre Weise in

Ihren inneren Raum gehen und den Kontakt zu Ihrem geliebten Menschen aufnehmen würden. [Pause.]

Dann möchte ich Sie bitten, dass Sie Ihrem geliebten Menschen sagen: ›Ich möchte dich freigeben und freilassen an deinen sicheren Ort.‹ Wenn Sie eine Zustimmung von Ihrem geliebten Menschen erhalten, fällt Ihnen dazu vielleicht ein Bild ein, wie zum Beispiel, dass Sie einen Vogel aus Ihren Händen entlassen, dieser dann wegfliegt an seinen Ort, auf einen Baum, in sein Nest oder wohin auch immer. Wenn Sie dabei Angst oder Sorge spüren, ist das in Ordnung. Dann geben Sie sich Zeit dafür, oder es ist jetzt noch nicht der richtige Zeitpunkt für diesen Prozess. [Pause.]

Wenn Sie Ihren geliebten Menschen an seinen sicheren Ort freigeben können, dann sagen Sie ihm: ›Es ist gut zu wissen, dass du an deinem sicheren Ort frei bist. Und ich gebe dir die Freiheit, dass du an deinem sicheren Ort auf deine Weise deine Freiheit lebst.‹ Spüren Sie, wie es Ihnen damit geht. Vielleicht erhalten Sie auch wieder eine Zustimmung oder andere hilfreiche Gedanken von Ihrem geliebten Menschen. [Pause.]

Dann sagen Sie Ihrem geliebten Menschen: ›Du lebst dort deine Freiheit. Ich lebe hier meine Freiheit – und doch bleiben wir über unsere Liebe miteinander verbunden. Es ist gut zu wissen, dass wir uns beide aus freien Stücken lieben und dass unsere Liebe uns gegenseitig die Freiheit ermöglicht. Zugleich bleibt unsere Liebe stark genug, sodass wir sicher miteinander verbunden bleiben.‹ Spüren Sie, wie sich das anfühlt, und achten Sie auf Signale von Ihrem geliebten Menschen. [Pause.]

Wenn es für Sie beide so stimmt, dann genießen Sie das Gefühl der verbundenen Freiheit und der freien Verbundenheit. Und kommen Sie dann zurück hierher in ihr eigenes Leben, das Sie nun frei und doch verbunden mit Ihrem geliebten Menschen gestalten und leben können.«

11.3 Die Veränderung des Trauernden – Verlusterfahrung als Chance und Risiko

Fallvignette

Eine 60-jährige Frau, die ihren Mann vor drei Jahren durch einen plötzlichen Herztod verlor, kann in dem Tod ihres Mannes keinen Sinn sehen. Darauf frage ich sie: »Kennt Ihr Mann den Sinn für seinen Tod?« Die Frau nickt und lächelt. Dann sagt sie: »Das war eine wichtige Frage von Ihnen.«

Die Erfahrung des schweren Verlustes und der Trauerreaktion verändert die Person und das Leben grundlegend. Häufig wird dabei von den Trauerbegleitern und dem sozialen Umfeld der Trauernden vorausgesetzt, dass die Veränderungen in Richtung Reifung und Stärkung der Persönlichkeit gehen müssen. Doch bei schweren Verlusten ist dies erstens nicht sicher und zweitens für die Trauernden selbst kein eigentliches Ziel.

Es muss vielmehr gewürdigt werden, dass ein Verlust zunächst auch in den Trauernden vieles infrage stellt oder auch zerstört, wie zum Beispiel ein grundlegendes Gerechtigkeitsgefühl oder das Vertrauen in die Vorhersagbarkeit der Welt. Trauernde brauchen das Verständnis, dass durch den Verlust etwas in ihnen zerbricht, und dann die Erlaubnis, dass etwas Zerbrochenes zurückbleiben darf.

Des Weiteren muss berücksichtigt werden, dass die persönlichen Entwicklungen durch den Verlust für Trauernde zunächst erzwungene, so nie gewollte Veränderungen darstellen. Auch deshalb gibt es bei Trauernden einen Widerstand gegen in der Trauerbegleitung vorschnell angestrebte positive Reifungsschritte.

Exkurs

Verlusterfahrung und Sinnfindung

Immer wieder wird in der Trauerliteratur, insbesondere auch in der amerikanischen Trauerpsychologie, auf baldige Sinnfindung oder »meaning making« (Neimeyer 2005; Nadeau 2008) gedrängt. Nach meiner Erfahrung erleben Trauernde das so, dass ihr schwerer Verlust und die damit verbundene Untröstlichkeit nicht wirklich gewürdigt werden. Für viele Trauernde ist und bleibt der Tod des geliebten Menschen für sich genommen sinnlos.

Auch wenn der Verlust bei den Hinterbliebenen neue Entwicklungen anstößt, kann dies für Trauernde den Tod und Verlust des geliebten Menschen niemals aufwiegen. Deshalb ist es in der Trauerbegleitung wichtig, den Trauernden klar zu signalisieren, dass der Tod ihres geliebten Menschen keinen Sinn ergeben muss. Diese Sinnlosigkeit auszuhalten ist vor allem auch für die Trauerbegleiter schwierig. Doch genau in diesem Aushalten können sich Trauernde für die Sinnfrage öffnen.

Wenn Trauernde im Trauerprozess dann doch einen Sinn für den Verlust ihres geliebten Menschen autonom aus sich heraus finden, dann sollte dies als besonderes Ergebnis ihres inneren Prozesses begrüßt und gewürdigt werden. Manche Trauernden finden auch über ihre religiöse Tradition einen theologisch begründeten oder spirituellen Sinn oder überlassen die Sinnfrage Gott oder einer höheren Weisheit.

Eine andere Ebene der Sinnfindung besteht darin, wieder einen Sinn für das Leben nach dem Verlust zu finden. Zunächst ist das häufig ein auf den Verstorbenen bezogener Sinn, wie zum Beispiel, ihn weiterzulieben oder sein Lebenswerk weiterzuführen. Die meisten Hinterbliebenen finden allmählich auch einen ganz eigenständigen Sinn für ihr Leben nach dem Verlust. Manche Hinterbliebenen gehen noch einmal ein eigenes Projekt an, manche entscheiden sich, bewusster oder autonomer zu leben als vor dem Tod des geliebten Menschen.

Für Trauernde ist es hilfreich, in der Trauerbegleitung zunächst die persönlichen Veränderungen ganz ohne Wertungen wahrzunehmen und zu akzeptieren als etwas, das der Verlust mit der Person und dem Leben des Hinterbliebenen gemacht hat.

In der Trauerbegleitung sind deshalb folgende Fragen zu bearbeiten:

- Was ist im Leben des Hinterbliebenen durch den Verlust – notgedrungen und erzwungenermaßen – anders geworden?
- Was ist in der Person des Hinterbliebenen, in seinem Fühlen, Denken und in seiner Struktur und inneren Dynamik, in seiner Weltsicht und in seiner Spiritualität durch den Verlust anders geworden?

In einem zweiten Schritt stellen sich die nächsten weiterführenden Fragen in der Trauerbegleitung:

- Welche dieser Veränderungen durch den Verlust bleiben einschränkend? Was bleibt in der Person des Trauernden zerbrochen und fragil? Und dürfen diese einschränkenden Veränderungen auch so bleiben?
- Welche der Veränderungen durch den Verlust fordern den Hinterbliebenen zu einer Gegenreaktion oder Anpassung her-

aus? Hier ist der Hinterbliebene noch reaktiv bezogen auf die Veränderungen, die der Verlust bei ihm erzwingt.

- Welche der Veränderungen fordern den Hinterbliebenen heraus, im eigenen Leben und in der eigenen Person etwas Neues bewusst selbst zu gestalten und aktiv zu verändern? Hier nimmt der Hinterbliebene aus eigener Motivation und eigener Aktivität Veränderungen vor, die nicht mehr unmittelbar auf den Verlust bezogen sind.
- Welche Fähigkeiten muss und will der Hinterbliebene wiederentdecken oder neu entwickeln, um die vorigen Fragen zu beantworten? Muss und will der Hinterbliebene sich zunehmend verändern in Richtung hin zu mehr Stärke, Selbstbewusstsein, mehr Bewusstheit im Leben oder in Richtung anderer, neu zu entwickelnder Fähigkeiten?

Diese Arbeit an den Veränderungen des Hinterbliebenen und seines Lebens nach dem Verlust bewegt sich zwischen der Frage »Wer bin ich durch den Verlust und die Trauer geworden?« und der Frage »Wer will ich nach dem Verlust werden und sein?«. Damit stellt sich die Aufgabe, einen veränderten Selbstentwurf zu wagen. In diesem veränderten Selbst sollte beides integriert sein – das durch den Verlust Begrenzte und das neu Entstandene, das zerbrochen Bleibende und das neu Zugewachsene, die durch den Verlust entstandene Schwächung und die gewonnene Stärke, eine bleibende Wehmut und eine neue Lebendigkeit.

11.3.1 Interventionen

Systemische Fragen

Die systemischen Fragen sollen über Unterschiedsbildung herauskristallisieren, welche Entwicklung die Hinterbliebene im Trauerprozess genommen hat:

- »Ich habe Sie jetzt über diese Zeit begleitet und habe beobachtet, wie Sie sich verändert und entwickelt haben. Da ich Sie nicht aus der Zeit vor dem Tod Ihres geliebten Menschen kenne, können Sie besser einschätzen, was mit Ihnen durch den Verlust geschehen ist. Wie würden Sie das beschreiben?«
- »Wie sehr sind Sie auf Ihrem Trauerweg zu einem anderen Menschen geworden? Woran würden Sie diese persönlichen

Veränderungen festmachen? Wie sehr sind Sie – und Ihr geliebter Mensch – damit einverstanden oder kämpfen noch dagegen? Was von den Veränderungen ist doch sinnvoll, und was wird für Sie schwer und sinnlos bleiben?«

- »Wenn Sie Ihren geliebten Mensch befragen, wie würde er Ihren Trauerweg und Ihre persönlichen Veränderungen auf diesem – erzwungenen und Ihnen zugemuteten – Weg beschreiben?«
- »Wenn Sie einen Wunsch frei hätten, wie würden Sie sich denn wünschen, dass Sie sich in zwei Jahren fühlen und erleben – obwohl Sie das alles ja nicht wollten, aber sich nun gezwungenermaßen auf Veränderungen einlassen mussten? Was, glauben Sie, würde sich Ihr geliebter Mensch für Sie in zwei Jahren wünschen?«
- »Wenn der Tod Ihres geliebten Menschen für Sie sinnlos bleibt, was würde das für Sie bedeuten? Woran würden Sie merken, wenn Sie doch einen Sinn finden würden? Wenn der Tod Ihres geliebten Menschen für sie keinen Sinn hätte, welche Möglichkeiten gäbe es, für Ihr eigenes Leben wieder einen Sinn zu finden? Welchen Sinn für Ihr eigenes Leben würde Ihnen Ihr geliebter Mensch wünschen?«

Imagination

Wer will der Hinterbliebene nach dem Verlust sein?

»Ich möchte Sie einladen, einen Blick auf sich selbst und Ihre Veränderungen auf Ihrem bisherigen Trauerweg zu werfen. Gehen Sie dazu in den Kontakt mit sich – bei offenen oder geschlossenen Augen. Wenn Sie zurückschauen, wer Sie vor dem Tod Ihres geliebten Menschen waren, wen sehen Sie da vor sich? Machen Sie sozusagen ein Bild von sich, von Ihrer Gestalt, Ihrer Körperhaltung, Ihrer Mimik und Ihrer Gestik aus der guten, noch unbeschwerten Zeit vor dem Tod Ihres geliebten Menschen. Spüren Sie nach, wer sie damals waren. Wenn Sie sich so vor Ihrem inneren Auge sehen, machen Sie ein Foto von sich und legen es vor sich auf einen Tisch. [Pause.]

Dann schauen Sie auf sich, wer Sie wenige Wochen nach dem Tod Ihres geliebten Menschen waren. Sehen Sie sich in Ihrer Gestalt, Ihrer Körperhaltung, Ihrer Gestik und Mimik. Machen Sie auch jetzt ein Foto von sich, von Ihrer Gestalt, Körperhaltung und so weiter. Legen sie nun dieses Foto neben das vorige Foto, das Sie vor dem Tod Ihres geliebten Menschen zeigt. [Pause.]

Dann machen Sie wieder ein Foto, jetzt ein Jahr nach dem Tod Ihres geliebten Menschen, und legen es in die Reihe der beiden vorigen Fotos. Und schließlich machen Sie ein Foto von sich, wie Sie sich heute fühlen, zwei Jahre nach dem Tod Ihres geliebten Menschen. [Pause.]

Und wenn Sie nun auch dieses Foto einreihen, dann schauen Sie die Fotos von sich an. Was sehen Sie da? Welche Entwicklung haben Sie genommen? Was ist von dem Schweren und Traurigen auch heute noch sichtbar? Was ist wieder da aus der Zeit vor dem Tod Ihres geliebten Menschen? Und was entdecken Sie Neues an sich, ob eher positiv oder eher schwierig für Sie? Schauen Sie einfach genau hin. [Pause.]

Dann stellen Sie sich vor, wie ein Foto von Ihnen in ein oder zwei Jahren aussehen wird, vielleicht auch, wie Sie sich wünschen, wie das Foto aussehen sollte. Vielleicht befragen Sie dazu auch Ihren geliebten Menschen, wie dieses Foto von Ihnen dann aussehen wird. Dann fotografieren Sie dieses Zukunftsfoto und legen es wieder in die Reihe der bisherigen Fotos. Was sehen Sie jetzt? Was verändert sich durch dieses Zukunftsfoto? Und was müsste geschehen, dass dieses Zukunftsfoto so Wirklichkeit wird? Achten Sie auch auf Einfälle und Gedanken, die Ihnen jetzt Ihr Unbewusstes oder Ihr geliebter Mensch dazu einfallen lässt. [Pause.]

Dann kommen Sie zurück, mit dem Wissen, dass Sie eine große Entwicklung schon gemacht haben und noch machen werden, sodass sie für Sie und Ihren geliebten Menschen stimmt und es Ihnen – wenn Sie möchten – mehr und mehr besser damit geht. Und Sie sind gespannt, wie sich Ihre Entwicklung in Ihrem Leben auswirken wird.«

11.4 Das Leben nach dem Verlust neu gestalten

Die Entwicklung eines gelingenden Trauerprozesses lässt sich mit Abbildung 2 verdeutlichen (vgl. dazu auch Abb. 1 in Kap. 4). Die Realisierungsarbeit führt die Trauernden aus ihrem alles beherrschenden Schmerz in eine begrenzte und dann bezogene Trauer, in der der Verlust und die bleibende Abwesenheit des geliebten Menschen realisiert und akzeptiert werden. Die Beziehungsarbeit kreiert mithilfe der intensiven

Beziehungsgefühle des Anfangs eine innere weiter gehende Beziehung. Diese Beziehung wandelt sich allmählich in eine Beziehung, in der eine individuierte Bezogenheit und eine bezogene Individuation für den Hinterbliebenen und – hypnosystemisch verstanden – auch für den Ego-State des Verstorbenen möglich wird. Gelingt der komplexe und dynamische, anfangs hochprekäre Trauerprozess, dann könnte man auch von einer Koevolution zwischen dem Trauernden und seinem innerlich repräsentierten geliebten Menschen sprechen (Willi 1995).

Auch dieser in Abbildung 2 skizzierte Prozess ist keine normative Vorgabe, die es zu erfüllen gälte oder die sich in jedem Trauerprozess einstellte. Vielmehr bleibt dieser Prozess ein komplexer und dynamischer Entwicklungsprozess, der immer wieder neue Schleifen und Rückkopplungen aufweist. Immer wieder gibt es auch Jahre nach

**Die Realisierungs- und Beziehungsarbeit
in der Trauerbegleitung bewirkt**

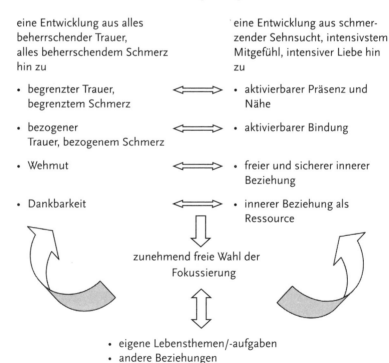

eine Entwicklung aus alles beherrschender Trauer, alles beherrschendem Schmerz hin zu

eine Entwicklung aus schmerzender Sehnsucht, intensivstem Mitgefühl, intensiver Liebe hin zu

- begrenzter Trauer, begrenztem Schmerz ⟺ • aktivierbarer Präsenz und Nähe

- bezogener Trauer, bezogenem Schmerz ⟺ • aktivierbarer Bindung

- Wehmut ⟺ • freier und sicherer innerer Beziehung

- Dankbarkeit ⟺ • innerer Beziehung als Ressource

zunehmend freie Wahl der Fokussierung

- eigene Lebensthemen/-aufgaben
- andere Beziehungen

Abb. 2: Transformationsprozesse in einer gelingenden Trauerarbeit

einem schweren Verlust Zeiten, in denen die Trauer plötzlich wieder aufbricht. Und immer wieder gibt es Zeiten, in der die innere Beziehung sehr bindungsintensiv wird oder aber – für viele Hinterbliebene erschreckend – plötzlich abzubrechen scheint. Freilich wäre es wünschenswert, dass Trauernde sich mit ihrer Trauer und ihrer inneren Beziehung in der hier skizzierten Richtung entwickeln könnten. Diese Richtung sollte deshalb als Horizont – nicht als Ziel! – verstanden werden, in den hinein sich ein Trauerprozess entwickeln kann. In der Trauerbegleitung wird dieser Horizont als Einladung eingebracht, aber es bleibt in der Autonomie der Trauernden, andere Lösungshorizonte zu wählen, andere Schritte und andere Wege zu gehen.

Nach einem schweren Verlust gehören zu einem gelingenden Leben, das die Hinterbliebenen wieder aktiv nach den eigenen Bedürfnissen und Zielen gestalten, drei Beziehungsebenen und Lebensthemen:

- Das Wissen über die bleibende Abwesenheit des Verstorbenen, das immer wieder an den schmerzlichen Verlust erinnert und so den Verlust zu einem Teil des Lebens nach dem Verlust macht: Die Wehmut und die Dankbarkeit sind Zeichen, dass der Verlust gut in das Leben der Hinterbliebenen integriert ist. Das Leben *nach* dem Verlust wird zu einem Leben *mit* dem Verlust, das gerade dadurch seine eigene Bedeutung und seinen eigenen Sinn gewinnt.

- Eine innere sichere und freie Beziehung zum Verstorbenen, die auch zu einer Ressource für das Leben nach dem Verlust wird und die von den Hinterbliebenen aktiviert werden kann: Der Verstorbene und die Beziehung zu ihm gehören als integrale Bestandteile in das Leben nach dem Verlust. Dabei tritt die Beziehung zum Verstorbenen zunehmend in den Hintergrund des aktuellen Erlebens. Doch eine bewusste Fokussierung der Aufmerksamkeit kann die innere Beziehung und den Ego-State des Verstorbenen rasch aktivieren. Das Leben *nach* dem Verlust wird zu einem Leben *mit* dem geliebten Menschen.

- Ein Leben, das nach dem Verlust ein anderes ist als vor dem Verlust: Entscheidend ist nun, ob und wie sich die Hinterbliebenen für dieses Leben als das ihrige entscheiden und es wieder bewusst, mit eigenen Zielen und neu dazukommenden Beziehungen gestalten wollen. Das Leben nach dem Verlust wird nun wieder zu einem eigenen Leben, das aus sich heraus eine autonome Bedeutung findet. Das Leben *nach* dem Verlust ist ein *anderes* Leben, das wieder ein *eigenes* Leben wird.

Die entscheidende Gelenkstelle zwischen diesen drei Beziehungsebenen ist die zunehmende emotionale Freiheit der Hinterbliebenen, sich sehr bewusst mit ihrer Aufmerksamkeit einer dieser drei Ebenen zuzuwenden.

Ein gelingender Trauerprozess ist gegen Ende gekennzeichnet durch die Wahlfreiheit der Fokussierung (Schmidt 2005) durch den Trauernden: Er kann sich immer wieder bewusst dem Verlust als ein sein Leben prägendes Ereignis zuwenden, und zwar so intensiv, wie er es jetzt für sich braucht und wie er es jetzt entscheidet. Aber – und das ist wichtig – er kann dann auch wieder ganz bewusst seine Aufmerksamkeit von dort abziehen. Ebenso kann der Hinterbliebene sich bewusst entscheiden, in die innere Beziehung, in seine Liebesgefühle, in Erinnerungen an den geliebten Menschen oder in den inneren Dialog mit ihm zu gehen.

Und schließlich können Hinterbliebene sich mit ihrer Aufmerksamkeit bewusst für die Gestaltung ihres Lebens entscheiden, ohne dabei Gefühle des Verrates oder der Illoyalität gegenüber dem Verstorbenen zu empfinden. Dies gelingt auch deshalb, weil der geliebte Mensch ein Teil dieses Lebens nach dem Verlust ist. Viele Hinterbliebene berichten zum Beispiel, dass sie ihren geliebten Menschen im Herzen tragen und er nun auch im »neuen« Leben dabei ist.

Noch einmal sei betont, dass mit Erreichen der Autonomie in der Fokussierungswahl der Trauerprozess im engeren Sinne zu Ende ist, weil nun nicht mehr die Bindung an den Verlust und die Trauer das Erleben beherrschen. Zugleich aber darf und kann der Prozess der Beziehung zum geliebten Menschen weitergehen und weitergelebt werden, insofern daraus eine autonome und doch verbundene Beziehung geworden ist.

11.4.1 Interventionen

Systemische Fragen

Die systemischen Fragen können die Hinterbliebenen einladen, sich für das Leben nach dem Verlust noch einmal bewusst zu entscheiden und es allmählich – mit Unterstützung des Unbewussten und des

Verstorbenen – wieder selbst zu gestalten und mit eigenem Leben zu füllen:

- »Woran würden Sie merken, dass Sie nun frei sind, sich immer wieder bewusst zu entscheiden für das, was Ihnen jetzt gerade wichtig ist – das Wissen über den Verlust, Ihre innere Beziehung zu Ihrem geliebten Menschen oder Ihr aktuelles Leben?«
- »Woran würden Sie merken, dass es wieder an der Zeit ist, sich den Verlust und die Abwesenheit Ihres geliebten Menschen bewusst zu machen? Woran würden Sie merken, dass Sie sich wieder Ihrem geliebten Menschen zuwenden sollten? Woran würden Sie merken, dass Sie sich wieder mehr auf Ihr aktuelles Leben und auf Ihre ganz eigenen Bedürfnisse konzentrieren sollten?«
- »Das Leben nach dem Tod Ihres geliebten Menschen ist ein anderes Leben. Und gleichzeitig steht dieses Leben jetzt für Sie bereit. Deshalb stellt sich die Frage, ob Sie sagen: ›Ja, bei allem Schlimmen, was passiert ist – aber das ist jetzt mein Leben, und das will ich zu meinem Leben machen und schauen, was ich daraus machen werde‹? Sie könnten für diese Entscheidung und dann für das Leben Ihren geliebten Menschen um Unterstützung bitten. Was würde er sagen: Sollten Sie dieses ganz andere Leben noch einmal annehmen, noch einmal leben, und wie sollte das aussehen?«
- »Vielleicht wissen Sie selbst noch nicht genau, wie nun Ihr Leben aussehen soll, nachdem Ihre Trauer sich weitgehend verabschiedet hat. Deshalb könnte es sinnvoll sein, Ihren geliebten Menschen zu befragen. Was glauben Sie, was wünscht er Ihnen, wie Ihr Leben nun aussehen könnte, und zwar so, dass er gleichzeitig ein Teil Ihres Lebens bleibt und Ihr Leben immer mehr ihr eigenes Leben wird?«

Imagination

Diese Imagination steht ganz bewusst am Ende dieses Buches. Sie stellt so etwas wie einen Abschluss für einen gelingenden Trauerprozess dar. Sie sollte tatsächlich den Hinterbliebenen erst in der vorletzten Stunde der Trauerbegleitung angeboten werden und über systemische Fragen gut vorbereitet sein.

Der Blick vom Berg zurück auf den Trauerweg und nach vorne auf das veränderte Leben nach dem Verlust

»Ich möchte Sie gerne einladen, am Ende unserer Trauerbegleitung noch einmal einen Blick auf Ihren Trauerweg zurück und dann auch einen Blick in das Leben, das vor Ihnen liegt, zu werfen. Dazu bitte ich Sie, die äußeren Augen zu schließen und vor Ihrem inneren Auge einen Berg entstehen zu lassen. [Pause.]

Dann möchte ich Sie bitten, auf diesen Berg zu steigen und von dort oben nach unten zurückzuschauen. Unter Ihnen liegt Ihr Trauerweg, beginnend mit dem Sterben und dem Tod Ihres geliebten Menschen, mit Ihrem Schmerz, mit Ihrer Trauer, die Sie damals am Beginn dieses für Sie so schlimmen Weges erlebt haben. Sie wissen aber auch, dass damals Ihre intensive Liebe zu Ihrem geliebten Menschen aufbrach, die Ihnen geholfen hat, einen guten sicheren Ort für Ihren geliebten Menschen und eine innere Beziehung zu ihm zu finden. Wenn Sie all diese Erfahrungen jetzt von oben noch einmal rückblickend überschauen, dann ist ein Teil der Trauer wieder da, aber auch ihr geliebter Mensch wird Ihnen nahe sein. Sie können das alles noch einmal jetzt bewusst nach innen nehmen und – sofern Sie das möchten – gut in sich bewahren, sodass es Ihnen nie verloren gehen wird. Auch der Trauerweg, als Weg durch die Trauer und als Weg aus der Trauer, gehört zu Ihnen, ebenso wie die Beziehung zu Ihrem geliebten Menschen, die über den Trauerweg hinaus bestehen bleiben darf. [Pause.]

Und nun möchte ich Sie einladen – aber spüren Sie genau hin, ob das jetzt schon für Sie stimmt –, ich möchte Sie einladen, sich ganz langsam und behutsam umzudrehen, um auf der anderen Seite vom Berg hinabzublicken auf eine Ebene, auf ein Land, das Ihr zukünftiges Leben, Ihr anderes Leben nach dem Verlust sein kann und sein wird. [Pause.]

Sie könnten sich sagen: ›Ja, das ist mein Leben, noch unbekannt, nicht mehr wie mein früheres – aber es ist mein Leben. Ich will es mir zu eigen machen und hinabsteigen und hineinsteigen.‹ Nehmen Sie dabei Ihren geliebten Menschen in Ihrem Herzen mit, vielleicht ein kleines Stück Trauer oder Wehmut, die sie immer wieder auch an das Schlimme erinnern werden – sofern Sie es möchten. Dieses Stück Wehmut oder so etwas wie eine zarte, feine Trauer und Ihr geliebter Mensch, beides wird – wenn es für

Sie und Ihren geliebten Menschen stimmt – immer auch Teil Ihres veränderten Lebens bleiben. [Pause.]

Und so gehen Sie nun ganz langsam den Berg hinab, Schritt für Schritt, Stück für Stück – immer mit dem Wissen und Gespür, dass Ihr geliebter Mensch Sie jetzt dabei innerlich begleitet. Vielleicht wird er Ihnen – wenn Sie so wollen – auf Ihren neuen Wegen in Ihrem Leben jetzt von seinem sicheren Ort aus freundlich, wohlwollend und liebevoll zuschauen. [Pause.]

Und so von Ihrem geliebten Menschen oder seinem Blick begleitet, gehen Sie ganz bewusst, aufrecht, vielleicht sogar mit Vorfreude, vielleicht mit Mut und Neugierde in das Leben, das nun Ihres ist und noch mehr das Ihre werden wird. Und wenn Sie jetzt in dieses Land Ihres Lebens nach dem Verlust hineingehen, dann lassen Sie sich von Ihrem Unbewussten und Ihrem geliebten Menschen führen. Schauen Sie, was Sie jetzt entdecken, wem Sie begegnen und was Sie jetzt gerne suchen wollen. Und lassen Sie in diesem Land, das nun Ihr Leben nach dem Verlust ist, lassen Sie geschehen, was geschieht. Alle Gefühle haben jetzt ihr Recht, auch Ängstlichkeit, Vorsicht und Bedenken, aber eben auch Neugier, Entdeckerfreude und beginnende Lebenslust. Wenn das da ist, dann genießen Sie es mit dem Wissen, dass Ihr geliebter Mensch sich mit Ihnen freut. So kann Ihr Leben nach dem schlimmen Verlust zu einem Leben werden, in dem es wieder Freude, Glück und Erfüllung gibt und in dem Sie von Ihrem geliebten Menschen begleitet werden, manchmal eher unbemerkt, manchmal ganz bewusst, manchmal eher von der Ferne und dann wieder ganz nahe, so wie es für Sie, Ihren geliebten Menschen und für Ihr Leben jetzt stimmt.

Und dann kommen Sie hierher zurück mit dem Vorhaben, dass es gut ist, aufzubrechen in das Land, das Ihr Leben ist, und dieses Land zu gestalten, sodass es mehr und mehr Ihr Land, Ihre Landschaft, Ihr Leben wird.«

Literatur

Ainsworth, M. D. S., M. C. Blehar, E. Waters a. S. Wall (1978): Patterns of attachment: A psychological study of the strange situation. Hillsdale (Lawrence Erlbaum).

Archer, J. (2008): Theories of grief: Past, present, and future perspectives. In: M. Stroebe et al. (eds.) : Handbook of bereavement research and practice: Advances in theory and intervention. Washington (American Psychological Association), pp. 45–65.

Barlowen, C. von (2000): Der Tod in den Weltkulturen und Weltreligionen. Frankfurt a. M. (Insel).

Bauer, J. (2005): Warum ich fühle, was du fühlst: Intuitive Kommunikation und das Geheimnis der Spiegelneurone. Hamburg (Hoffmann & Campe) .

Bednarz, A. (2003): Den Tod überleben. Deuten und Handeln im Hinblick auf das Sterben eines Anderen. Wiesbaden (Westdeutscher Verlag) .

Bednarz, A. (2005): Mit den Toten leben. Über Selbst-Sein und das Sterben eines Anderen. *Familiendynamik* 30 (1): 4–22.

Bion, W. R. (1990): Lernen durch Erfahrung. Frankfurt a. M. (Suhrkamp).

Bonanno, G. A. et al. (2008): Trajectories of grieving. In: M. Stroebe et al.: Handbook of bereavement research and practice: Advances in theory and intervention. Washington (American Psychological Association), pp. 287–307.

Boss, P. (2000): Abschied ohne Ende. Leben mit ungelöstem Leid. München (C. H. Beck).

Botkin, A. L. (2005): Induced after-death communication: A new therapy for healing grief and trauma. Charlottesville (Hampton Roads).

Bowlby, J. (1983): Verlust, Trauer und Depression. Frankfurt a. M. (Fischer).

Brisch, K. H. (2009): Bindungsstörungen. Von der Bindungstheorie zur Therapie. Stuttgart (Klett-Cotta), 9. Aufl.

Cremerius, J. (Hrsg.) (1972): Karl Abraham. Schriften zur Theorie und Anwendung der Psycho-Analyse. Eine Auswahl. Frankfurt a. M. (Fischer).

Damasio, A. R. (1997): Descartes' Irrtum. Fühlen, Denken und das menschliche Gehirn. München (List).

Damasio, A. R. (2002): Ich fühle, also bin ich. Die Entschlüsselung des Bewusstseins. München (List).

Daiker, A. u. A. Seeberger (2007): Zum Paradies mögen Engel dich begleiten. Rituale zum Abschiednehmen. Ostfildern (Schwaben).

Datson, S. a. S. Marwit (1997): Personality constructs and perceived presence of deceased loved ones. *Death Studies* 21: 131–146.

de Shazer, S. (1990): Der Dreh. Überraschende Wendungen und Lösungen in der Kurzzeittherapie. Heidelberg (Carl-Auer), 10. Aufl. 2008.

Eliade, M. (2002): Geschichte der religiösen Ideen. In vier Bänden. Freiburg i. Br./ Basel/Wien (Herder).

Fansa, M. (Hrsg.) (2000): Wohin die Toten gehen. Kult und Religion in der Steinzeit. (Archäologische Mitteilungen aus Nordwestdeutschland, Beiheft 32.) Oldenburg (Isensee).

Fichtner, G. (Hrsg.) (1992): Sigmund Freud – Ludwig Binswanger: Briefwechsel 1908–1939. Frankfurt a. M. (S. Fischer).

Field, N. P. (2008): Wether to relinquish or maintain a bond with the deceased. In: M. Stroebe et al. (eds.): Handbook of bereavement research and practice: Advances in theory and intervention. Washington (American Psychological Association), pp. 113–132.

Freud, S. (1913): Totem und Tabu. Gesammelte Werke IX. Frankfurt a. M. (S. Fischer).

Freud, S. (1917): Trauer und Melancholie. Gesammelte Werke X. Frankfurt a. M. (S. Fischer), S. 430–454.

Gay, P. (1995): Freud. Eine Biographie für unsere Zeit. Frankfurt a. M. (Fischer).

Goldbrunner, H. (1996): Trauer und Beziehung: Systemische und gesellschaftliche Dimensionen der Verarbeitung von Verlusterlebnissen. Ostfildern (Matthias Grünewald).

Grawe, K. (2004): Neuropsychotherapie. Göttingen (Hofgrefe).

Hark, H. (1995): Den Tod annehmen. Unser Umgang mit dem Sterben als Chance zur Reifung. München (Kösel).

Hellinger, B. (1994): Ordnungen der Liebe. Ein Kursbuch. Heidelberg (Carl-Auer), 8., überarb. Aufl 2007.

Jung, C. G. (1985): Die Archetypen und das kollektive Unbewusste. In: Gesammelte Werke Bd. 9/1. Olten (Walter), 6. Aufl.

Kachler, R. (2007a): Damit aus meiner Trauer Liebe wird. Neue Wege in der Trauerarbeit. Stuttgart (Kreuz).

Kachler, R. (2007b): Wie ist das mit ... der Trauer? Ein Kinderbuch zur Trauer. Stuttgart (Gabriel Thienemann).

Kachler, R. (2009a): Meine Trauer geht – und du bleibst. Wie der Trauerweg beendet werden kann. Stuttgart (Kreuz).

Kachler, R. (2009b): Meine Trauer wird dich finden. Ein neuer Ansatz in der Trauerarbeit. Stuttgart (Kreuz), 9. Aufl.

Kast, V. (1977): Trauern. Phasen und Chancen des psychischen Prozesses. Stuttgart (Kreuz).

Kernberg, O. F. (1981): Objektbeziehungen und Praxis der Psychoanalyse. Stuttgart (Klett-Cotta).

Klass, D. et al. (1996): Continuing bonds: New understanding oft grief. Bristol (Taylor & Francis).

Klein, M. (1983): Das Seelenleben des Kleinkindes. Stuttgart (Klett-Cotta).

Mahler, M. et al. (1978): Die psychische Geburt des Menschen. Frankfurt a. M. (Fischer).

Maturana, H. (1987): Erkennen: Die Organisation und Verkörperung von Wirklichkeit. Braunschweig (Vieweg).

Markowitsch, H. J. u. H. Welzer (2005): Das autobiographische Gedächtnis. Hirnorganische Grundlagen und biosoziale Entwicklung. Stuttgart (Klett-Cotta).

Mikulincer, M. a. P. R. Shaver (2008): An attachment perspective on bereavement. In: M. Stroebe et al. (eds.): Handbook of bereavement research and practice: Advances in theory and intervention. Washington (American Psychological Association), pp. 87–122.

Nadeau, J. W. (2008): Meaning-making in bereaved families: Assessment, intervention, and future research. In: M. Stroebe et al. (eds.): Handbook of bereavement research and practice: Advances in theory and intervention. Washington (American Psychological Association), pp. 113–132.

Neimeyer, R. A. (2005): Widowhood, grief, and the quest for meaning: A narrative perspekctive on resilience. In: D. Carr et al. (eds.): Late life widowhood in the United States. NewYork (Springer), pp. 227–252.

Neimeyer, R. A. (2006): Lessons of loss. A guide to coping. Memphis (Center for the Study of Loss and Transition).

Neimeyer, R. A. et al. (2006): Continuing bonds and reconstrucing meaning: Mitigating complications in bereavement. *Death Studies* 30: 715–738.

Neimeyer, R. A. et al. (2008a): Meaning reonstruciton in later life: Toward a cognitive-construcitivist approach to grief therapy. In: D. G. Thompson (ed.): Handbook of behavioral and cognitive therapies with older adults. New York (Springer) , pp. 264–277.

Neimeyer, R. A. et al. (2008b): The measurement of grief: Psychometric considerations in the assessment of reactions to bereavement. In: M. Stroebe et al. (eds.): Handbook of bereavement research and practice: Advances in theory and intervention. Washington (American Psychological Association), pp. 133–162.

Panksepp, J. (1998): Affective neuroscience. The foundations of human and animal emotions. New York (Oxford University Press).

Parkes, C. M. (1972): Bereavement: Studies of grief in adult life. London (Tavistock).

Pauls, C., U. Sanneck u. A. Wiese (2007): Rituale in der Trauer. Hamburg (Ellert & Richter).

Peichl, J. (2007): Die inneren Trauma-Landschaften. Borderline – Ego-State – Täter-Introjekt. Stuttgart (Schattauer).

Peter, B. (2006): Einführung in die Hypnotherapie. Heidelberg (Carl-Auer), 2. Aufl. 2009.

Prigerson, H. G. (2008): A case for inclusion of prolonged grief disorder in DSM-V. In: M. Stroebe (eds.): Handbook of bereavement research and practice: Advances in theory and intervention. Washington (American Psychological Association), pp. 165–186.

Rechenberg-Winter, P. u. E. Fischinger (2008): Kursbuch systemische Trauerbegleitung. Göttingen (Vandenhoeck & Ruprecht).

Reddemann, L. (2001): Imagination als heilsame Kraft. Zur Behandlung von Traumafolgen mit ressourcenorientierten Verfahren. Stuttgart (Pfeiffer/Klett-Cotta), 2. Aufl.

Reddemann, L. (2004): Psychodynamisch imaginative Traumatherapie. PITT – das Manual. Stuttgart (Pfeiffer/Klett-Cotta).

Revenstorf, D. u. B. Peter (Hrsg.) (2009): Hypnose in Psychotherapie, Psychosomatik und Medizin. Manual für die Praxis. Heidelberg (Springer Medizin), 2. Aufl.

Schmidt, G. (1993): Interviews mit der »inneren Familie« und andere metaphorische Begegnungen. [Audio-Cassetten.] Mülheim (Auditorium Netzwerk).

Schmidt, G. (2004): Liebesaffären zwischen Problem und Lösung. Hypnosystemisches Arbeiten in schwierigen Kontexten. Heidelberg (Carl-Auer), 3. Aufl 2010.

Schmidt, G. (2005): Einführung in die hypnosystemische Therapie und Beratung. Heidelberg (Carl-Auer), 3. Aufl 2010.

Schroeter-Rupieper, M. (2009): Für immer anders. Das Hausbuch für Familien in Zeiten der Trauer und des Abschieds. Ostfildern (Schwaben).

Schwartz, R. (1997): Systemische Therapie mit der inneren Familie. Stuttgart (Pfeiffer/Klett-Cotta).

Schulz von Thun, F. (1999); Miteinander reden 3. Das »innere Team« und situationsgerechte Kommunikation. Reinbek bei Hamburg (Rowohlt).

Shapiro, F. (1999): EMDR. Grundlagen und Praxis: Handbuch zur Behandlung traumatisierter Menschen. Paderborn (Junfermann), 2. Aufl.

Simon, F. B. (2006): Meine Psychose, meine Fahrrad und ich. Zur Selbstorganisation der Verrücktheit. Heidelberg (Carl-Auer), 12. Aufl. 2009.

Smeding, R. E. W. u. M. Heitkönig-Wilp (2005): Trauer erschließen. Eine Tafel der Gezeiten. Wuppertal (Hospiz).

Sloterdijk, P. (1998): Sphären I. Blasen. Frankfurt a. M. (Suhrkamp).

Sloterdijk, P. (1999): Sphären II. Globen. Frankfurt a. M. (Suhrkamp).

Sparrer, I. (2004): Wunder, Lösung und System. Lösungsfokussierte Systemische Strukturaufstellungen für Therapie und Organisationsberatung. Heidelberg (Carl-Auer), 5., überarb. Aufl. 2009.

Spitzer, M. (2002): Lernen. Gehirnforschung und die Schule des Lebens. Heidelberg/ Berlin (Spektrum Akademischer Verlag).

Stierlin, H. (1994): Ich und die Anderen. Psychotherapie in einer sich wandelnden Gesellschaft. Stuttgart (Klett-Cotta).

Stroebe, M. a. H. W. A. Schut (1999): The dual process model of coping with bereavement: Rationale and description. *Death Studies* 23: 1–28.

Stroebe, M. et al. (eds.) (2008): Handbook of bereavement research and practice: Advances in theory and intervention. Washington (American Psychological Association).

Volkan, S. (1985): Complicate of mourning. *Annual of Psychoanalysis* 12: 323–348.

Wahl, J. (2006): Leben und Sterben in der Steinzeit. Der Kampf ums Dasein im Spiegel anthropologischer Forschung. In: N. J. Conrad (Hrsg.): Woher kommt der Mensch? Tübingen (Attempto), 2. Aufl.

Watkins, J. G. u. H. H. Watkins (2003): Ego-States. Theorie und Therapie. Ein Handbuch. Heidelberg (Carl-Auer), 2. Aufl. 2008.

Weber, G. (Hrsg.) (1993): Zweierlei Glück. Die systemische Psychotherapie Bert Hellingers. Heidelberg (Carl-Auer), 15. Aufl. 2007 [mit neuem Untertitel: Das Familienstellen Bert Hellingers].

Willi, J. (1995): Ko-Evolution. Die Kunst gemeinsamen Wachsens. Reinbek bei Hamburg (Rowohlt).

Winnicott, D. W. (1976): Von der Kinderheilkunde zur Psychoanalyse. München (Kindler).

Winnicott, D. W. (2002): Reifungsprozesse und fördernde Umwelt. Studien zur Theorie der emotionalen Entwicklung. Gießen (Psychosozial).

Worden, J. W. (1987): Beratung und Therapie in Trauerfällen. Ein Handbuch. Bern (Huber).

Worden, J. W. (2009): Grief counseling and grief therapy. A handbook for the mental health practitioner. New York (Springer), 4. ed.

Über den Autor

Roland Kachler, Diplom-Psychologe und Psychologischer Psychotherapeut, Klinischer Transaktionsanalytiker, Supervisor (EZI), Systemischer
Paar- und Sexualtherapeut, Klinische Hypnose (MEG); Fortbildungen
u. a. in Hypnotherapie, Ego-State-Therapie, EMDR, Traumatherapie
(PITT); leitet seit 1990 eine Psychologische Beratungsstelle in Esslin-
gen; eigene psychotherapeutische Praxis; mehrere Publikationen, darunter *Traummord. Ein Fall für Freud, Jung und Milton Erickson* (2005).

Arbeitsschwerpunkte: Psychotherapie, Paar- und Sexualtherapie,
Trauerbegleitung und Trauertherapie; Vorträge und Workshops zu
verschiedensten psychologischen Themen, bes. Trauer, Partnerschaft,
Familie, Erziehungsthemen.

www.Kachler-Roland.de

Dabney M. Ewin

101 Dinge, die ich gern gewusst hätte, als ich anfing, mit Hypnose zu arbeiten

148 Seiten, Kt, 2011
ISBN 978-3-89670-786-4

In jedem dicken Buch steckt ein dünnes, das heraus will, sagt man. Dieser schmale Band kann gleich mehrere umfangreiche Fachbücher ersetzen. Dabney M. Ewin hat sein Wissen und die Erfahrung aus seiner mehr als 30-jährigen Praxis als Mediziner und Hypnotherapeut zu kompakten Lektionen zusammengefasst. Herausgekommen ist eine Schatztruhe voller Goldstücke für Anfänger wie Fortgeschrittene und alte Hasen in der Hypnotherapie, bestechend formuliert und intuitiv verständlich.

Ewin gelingt das Kunststück, aus Inhalt und Form, aus vermitteltem Wissen und vermittelnder Sprache, nachhaltige Wirkung zu entfalten. Seine therapeutische Kunst offenbart sich bis in die Feinheiten der Betonung. Die behandelten Wörter, Bilder und Suggestionen verändern das Denken, Empfinden und Verhalten von Klienten in verschiedenen Symptom- und Anwendungsfeldern (z. B. chronische Schmerzen oder Nikotinsucht) und bringen eine heilend wirkende Resonanz zwischen Geist und Körper zustande.

Es gibt kein vergleichbares Fach- oder Lehrbuch, das die komplexesten therapeutischen Ideen auf so einfache Weise ausdrückt.

„Dies ist ein Buch, das jeder Hypnotherapeut in seiner Bibliothek haben sollte. Wenn man es mehrfach liest und ein wenig studiert, wird das eigentlich kleine Bändchen zu einem großen Buch." Bernhard Trenkle

Carl-Auer Verlag • www.carl-auer.de

Stephen G. Gilligan

Liebe dich selbst wie deinen Nächsten

Die Psychotherapie der Selbstbeziehungen

252 Seiten, 8 Abb., Kt, 3. Aufl. 2011
ISBN 978-3-89670-449-8

Im Mittelpunkt dieses Buches steht die Frage, wie sich in einer Psychotherapie der Mut und die Freiheit zu lieben kultivieren lassen. In einer Zeit, in der die Liebe zu verblassen und Hass und Verzweiflung zuzunehmen scheinen, zeigt Stephen Gilligan die Liebe als eine Fertigkeit und eine Kraft auf, die zu heilen, zu beruhigen, zu führen und zu ermutigen vermag.

Gilligans Ansatz zufolge ist Psychotherapie ein Gespräch über Differenz und Gegensätzlichkeit. Begegnet man diesen Unterschieden mit Gewalt oder Gleichgültigkeit, ergeben sich Probleme. Lösungen hingegen entstehen durch die Fähigkeit zu lieben.

Neben den theoretischen und ethischen Prinzipien einer Psychotherapie der Selbstbeziehung beschreibt der Autor hier die grundlegenden Praktiken für ihre Umsetzung.

„Stephen Gilligan hat ein ungewöhnlich schönes Buch geschrieben, in dem sich Wahrhaftigkeit, Schönheit und Liebe auf wunderbare Weise mit psychologischem Wissen und therapeutischer Kompetenz vereinen."　　　　　Suggestionen

Carl-Auer Verlag • www.carl-auer.de

Daniel Wilk

Auf sich aufpassen

Trancegeschichten als Weg
zu den eigenen Heilkräften
1 CD
ISBN 978-3-89670-267-8

In den sechs Geschichten dieser CD wird der unbewusste Teil unseres Wissens angesprochen. Mit jedem Hören bekommen Sie ein besseres Gefühl dafür, was Sie belastet – und wie Sie konstruktive Veränderungen einleiten können. So helfen die Geschichten nicht nur, zur Ruhe zu kommen, sondern auch, wieder aktiv aus sich selbst heraus ein bewusstes und gesundes Leben zu genießen. Indem Sie die Geschichten auf der CD hören, öffnen Sie sich Ihrem eigenen unbewussten Potenzial. Gesundheit wird gefördert, die eigene Kompetenz im Umgang mit sich selbst und mit dem, was Sie umgibt, wird unterstützt. Sie werden heiterer und zufriedener mit sich selbst.

Schlafgeschichten

Mit der Hypnotherapie besser schlafen
1 CD
ISBN 978-3-89670-537-2

Während des Schlafes erneuern wir uns unbewusst und werden wieder leistungsfähig. Wenn wir längere Zeit zu wenig schlafen, fühlen wir uns zunehmend schlechter, die Leistungen des Gehirns lassen nach, das Denken wird beeinträchtigt, ebenso das Gedächtnis. Auch unsere Stimmung und unsere Freude am Leben leiden darunter. Zu wenig Schlaf führt zu Erschöpfung und fördert körperliche und psychische Erkrankungen. Die Texte auf der CD helfen Ihnen, leichter in den Schlaf zu finden und wieder aus sich selbst heraus zu spüren, was gut für Sie ist. Jeder von uns hat ein unbewusstes Wissen darüber, wie der Schlaf gefördert werden kann. Dieses Wissen wird in den Geschichten auf der CD angeregt, damit es Ihnen wie früher gelingt, den Schlaf kommen zu lassen.

 Carl-Auer Verlag • www.carl-auer.de